高效培训
从入门到精通

让人人都会做培训

潘平　陈丽　袁军◎著

中国法治出版社
CHINA LEGAL PUBLISHING HOUSE

自序一

雨后的秋色，有着几分娇润。满地的金黄，漫步的行人，好一幅秋日的美景。独自走在林间小道上，沐浴在秋日的日光中，品读人生味。秋风吹拂，落叶飘飞，夕阳西去，大雁南飞……人们在各自忙碌着，寻问着自己的归期。

那棵挺拔的枫树仍在？那片红色的枫叶依旧？物换星移，时光更替，亭台楼阁，友人安好？曾在HR讲坛风云一时的一些大咖，现也少见身影，他们有的易职改行，有的退休赋养，有的黯然神伤。在这个快速发展的时代，不是他们情商不够、能力不足，是新方法替代了传统方法，是守旧阻滞了他们前行的脚步。新能源汽车领域优秀新势力的快速崛起，让传统车企感到压力，就是一个很好的例证。人还是那些人，企业的舵手还是那个舵手，为什么有的企业能持续快步前行，有的企业却踌躇不前？

归结起来还是人的问题，是人的思维和能力问题，快速转型与执行落地的问题，知之与不知的问题，快与慢的问题。你想看秋景之美，你应有鉴赏能力；大好河山如何聚焦万山红一点，你应有行动能力，能走出去；等待阳光佳景，你要快速追风与色彩为伴，你要站在有利地形方能窥视美的内涵，走马观景是不可取的，你只能是个时间的过客。

智者之所以成为智者，是他有着不同常人的思维，对世界对未知的探索，对既往的经历做系统性的总结提升，让经验升华为智慧，故他们成了智者。其实世上没有永久的智慧，只有永久的能力，有能力做成事，才是成功者，才能成为智者。

人的成功靠的是能力与机遇，能力提升有方法、有途径、有阶段：少年讲学习能力、讲成绩，青年讲掌握技能、讲发展，老年讲成功、讲经验分享。有的人因为在各阶段都做得很好，他成功了，反之则不能成为成功者。有的人说别人不靠这些也成功了，他靠的是平台，就如同坐在电梯上，不行动就上去，这样的人是存在的，但他们会随着平台的消失而不见踪影，这是因为他们不在平台上持续学习，没有用好平台。当他走出"电梯"的那一刻起，他就开始掉队了。因此一个人、一个组织要成功，需持续保持竞争力，持续不断去学习提升自我！

一个人怎么学？向谁学？这是一门技术，一门艺术。一本专业好书会让你受益匪浅。如何去评估一本好书呢？一是逻辑清晰明了：我们一般都说知识体系健全，这里的体系就是如何用最好的逻辑思维来展现这本书的知识架构，让读者一看目录就能知晓架构内容。二是简单、易学、易用：这个时代告诉我们，最简单最直接的方法和经验是读者们最为看重的，读了就懂，拿来就用，这样的书才能有价值，让知识价值和时间价值得以双体现。三是真实的实战经验：实践者讲实践，真实场景化体验，让学习者如身临其中，同样的问题用同样的方法则可解决，相近的问题变通套用解决，不相同的问题用书中的管理逻辑去启示解决。四是浅深逐级提升，先易后难：初级者实践学基本知识基本技能，流程图表最好是能一学即用，高级者学理念技术创新，需要给予启迪获得突破。好书就要适合读者口味，不同层次的读者都能在书中找到自己的营养快餐。

　　以上这些是我对好书的理解，学习培训方面的书我读了许多，自己也出版了《老HRD手把手教你做培训》《上承战略　下接人才——培训管理系统解决方案》《老HRD手把手教你做培训实操版》以及人力资源相关模块的书籍等，并经过了市场的考验，这些均是好书。但这些年来，我都一直在思考，怎么将其优化整合，形成一本更加系统、更加全面、更接地气的实践适用的书。经过多时的辛勤汗水，现已成书并取名《高效培训从入门到精通：让人人都会做培训》，以飨读者。

　　在策划这本书时，我经常与我的儿子潘啸交流。他去年从英国帝国理工学院博士毕业，现在在一家车企从事自动驾驶的研发工作。他是一个学习能力强、爱学习思考的人。他经常与我交流他们年轻人的学习思维及学习爱好，他们如何去学习新知识、新技能的，以及用什么样的平台、模式去学习等，这些对我写书很有帮助。

　　为更加贴近读者，我在写此书时，常与菜鸟无忧董事长、总裁袁军交流，袁军老师是中国人民大学人力资源专业毕业，并曾在大型央企从事HR工作，他的公司从事大学生就业服务工作。他对HR业务、大学生就业、择业、职业非常精通，对职场人成长所需的"法·术·器"非常了解。他为这本书提了很多建议，并亲自参与撰写工作。

　　还有曾在互联网、金融、汽车等行业的世界五百强央国企、A股上市企业管理人力资源的陈丽老师，她现在在世界五百强央企与直属国务院特大型企业集团化养老健康企业总部从事HR培训管理工作，在行业内发表了不少优秀作品、荣获了不少知名个人奖项，是一位资深的HR管理专家与组织人才发展专家，她的加入让本书融入了更多世界五百强央国企、多行业A股上市企业的HR先进工作理念与实践方法，为本书增色添彩。

　　还有许许多多的同行、读者，我在此就不一一表述，一并予以感谢。

　　今秋是收获的时节，我收获了自己新著书的激情，收获了许多的知识，并将它们融入在这本书中，力争让这本书成为培训行业的精典，授渔予人，快乐自己。

潘平

自序二

在学习的路上"砥砺前行"

"道虽迩,不行不至。"读河北工业大学统招全日制硕士研究生期间,我一直特别喜欢在读书中沉淀自己。参加工作之后,我也一直特别喜欢在思考中总结,秉持"长期主义",利用工作之外的时间,将自己多年工作最佳实践总结与提炼,坚持写了几十篇人力资源管理专业文章、实践案例等发表在知名期刊与杂志,并被多家知名媒体与企业邀请进行主题分享。发表的文章与案例,也得到了很多业界朋友们的喜欢和推荐,带着这份被鼓舞的勇气,我一如既往地"接续奋斗",抽丝剥茧,"解惑"大家提出的疑问和在管理与实践过程中应用的新创模型、实战工具、先进方法等。

"不积小流,无以成江海。"此次受潘平老师邀请合著新书,倍感荣幸。"蓦然回首",我已积淀了在汽车制造、互联网、农业、金融与养老等行业的世界五百强央国企、多家A股上市企业十余年的HR(Human Resources,人力资源)、CTD(Centre for Talent Development,人才发展中心)、LD(Learning Development,学习发展)与TD(Talent Development,人才发展)等管理与实战经验。伴着对HR及教育培训的这份钟情与挚爱,我时常思考作为高校应届毕业生、初入职场新人、培训管理者、人力资源管理者、各业务模块管理者、企业管理者等每个角色的真正蜕变、每个身份的实际定位、每个岗位的内在价值,在各自工作中如何最大化促进企业战略目标、业务发展目标、人才培养目标的达成?这样的疑惑和配套的解决方案,值得每一位管理者去深入研究和实践。

"苟日新,日日新,又日新。"此次与潘平老师、袁军老师合著新书,我融入了更多世界五百强央国企、互联网及多行业A股上市企业先进的工作理念与实践方法,"高效培训"式构建整体人才培养体系、岗位知识图谱、实践案例等。本书呈现四大特色,"新"——"全新视角",新质生产力与数智化培训相结合,紧跟知识新潮流,全周期、多维度、模块化解析培训业务，直击培训管理精髓；"构"——"知识重构"，知识图谱与任职能力相结合，内容设计很清晰，一看就懂的岗位知识图谱，更加系统阐述人才培养全周期管理；"教"——"手把手教"，流程表单与案例实操相结合，轻松学习易掌握，丰富应用场景、实战工具、实操案例，助力读者快速进阶；"赋"——"赋能管理"，六支人才（管理人才、专业技术人才、国际化人才、营销人才、技能人才、校园人才）与媒体思维相结合，人才业务双价值，"五·四·一"人才队伍培养管理体系（"五"为系统培训需求调查与分析、计划方案设计与制订、精益化与混合式组织实施、多维度效果评估、培训工作复盘与总结等；"四"为培训的四大资源体系，即课程、讲师、软硬件资源与职工教育经费预决算；"一"为制度保障，以"1+N"式配套制度来推进培训业务发展），打造企业人才梯队，激发人才岗位价值。此书以岗位知识图谱为基础构建企业人才发展中心（内向型与外向型）和人才培养体系，从内向型到外向型的品牌化设计与精益化运营各层次人才培养项目，既有方法论又有实践经验，助力应届毕业生、从业者、企业管理者更加系统地、科学地、精准地学习最体系的岗位知识图谱、最前沿的培训技术方法、最实战的案例应用场景等，助力其不断地提升个人的专业能力和管理能力，塑造和积淀个人IP，创造更多岗位价值与凝聚个人品牌和影响力，实现个人与企业双赢。

"博学之，审问之，慎思之，明辨之，笃行之。"不管是作为一名人力资源管理者，还是作为一名培训管理者，我都会肩负"承上启下""上承战略""下接业务、绩效、人才培养、人才发展"等责任与使命，甚至是从内向型到外向型拓展与延伸。在未来，我的每一篇文章、每一个案例、每一本书都将去"言简意赅""循循善诱""如数家珍"HR及人才培养项目管理经验、案例应用场景、工具方法应用实践等，助力从业者达成职业发展的目标。同时，非常欢迎各位可爱的同行朋友们持续关注我出版的书籍、发表在知名期刊与杂志的专业文章与案例、分享的版权课程等，也欢迎大家一起探讨搭建企业岗位知识图谱的系统方法，一起交流构建企业人才培养配套的解决方案，一起共创助力整个人力资源管理行业和培训行业的未来发展！

"路漫漫其修远兮，吾将上下而求索。"本书的编写得到了我的姥姥、爸爸、妈妈、爱人、女儿陈若菡等人的大力支持，亦感谢与潘平老师、袁军老师的愉快合作，衷心感谢喜爱此书的人力资源管理和培训管理的同行朋友们，力争让这本书成为人力资源管理行业和培训行业的精典！"一路走来，皆是良师益友。"我将继续在学习的路上"不忘初心，砥砺前行"！

陈丽

目 录

第一章 新质生产力下的培训价值
  第一节 从新质生产力看培训价值 /// 002
  第二节 从企业业务看培训价值 /// 003
  第三节 从培训结果看培训价值 /// 007

第二章 用岗位知识图谱做培训业务
  第一节 了解岗位知识图谱 /// 012
  第二节 岗位知识图谱应用价值 /// 014

第三章 有效甄别培训需求
  第一节 培训需求的来源 /// 020
  第二节 培训需求调查方法 /// 023
  第三节 培训需求调查工具 /// 028
  第四节 实施培训需求调查 /// 034
  第五节 培训需求报告撰写 /// 036

第四章 培训计划制订
  第一节 什么是培训计划 /// 044
  第二节 培训计划编制管理 /// 051
  第三节 培训计划书的编制 /// 052

第五章　培训组织实施

第一节　培训准备　　/// 056

第二节　培训实施　　/// 063

第三节　如何调动学员积极性　　/// 071

第六章　培训效果评估

第一节　培训效果评估的模型　　/// 080

第二节　培训效果评估的方法　　/// 083

第三节　培训评估工具的开发　　/// 085

第四节　培训评估的实施流程　　/// 090

第五节　培训成本效益的分析　　/// 095

第六节　培训效果评估的难点　　/// 097

第七章　培训工作总结

第一节　培训工作总结的分类　　/// 100

第二节　培训工作总结的撰写方式　　/// 101

第八章　培训制度管理

第一节　培训制度设计　　/// 112

第二节　培训制度建立　　/// 113

第三节　培训制度体系　　/// 122

第四节　培训制度合规管理　　/// 124

第九章　培训课程开发管理

第一节　培训课程开发的必要性　　/// 126

第二节　培训课程开发规划　　/// 127

第三节　培训课程系统管理　　/// 144

第四节　培训课程体系建设　　/// 150

第十章　内部讲师培养与管理

第一节　内部讲师的内涵　　/// 154

第二节　内部讲师培养的重要性　/// 154

第三节　内部讲师的管理流程　/// 156

第四节　内部讲师的选拔　/// 156

第五节　内部讲师的培养　/// 161

第六节　内部讲师的认证　/// 164

第七节　内部讲师的应用　/// 168

第八节　内部讲师的评价　/// 171

第九节　内部讲师的激励　/// 173

第十一章　培训供应商管理

第一节　培训供应商的定义　/// 178

第二节　培训供应商选用的前提　/// 179

第三节　培训供应商体系的设计　/// 180

第四节　培训供应商的管理流程　/// 180

第十二章　职工教育经费管理

第一节　职工教育经费的定义　/// 196

第二节　职工教育经费业务架构　/// 196

第三节　职工教育经费政策管理　/// 197

第四节　职工教育经费预算管理　/// 199

第五节　职工教育经费过程管理　/// 203

第六节　职工教育经费决算管理　/// 205

第七节　职工教育经费审计与合规管理　/// 207

第十三章　培训技术方法

第一节　企业培训的发展趋势　/// 210

第二节　培训技术方法的介绍　/// 212

第三节　培训方法选择及应用　/// 219

第十四章　管理人才培养

第一节　管理人才的定义　/// 224

第二节　领导力的管理体系　/// 226
　　第三节　领导力的培养实践　/// 231
　　第四节　管理人才培养中应注意的问题　/// 245

第十五章　专业技术人才培养
　　第一节　专业技术人才的定义　/// 250
　　第二节　专业技术人才职业发展通道及能力要求　/// 250
　　第三节　专业技术人才培养体系　/// 251

第十六章　国际化人才培养
　　第一节　外派人员的培养　/// 268
　　第二节　国际化营销人才培养　/// 274

第十七章　营销人才培养
　　第一节　营销人才的定位　/// 292
　　第二节　营销人才的特性　/// 295
　　第三节　营销人才培养的"五步法"　/// 296
　　第四节　营销人才业绩提升培养　/// 309
　　第五节　营销人才服务能力提升培养　/// 311

第十八章　技能人才培养
　　第一节　技能人才培训需求来源　/// 314
　　第二节　技能人才发展通道　/// 315
　　第三节　技能人才培养体系　/// 315
　　第四节　技能人才培养的"六步法"　/// 316
　　第五节　技能人才培训效果评估　/// 325
　　第六节　社会力量助力技能人才培养　/// 327

第十九章　校园人才培养
　　第一节　抓住校园人才特点　/// 332
　　第二节　"4-3-2-1"校园人才培养体系　/// 333

　　　　第三节　"五步成长"校园人才培养模式　　/// 334

第二十章　数智化时代的培训业务

　　　　第一节　E-learning——企业数字化学习 1.0　　/// 350
　　　　第二节　移动学习——企业数字化学习 2.0　　/// 353
　　　　第三节　数智化学习——企业数字化学习 3.0　　/// 356
　　　　第四节　数智化时代的学习生态系统建设　　/// 357

后记　培训管理者悟　　/// 359

第一章
新质生产力下的培训价值

　　优秀的企业一般都重视培训，都注重培训投入，都重视人才培养，都认为培训能带来企业改变、价值提升、文化认同、基业长青，他们的做法已加速了企业科技创新、效率提升、高质量发展，快速摆脱传统的经济增长方式和生产力发展路径。在新质生产力的大环境下，企业如何快速突围、如何快速发展，培训工作必不可少，也是培训价值重现的大好时机。

本章导读

- 认知新质生产力
- 从新质生产力看培训价值
- 新质生产力下培训应做什么变革

"畅通教育、科技、人才的良性循环，完善人才培养、引进、使用、合理流动的工作机制"，是以新质生产力推动高质量发展的迫切要求。以新质生产力强劲推动高质量发展，培训工作势必要大力承担人才培养与人才发展的重任，有效促进企业战略、业务发展、绩效目标等的达成。

第一节　从新质生产力看培训价值

新质生产力代表先进生产力的演进方向，是由技术革命性突破、生产要素创新性配置、产业深度转型升级而催生的先进生产力质态。新质生产力以劳动者、劳动资料、劳动对象及其优化组合的跃升为基本内涵，具有强大发展动能，能够引领创造新的社会生产时代。加快发展新质生产力，是新时代新征程解放和发展生产力的客观要求，也是推动生产力迭代升级、实现现代化的必然选择。

培育新型劳动者队伍。推动教育、科技、人才有效贯通、融合发展，打造与新质生产力发展相匹配的新型劳动者队伍，激发劳动者的创造力和能动性。探索形成中国特色、世界水平的工程师培养体系，推进职普融通、产教融合、科教融汇，探索实行高校和企业联合培养高素质复合型工科人才的有效机制，源源不断培养高素质技术技能人才。[①] 在未来新质生产力强劲推动高质量发展阶段，与培训工作紧密相关的是培育新型劳动者队伍。深化人才工作机制创新，就要按照发展新质生产力的要求，畅通教育、科技、人才的良性循环，完善人才培养、引进、使用、合理流动的工作机制。

在未来新质生产力强劲推动高质量发展阶段，伴随着生成式人工智能（Artificial Intelligence Generated Content，AIGC）时代、通用人工智能（Artificial General Intelligence，AGI）时代、数智化时代等不断更新与迭代下，企业不断带来新问题和新挑战，如规模竞争、商业模式竞争、经营高质量竞争、人才竞争变得异常激烈。企业培训（包含但不限于企业赋能、培养等内涵的统称代名词）是解决企业问题的重要手段之一。那么，培训价值是企业将构建岗位知识图谱、任职资格、人才培养体系与企业战略、业务目标、人才发展的各项需求匹配到位，推进组织变革，达成战略与业务目标、绩效目标、员工

---

① 习近平经济思想研究中心：《新质生产力的内涵特征和发展重点》，载《人民日报》，2024年3月1日。

满意度目标，提升组织效能，如图 1-1 所示。

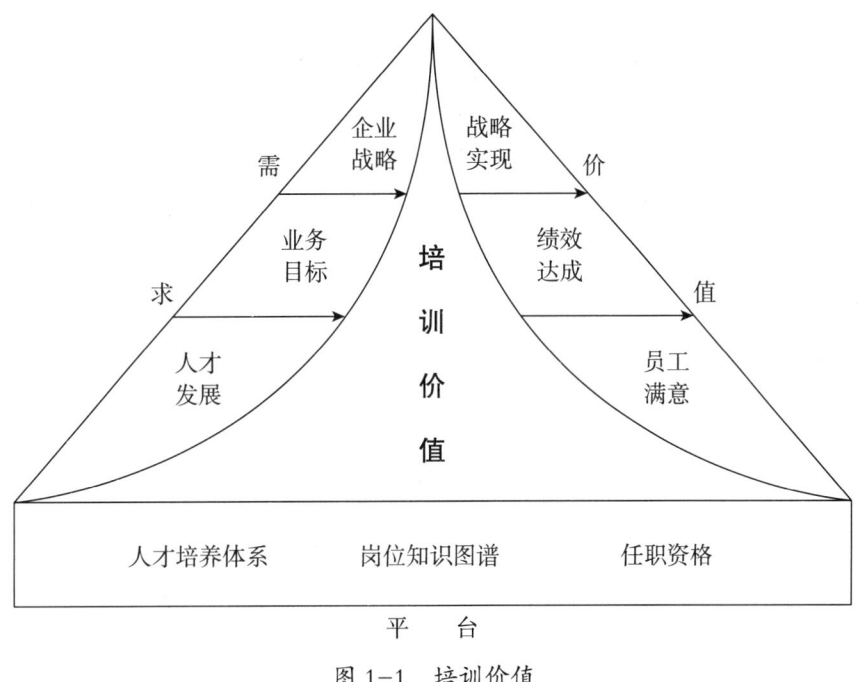

图 1-1　培训价值

第二节　从企业业务看培训价值

一、从战略与业务目标看能力需求

（一）如何理解企业的战略

"战略"是什么？此词来源于军事术语，"战"指战争、战役，"略"指谋略、策略、方法。而对于企业，战略则为目标、意图或目的，是企业为之奋斗的一系列目标，以及企业为达到这些目标而制订的方针与计划，分为中、长、短期计划及相应的目标路径、所需的资源与能力等。在组织的这些资源和能力中，关键核心人才队伍的资源和能力显得更加重要。对一个企业来说，首先要看它有无战略，战略制订得好与坏，战略目标是否合理与能否实现，实现战略的路径是否清晰可行等。这些对人力资源战略而言都是关键的输入，以此制订相应的人力资源业务的策略，如企业培训业务策略就必须首先从企业的战略中进行解读和承接。因此，培训管理者要前瞻性地考虑紧跟战略与业务发展步伐的培训需求，主动承接企业战略目标，主动思考如何通过培训提升能力来保证战略目标有效实现。

（二）看实现战略需要什么能力

1. 战略创新能力

企业要具备市场洞察力，发现创新焦点和市场机会，也就是发展市场上未满足的需求，实现战略创新。它的实质是当企业发现战略错误或不能再为客户创造更多价值时，有能力通过战略创新发现、获取、利用并整合企业内外部资源，改变目前的企业战略，应对行业变化，高质量发展，重塑市场边界。因此，提升组织整体的战略创新能力，培育员工的创新思维对企业战略的实现至关重要。

2. 战略绩效

企业战略绩效的提高，对企业人才能力提出了更高的要求。对于企业高层管理者来说，实现战略绩效要求其具有非常强的洞察力、应变力和控制力，能对企业内外部环境的变化及时反应和应对，在企业战略实施过程中能够统筹全局、适时调整。对企业中层管理者来说，由于其工作起到承上启下的作用，实现战略绩效要求其做好桥梁性工作，具备战略眼光和心态，具有跨部门、跨领域的工作能力。对企业基层员工来说，要具有扎实的工作能力、深入的挖掘能力、广泛的拓展能力和了解战略目标的能力。另外，战略绩效的管理者必须具备战略绩效的相关能力。

3. 组织力

企业组织力是指企业在市场竞争环境下，具有比竞争对手更高的生产效率或更高性价比的能力。组织力作为企业战略转化为执行力的桥梁，包括组织文化、组织架构、业绩管理和领导风格等方面。企业战略要真正落实，首先需要增强企业的组织力，从而提高企业战略的执行力，最终实现战略目标。而培训作为提高组织力的重要推手，可以提升此方面的能力。

4. 人才发展能力

企业的人才发展能力可以概括为两个方面：一是外部人才的整合能力；二是企业人才的"自生"能力。对于人才的"自生"能力，必须有科学的人才培养体系、科学的员工职业发展规划、用于培训员工能力提升的岗位知识图谱，围绕人才发展规划与岗位需求、业务需求来开展系统的人才培养，企业培育"自生"高素质人才的比例越高，企业的人才发展能力就越强，战略目标的实现也就越强。

（三）看战略性培训体系构建

战略性培训体系是以企业战略规划为导向，以岗位知识图谱、岗位任职资格、胜任力素质模型为基础，以创新的课程体系为支撑，以强大的内部讲师队伍为后盾所构建的符合组织战略发展需要的培训体系，亦可从内向型到外向型探索发展人才培育的专门组织，内向型的企业内设培训机构，如企业人才发展中心、企业培训中心、企业研修院、企业研修中心等，本书统称为"培训部门"，外向型的统称为"企业人才发展中心"。这样的培训、培养工作既符合企业组织发展需求，又符合人才本身职业发展的需要。

企业在构建战略性培训体系时，需要遵循以下路径，实现人才培养与企业战略的有效衔接。

1. 对企业战略进行诠释

首先对企业战略目标进行分析，其次明确企业愿景和使命，最后落实到业务和职能部门中进行战略目标分解，将目标细化到每个岗位上。

2. 梳理战略实现需要的关键人才

不同类型的企业发展战略，对每个岗位的能力要求是不一样的。例如，实行创新战略的企业要求相关岗位上的员工思维开拓、反应灵敏、冒险精神强，而处于成本领先阶段战略的企业则要求员工具有较强的团队合作精神和变革意识。

3. 分析存量人员的能力差距

用根据人才战略确定的人才标准，衡量存量人员的素质能力与企业战略所要求的能力之间的差距，深入分析其影响因素，这样可以让培训需求更加具体和清晰。

4. 制订培训规划与目标

对照各职能、各岗位存在的能力差距，按照"优先次序、轻重缓急"的原则，明确培训的整体策略、长短期目标、阶段性培训计划以及重点培训项目等。还可以设计分层次、分部门、分类别的培训项目，最终形成紧密贴近企业战略的培训目标与规划。

> **小贴士**
>
> 仰望战略目标，要先看企业管理者的"战略眼光"。企业管理者是制定和推进企业战略的关键人物。企业管理者为了推进企业的战略目标，需要在不同的场景、会议中安排相应的能力提升工作，培训部门要从这些安排中及时了解战略目标推进的变化情况、时间周期，及时按紧急度、重要度来调整并推进培训工作，这样才是真正从企业战略、企业业务出发做培训，让企业管理者时时感受到培训的前瞻性、紧随性、价值性。
>
> 再看在企业管理者眼中，培训的投入能给他带来什么价值？投资回报是多少、投入产出是多少，这些都是企业管理者追求的目标和心愿。因此，只有读懂企业管理者的心，告诉他培训是多么重要，如何促进新质生产力落地，这样才能更好地推进培训工作。

二、培训要促进绩效达成

企业战略目标的载体是业务目标，业务目标的达成决定着战略目标的达成，而业务能否达成目标则取决于其能力水平、团队文化等因素。

（一）看业务绩效目标达成度

1. 紧盯市场绩效目标看竞争力

市场绩效指标主要用市场占有率等指标来评价市场竞争力。培训部门要及时与业务部门沟通交流，共同探讨通过组织培训，转化新质生产力，学习先进技术与管理经验，来提升市场绩效目标。

2. 紧盯内部绩效目标看运营能力

绩效目标，如利润、业务目标是否达成？这就要看企业的运营管理能力。一个企业有生命周期，一个业务目标也有生命周期，因此，一个优秀的企业在进行绩效管理时，应对业务设计绩效指标及目标，并进行有效评估，以此来激励团队不断达成绩效目标。

（二）分析绩效未达成的原因

企业可以从以下几个方面来分析绩效未达成的原因：一是通过听业务诉求了解需求；二是根据职能系统的分析报告分析需求；三是作为培训专家去分析问题发现需求等。

企业详细把业务需求进行分析整合，最终才能找到影响绩效的因素，进而可以通过培训工作来推进业务绩效目标的达成。例如，企业文化价值观的统一度，涵盖企业发展战略、经营理念、文化氛围、价值取向、行为模式等；企业组织能力的满足度，通过需求调研，与业务部门制定有针对的培养方案，辅之以数智化学习平台等多维度培训方式，以业务为导向，促动员工掌握先进管理理念、技术与方法等；员工的岗位胜任力，提高其胜岗能力主要以岗位知识图谱为基础，以岗位任职资格与岗位技能培养为重点等。

> **小贴士** 对培训认知的误区之一是认为培训只是培训部门的事情。在战略性培训体系中，培训是一项系统工程，人才培养由企业高层管理者、业务分管领导、直线经理、人力资源管理者、培训部门管理者共同负责。培训是企业中每一位管理者必须掌握的领导技能。

三、培训要提高员工满意度

企业要基业长青，必须有持续的能力和人才来保证。而能力和人才的培养主要依靠培训来完成。因此，但凡基业长青的企业，员工培训的开展及结果都非常好。企业通过培训深化文化建设，助力企业向新质生产力转型，让员工不断提高自己的能力，在个人获得晋升发展的同时又推动企业发展。

培训可以有效提高员工满意度。第一，新员工入职企业后，培训部门要通过岗位知识图谱、任职资格、培训等，让员工清晰地知道自己的职业发展规划、职业发展通道，明晰自己的未来职业发展方向。第二，员工根据岗位知识图谱、任职资格标准等，及时参加培训部门的各层级人才培养项目，不断提升个人管理和专业能力，提升自己的胜岗能力，选择管理序列或专业序列认证与晋级。第三，从绩效管理地图来看，组织绩效层层分解至各个岗位，基于岗位知识图谱，员工共同完成各自承担的绩效指标。培训部门承担的重任就是通过有效的人才培养、聚焦业务问题，促进员工知识、技能、态度等方面提升自己的胜岗能力，达成绩效目标。

第三节　从培训结果看培训价值

从绩效看培训，就是要审视培训的价值所在。评价培训价值有四个维度：一是企业管理者和高层，他们看培训是否推进新质生产力转型、战略目标实现、文化价值观认同和人才战略目标实现；二是业务部门，他们看培训是否推进业务绩效、人才可否满足需求，实现问题的解决、能力的提升、竞争力的加强；三是员工，他们看培训是否促进个人能力提升与发展；四是推进能力提升并引领行业。因此，作为培训部门的管理者一定要用市场营销的理念去开发培训产品，精心组织管理，影响员工参与培训。只有共同参与才能共赢，共同用心才有好的结果。

一、培训是否抓住了战略与业务发展方向

从战略的角度看培训，可以从三个方面重点考虑：第一，开展的培训，是否围绕企业的转型升级与新质生产力转型模式研究？第二，通过培训，是否塑造出切实可用的人才？例如，现在缺一个市场部经理，市场经理班培训结束后，这个人还在不在？拿出来看看是谁？能不能用？第三，通过培训，组织能力真的得到提升了吗？是否为战略实现输送人才，满足战略需要？有没有为企业打造一支技术过硬、能力优秀的人才队伍？

二、培训是否抓住业绩与能力关键点

业务绩效是衡量培训效果的重要维度。培训工作的开展既不是培训管理者的单打独斗，也不是以上对下的命令培训，培训的效果要通过业务部门的绩效来实现。培训管理者必须走出人力资源部门，深入企业的业务中，与业务部门保持良好的协同联

动，成为企业的业务专家、业务伙伴，为他们提供专业的培训支持，帮助他们达成业绩目标。

培训要真正成为业务的合作伙伴，总结起来为："想到"——为业务前瞻地想；"说到"——及时用准确的方式方法向业务部门表达；"做到"——用专业的能力把方案落到实处并持续跟踪；"实效"——培训结果要有实效，并最终取得业务部门的认可。业务是真正的强营实体，企业的战略必须用业务来支撑。

三、培训是否抓住问题解决点

培训，不是上几次课，也不是简单地搞某种培训活动，而是通过多样化的培训方式来提升学员的绩效和能力，切实解决工作中遇到的问题。但在实际培训实施中，培训往往会忽略"提升绩效和能力"这一目标，而发生偏离：培训讲师卖力出演，依托培训游戏、笑话等博得学员哄堂大笑。培训应该回归本真，不能迷失在对培训活动、培训形式等短暂快感的追求上。无论什么形式、什么内容的培训，都应以解决问题为最终目的。

四、培训是否抓住员工满意点

培训的价值是通过培训效果来体现的。培训的载体是员工，从员工角度看培训效果，要考虑以下几个问题：培训是否使员工满意？如何通过培训使新员工尽快适应其工作岗位？如何提高和改善在职员工工作绩效，全体员工如何提高自身能力与价值、获得晋升发展？如何通过培训建立学习型组织，把被动的培训转化为主动的学习？如何提升员工的能力，使之胜任岗位要求，促进组织变革与发展？

因此，培训工作对员工的价值体现在以下三个方面：一是员工参训后行为改变，能力得到提升；二是员工提高了个人绩效，实现职业晋升发展；三是"主人翁"意识深入员工心中，员工的荣誉感和归属感增强，激情和敬业度提高，可以更好地融入企业。

五、培训是否跟上行业与时代的步伐

衡量培训效果的好坏，还要找到对标企业，与同行进行比较，看企业先进技术和方法的导入是否促进企业转型。对新技术、新方法的关注、引进、转化与执行的力度，是影响组织效能的重要因素。培训管理者与企业管理者、高层管理者需要一同前瞻性地去思考所处行业的发展与变化趋势，探讨在未来新质生产力转型中如何提前进行人才储备和培养，促进业务发展，帮助企业引领行业竞争，使员工价值最大化，同时培训自身队伍能力也得到提升。

六、培训管理者是不是一个成功职业人

"生命的高贵不因累积而完成,却能因分享而发光。"优秀的培训管理者,是一个传道授业的组织策划者,往往拥有丰富的人生经历,能分享自己的心路历程、酸甜苦辣,感染众人。培训管理者在成就他人中成就自我,传递他人智慧时也增加自己的人生智慧。

表1-1 培训管理者的角色与职责

利益相关者	职 责	角 色
企业管理者/高层领导	战略设计,配合人才供给,并支持战略推进 协助推动企业文化建设与组织变革	战略伙伴 变革推动者
业务领导	业务推动,满足业务发展对人力资源的需求 提升部门及员工的绩效	业务伙伴 绩效改进顾问
员工	以学习者为中心 提供学习与发展机会	成长伙伴 学习教练
培训管理者本身	隐性知识管理 学习发展体系与项目设计、管理 数智化学习平台建设与运营等	学习设计师 岗位知识图谱构建者

(一)战略伙伴与变革推动者

培训需要从企业战略规划和新质生产力变革需求出发,将其当作一项业务来设计和运营,直接创造出效益,做出实实在在的业绩,配合战略推进,引领或支撑战略变革。

(二)业务伙伴与绩效改进顾问

培训管理者要成为企业的绩效改进顾问,从业务部门的实际问题出发,分析绩效差距的根本原因,并采取培训等手段帮助业务部门解决问题,达成业务目标,实现绩效提升。

(三)成长伙伴与学习教练

从员工的需求出发,激发员工的热情和主动性,提供符合其学习需要的资源、条件与专业支持,让其掌握必备的工作技能。

(四)学习设计师与岗位知识图谱构建者

企业的战略就是培训的方向,业务的需求就是培训的输入,员工的满意就是培训的宗旨。培训管理者要承担起组织知识管理的基本职责,不断激发知识的创新、沉淀、应

用和共享，使隐性知识显性化，以岗位知识图谱为基础，以促进绩效达成为导向，"承接战略、密联业务"，以数智化学习平台为依托，系统化、多模式设计人才培养项目（含线上与线下混合式），达到组织发展目标。

为此，培训管理者应该具备前瞻性思考力、资源整合力、新质学习力、沟通措施力、实施推进力、数智化应用力等，不断提升个人管理能力、专业能力、个人影响力（个人IP），彰显培训价值。

第二章
用岗位知识图谱做培训业务

　　培训如何才能最系统、最高效,让受训者系统学习与掌握理论知识、方法技术、实践案例,能力逐级提升,这需要一个学习的方法工具,这个方法工具就是岗位知识图谱,可以系统地解决企业各层次人员的能力提升、绩效价值实现这一难题。

本章导读

- 岗位知识图谱的前世今生
- 建立岗位知识图谱的意义
- 岗位知识图谱的建设流程

基于企业战略与业务发展的需要、人才发展的需求、培训业务支持企业战略与业务发展需求等，企业通过系统构建各岗位知识图谱，助力企业达成知识图谱化、能力标准化、体系科学化、提升阶段化、学习数字化、认证精准化、呈现图表化的多维度目标，助力企业业务发展和人才发展。

第一节　了解岗位知识图谱

一、岗位知识图谱的由来

"知识图谱，是一种基于图的数据结构，由节点（Point）和边（Edge）组成，每个节点表示一个'实体'，每条边为实体与实体之间的'关系'。""知识图谱"，究其细节，本质上其实是语义网络，数据皆可呈现在一张关系与实体相联系的图上。

"岗位知识图谱"，是将"知识图谱"迁移至从业者的各个岗位中，组成岗位中不同的"实体"及其之间的关系，形成基于岗位职责、任务标签、能力层次、学习认证等架构图的知识与数据结构。

二、为什么要建立岗位知识图谱

随着新事物、新技术、新方法的出现，对企业来讲，自然在这些"新"的东西面前会遇到各种问题，如紧跟数智化时代，整体企业业务向哪个方向转型？人力资源的价值如何发挥、衡量与量化？人力资源业务如何去转型与创新？人力资源从业者如何精准服务业务、如何提高工作效率？不去快速转变思维、不去掌握新技术方法、缺少理论与实战技能相结合的系统培训如何科学解决？培训业务如何彰显绩效与价值？管理者如何更加清晰地培养团队？

随着企业的各项业务持续推进与管理水平提升，管理更加科学、需求更加聚焦，人的素质能力、适应度、精准学习与培训成了企业管理的要点，如何快速掌握知识？知识图谱化学习是一个较好的方法。为此，企业推行岗位知识图谱的背景和需求日益增加，如基于组织学习的发展需求、培训业务支持战略目标与业务发展与能力提升等的紧迫需求和培训价值彰显的需求等。

第一，基于组织学习的发展需求，紧跟数智化时代，企业生产经营活动都需要数据驱动、算力驱动，企业的组织学习、培训业务等概不例外。企业组织学习的数字化进程正迅猛演变，目前也不是停留在概念层面、培训后数据分析、数据价值等，而是趋向基于过程中的各种学习数据、数据呈现规律分析、价值驱动、价值应用等。

第二，培训业务支持战略目标、业务发展与能力提升等的紧迫需求，培训业务需要紧紧围绕企业战略、业务发展、文化落地、关键人才能力发展、继任人才计划等，企业要对培训建立好目标，并按照目标推进。

第三，培训价值彰显的需求，企业的培训价值是否能真正呈现学习效果？企业的培训价值是否可以定量测度与衡量？企业的培训价值是否可以正常转化？这一系列的问题一直是企业组织学习的核心痛点，培训业务应该从哪些维度去诠释和彰显对业务的价值？如何从内向型到外向型拓展？

三、构建岗位知识图谱的目标

第一，知识图谱化。企业可以内部详细梳理每个部门的不同岗位职责、任务标签、每个员工的能力需求、未来业务发展所需人才能力储备等，拆解岗位业务框架与流程等，建立岗位知识图谱，从单一岗位知识图谱到企业全部岗位知识图谱，逐步将知识图谱化。

第二，能力标准化。企业构建岗位知识图谱，分解岗位职责、任职资格标准、任务标签、任务清单、胜任能力标准等逐步调研和分析每个层次人员的能力要求等，逐步拆分出不同岗位类别、不同岗位层次的能力标准、能力项，将能力标准化，使得企业每一位员工都能找到所在岗位的能力标准（含管理序列与专业序列），让员工都有清晰的职业规划、职业方向和职业梦想。

第三，体系科学化。随着业务的发展，企业需要构建标准、制度、体系、流程与规范等，提升组织管理效率与组织效能。对于人力资源业务、培训业务亦是如此。企业需要以岗位知识图谱为基础，建立科学化的人才培养体系、人才发展体系、课程体系、制度体系、资源管理体系等，让体系科学化，更科学地开展培训的各项业务，助力业务绩效的达成。

第四，提升阶段化。通过知识能力的分级，满足不同层次的学习者需求，在图谱中根据知识的难度深浅进行学习等级划分，从初入职者到管理者均可找到适合自己学习的内容，提高学习的效率，同时可以做企业培训能力认证的有效工具。

第五，学习数字化。企业构建岗位知识图谱，分解培训业务要素、培训任务标签、不同层级的人才培养项目、不同层级的人才培养队伍、两级分工的培训管理机制、数字化学习平台的建设与管理等，使学习数字化，线上与线下融合打通，更多沉淀企业知识库与企业软性实力。

第六，认证精准化。人才培养、人才发展是企业发展的重要支撑。企业构建岗位知识图谱，系统化确定岗位知识图谱的关系图、岗位任职资格标准、岗位胜任力标准，据此精准化开展各层级岗位认证工作（含管理序列和专业序列），包括但不限于职业发展路径、职业发展选择、各层次学习计划与认证流程（含不同层级人才培养项目、内训师培养与认证、各种职业与技能大赛评选与认证等），让每一位员工都能清晰分辨与精准选择其职业发展路径。

第七，呈现图表化。学习认证后，通过IT（信息技术）自然输出学习考核的结果，总体是什么情况，分模块是什么情况，可以更加精准地发现自己的学习缺点，及时去补充学习。

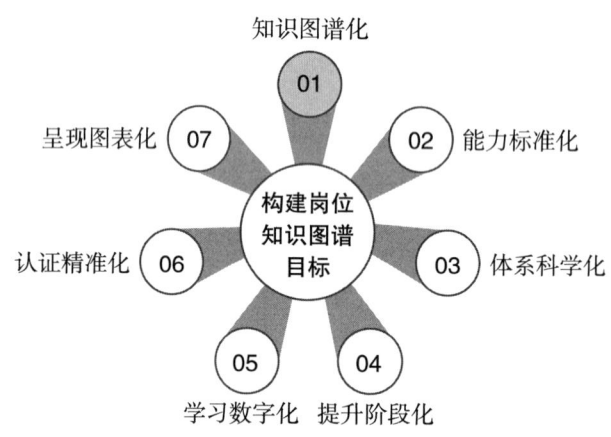

图 2-1　构建岗位知识图谱目标

第二节　岗位知识图谱应用价值

一、岗位知识图谱与培训业务的关系

企业建立各个业务链条的不同岗位知识图谱，最终汇成企业岗位知识图谱体系。岗位知识图谱与培训业务有着紧密的联系，岗位知识图谱的建立，基于培训需求，促进人才培养体系构建，推动企业人才发展。同时，培训需求、人才培养体系、人才发展又是岗位知识图谱的新输入，给岗位知识图谱又带来新的变化，从而起到相互促进与支撑的作用，共同促进企业战略目标和业务发展目标的达成。

二、建立岗位知识图谱全流程

第一，企业基于培训需求初步建立岗位知识图谱框架。精准确认的培训需求，可以有效保证岗位知识图谱建立的科学性与系统性。培训需求的输入维度包括但不限于企业战略（长中短期战略规划与战略目标等）、业务发展（含基于战略解码的各岗位业务分配指标、岗位职责等）、绩效目标（基于各岗位业务拆解的企业战略绩效目标、部门业务绩效目标、部门个人发展目标等）、职业发展（含企业职业发展和个人职业发展路径等）。

第二，精准的培训需求及业务需求确认，亦是构建人才培养体系的基石。培训部门协同各业务部门依据深度挖掘的培训需求及各岗位部门的业务需求，全方位、多维度去逐步构建人才培养体系，包括但不限于五大培训流程（含基于细化的培训需求调研、中长短期培训计划、培训组织实施、培训效果评估、培训总结与复盘）、四大资源体系（含讲师体系、课程与案例体系、数字化学习平台及软硬件资源体系、职工教育经费预算与决算体系）、一套制度（基于培训管理岗位知识图谱的配套制度管理模式及体系）。

第三，培训部门依据构建的人才培养体系，进一步完善人才发展相关配套机制和有效推动人才发展，包括但不限于建立各岗位任职资格标准、胜任力标准、人才库（含管理序列、专业序列、各层级核心人才、各层级储备人才等），不断以人才发展机制、制度、流程推进各岗位人才发展工作，支撑企业战略和业务发展的需要。

第四，培训部门基于挖掘的培训需求及业务需求、人才培养体系、人才发展等拆分岗位职责和任务标签，辅之以有效表达的架构关系图等，进一步完善各岗位知识图谱的全流程，随着培训需求、人才培养体系和人才发展三维度的变化，不断更新岗位知识图谱（含各维度架构图、其他展示结构图、细化的各种图谱样式），相互支撑与促进，持续为企业提供各岗位人才发展动能。

三、构建培训管理岗位知识图谱步骤

以培训管理岗位知识图谱为例，笔者来展示建立培训管理岗位知识图谱的三大步骤。

第一步，构建培训管理岗位职责标签体系。培训部门依据建立岗位知识图谱全流程，基于已有的培训管理岗位任职资格标准、岗位胜任力模型（视企业业务与培训业务发展程度而定），可以从0到1重新梳理与拆解、提炼与总结，亦可以细化与拆解具体的培训管理岗位职责，辅之以企业战略和所涉未来业务一并补充岗位标签，全面化、穷尽化培训管理岗位职责标签体系。

第二步，拆解培训管理岗位任务标签体系。培训部门根据培训管理岗位职责标签体系，继续拆解任务标签体系，细化工作任务、梳理和确定工作任务描述（含未来基于培训业务发展的工作任务描述），梳理与拆解培训管理岗位任务标签体系。若是企业业务和培训业务发展相对成熟，可以继续将岗位职责与工作任务标签分级分拆，匹配任职资格标准及岗位胜任力模型等（管理序列和专业序列）。例如，在管理序列中，可以参考分拆培训管理专员、主管、经理、高级经理、副总监、总监等岗位职责标签和任务标签

（视央国企及民营企业实际岗位职级设置而定）；在专业序列中，可以分拆培训专业一级、二级、三级、四级、五级、六级等岗位职责标签和任务标签，整体涵盖管理序列和专业序列的岗位职责及工作任务标签。

第三步，萃取培训管理岗位知识图谱。培训部门根据培训管理岗位标签体系、任务标签体系，邀请并成立专家萃取委员会（或专家萃取小组），提取培训管理岗位知识图谱要素和框架要素，最终萃取培训管理岗位知识图谱，涵盖确认的培训管理岗位职责标签和任务标签。

培训部门基于确定的涵盖培训管理岗位职责标签体系、任务标签体系、图谱框架等，辅之以有企业文化特色的形式呈现和萃取培训管理岗位知识图谱，图谱形式包括但不限于图表式、坐标式、模型式、思维导图式等，可以精准描述培训管理岗位知识图谱的关系结构图。亦可在培训管理岗位知识图谱基础上，单独分拆某部分内容或者分级某部分内容，继续形成工作任务图谱等，更好地诠释图谱下的工作任务，随着业务的发展，不断完善和补充培训管理岗位知识图谱。

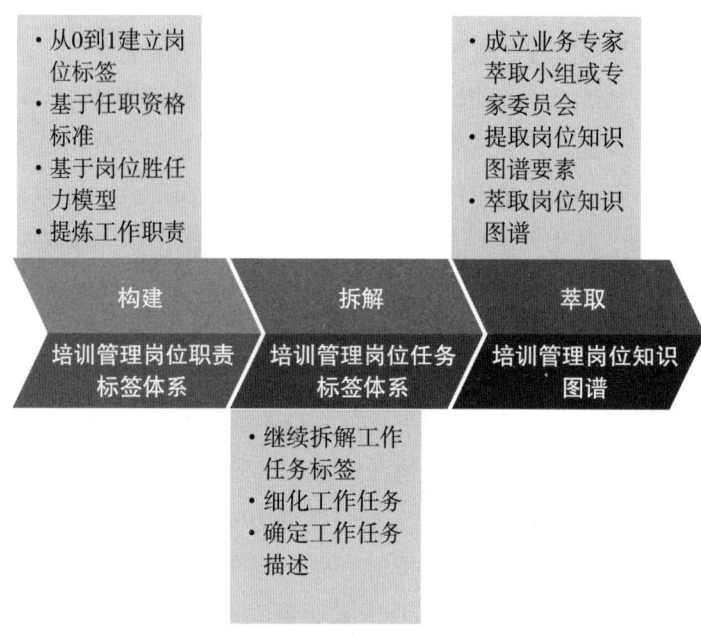

图 2-2　建立培训管理岗位知识图谱步骤

四、培训管理岗位知识图谱实践

首先，构建各岗位知识图谱不是抵达海岸，而是扬帆起航。如构建岗位知识图谱全流程图，培训部门建立培训管理岗位知识图谱（部分展示，如表 2-1 所示）。培训管理岗位知识图谱的表现形式可以多种多样。

表2-1 培训管理岗位知识图谱参考

序号	工作职责	工作任务			
A	培训规划与年度培训需求分析	A-1 培训中长期规划及体系搭建（人才发展中心构建）	A-2 年度培训需求调研：设计与实施	A-3 年度培训需求调研：数据分析	A-4 年度培训需求调研：报告编写
B	培训计划制订	B-1 年度培训计划与预算撰写	B-2 年度培训计划与预算评审与发布	B-3 年度培训计划执行与评价	B-4 年度培训总结编制与发布
C	培训组织实施	C-1 培训对象分析及需求澄清	C-2 重点项目培训方案设计与评审	C-3 重点项目培训实施计划发布	C-4 重点项目培训过程监控与评价
D	培训项目管理及效果评估	D-1 培训项目立项并发布	D-2 培训项目的组织与实施	D-3 培训效果评估及复盘总结	D-4 员工培训档案管理
E	培训课程开发管理	E-1 课程体系规划设计	E-2 课程开发计划制订并发布	E-3 培训课程开发与迭代	E-4 课程大赛管理
F	内部讲师管理	F-1 内部讲师队伍规划设计	F-2 内部讲师培养计划制订并发布	F-3 内部讲师认证及出入库管理	F-4 内部讲师大赛管理
G	培训资源管理	G-1 职工教育经费管理	G-2 培训技术方法及数智化学习平台管理	G-3 培训供应商管理	G-4 培训制度管理
H	重点人才队伍的培养	H-1 校园人才培养	H-2 管理人才培养	H-3 国际化人才培养	H-4 专业人才培养（含营销人才培养、技能人才培养、专业技术人才培养等）

其次，培训管理岗位知识图谱的应用场景众多，可以基于各岗位需求、培训需求，制订各层级培训计划（含课程、案例、方法、流程、步骤、技巧、工具等）；成立课程评审专家委员会；基于需求定期由讲师（含内外部讲师）开发课程（含视频课程）、案

例（含视频案例）、工具表单（含方法、步骤、流程、技巧、工具等）；根据课程及案例的实际情况，由课程评审专家委员会评定是否符合由线下迁移至线上，辅之以数智化学习平台技术，持续推进和上线视频微课、视频案例至数智化学习平台。

最后，培训部门根据筹备的四大资源（讲师、课程、软硬件、职工教育经费预决算），基于各岗位层级的具体需求，制定线上与线下相结合的人才培养项目，逐步构建企业整体人才培养体系，建立和完善企业人才库（管理和专业序列）、知识库等，不断提升管理能力和岗位能力，为企业人才库源源不断地输入优秀人才，助力企业发展。

第三章
有效甄别培训需求

企业要解决人才和能力问题，靠什么？其重要的途径是企业的培训工作。现有的员工需提升什么能力、企业储备什么人才、在什么时段去做，这都很重要。早了，会付出更多的成本；晚了，又赶不上人才需求。因此，企业识别需求就显得非常重要。在识别需求时，由于受众多因素的影响，如企业的业务所处竞争环境、管理者的文化价值观能力水平、识别需求所使用的技术方法、识别人员是否具备"火眼金睛"的能力等。因此，掌握培训需求识别的方法非常重要。

本章导读

- 培训需求来源于企业战略/业务发展/组织绩效/员工职业发展
- 培训需求调查方法与工具的多场景使用
- 培训需求调查全流程

调查和研究对于培训是十分重要的。培训要达成预期绩效目标必须有相应的调查、调研方法来保证，具体如何去做，应当回归到具体的培训业务上来，以需求调查和调研导入为始、需求整合与验证为终。

第一节　培训需求的来源

培训需求一般来源于企业发展战略目标与现实能力之间的差距、绩效目标达成差距以及员工职业发展所需求的能力与目前的能力现状的差距等。对培训需求产生原因的客观分析，直接关系到培训的针对性和实效性。

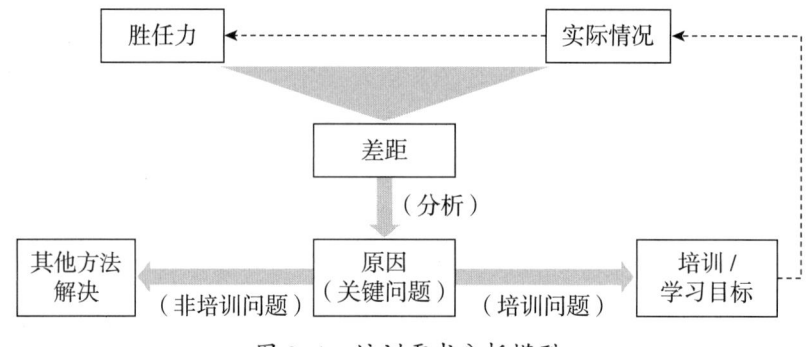

图 3-1　培训需求分析模型

培训需求产生的原因主要分为以下四个层次：

表 3-1　培训需求来源

层　面	内　容	分析方法
组织战略层面	组织的战略目标 组织的业务战略 组织的人才战略	组织战略分析法
组织绩效层面	组织的目标与经营战略目标的实现 组织绩效目标的达成 组织转型创新的需要	组织要因分析法

续表

层　　面	内　　容	分析方法
组织绩效层面	新技术新方法的引入与推广 企业文化落地需要	组织要因分析法
业务绩效达成层面	业务绩效差距 业务面临的挑战 重点业务问题的解决	组织绩效分析法
员工个人发展层面	提升员工个人绩效 提高岗位胜任度 员工提升能力 提高员工的激情 员工职业发展诉求	岗位工作要因分析法

一、来源于组织战略层面

企业愿景是什么？企业要成为什么样的企业、做什么样的业务、做什么样的商业模式、靠什么来致胜？这就需要制定战略、推进战略的人才。因为企业为长远发展提前储备一些战略人才，培育为具有自己血统的人才，如某知名电商平台的管培生计划、某知名制造企业为全球化业务而推进的国际营销师培养计划等。

二、来源于组织绩效层面

企业战略目标的实现、组织的转型与业务的创新、新技术新方法的创新、引进与推广、产品结构的升级、企业文化的落地等都会产生培训需求。企业要根据组织战略、组织经营方针，找出组织高层、中层、基层为完成目标计划所存在的差距及管理过程中的问题，找出培训需求；明确清晰的组织目标既对组织的发展起决定性作用，又对培训规划的设计与执行起决定性作用。组织绩效指导培训策略，培训目标来源于组织目标。

围绕生命周期规律，通过对资源、特质、环境等因素的分析，准确地找出企业存在的问题及问题产生的原因，进而进行归纳分类与重要性排序，并通过培训来解决这类问题。组织绩效层面的需求调查，主要通过与企业高层的访谈来获取。

三、来源于业务绩效达成层面

业务绩效差距、业务面临的问题、重点业务问题需要借助一定的工具方法来进行分析，找出导致业务绩效差距及业务问题产生的原因，甚至需要借助一定的培训方案促进业务问题的解决。

表 3-2 组织绩效问题

序号	询问组织的问题	回答
1	组织现在面对的关键问题是什么？	
2	你如何为这些问题排列优先次序？请从对组织成功最关键的问题开始。	

序号	针对每个问题，提出以下疑问	回答
1	问题是什么？请详细描述该问题。	
2	标志性问题解决的可操作性结果是什么？	
3	为什么解决该问题是实现组织成功的关键？	
4	每个问题将会涉及哪些业务或者职能？	
5	为解决每个问题，这些业务或者职能部门中的员工需要做什么或做哪些提升改变？员工们当前的绩效如何？解决这些问题他们的绩效应该如何？	
6	这些业务或者部门的员工需要学习什么（如果有）才能解决这些问题？	
7	除员工绩效外，还有哪些因素对每个问题有影响？	
8	为解决这些问题，你计划进行哪些变革（如模式调整、组织变革、职责调整等）？	
9	这些变革将会影响到哪些业务或部门？	
10	由于这些变革，这些业务或者部门的员工需要学习提升什么能力？	

四、来源于员工个人发展层面

员工的需求主要来源于两个方面：胜任岗位需求与职业发展需求。

第一，胜任岗位需求。主要包括员工基于岗位知识图谱、岗位任职资格技能的掌握和为取得高绩效而产生的培训需求。

首先，岗位知识图谱与岗位任职资格对员工应具备的知识、技能、素质等做出要求，员工为了达到相关要求，必然要进行胜岗知识技能培训；其次，绩效评价是评估员工绩效是否达标的重要手段之一，如果由于员工自身原因产生了绩效不达标，就需要究其背后深层次的原因。找到员工的缺失，培训需求就产生了。

第二，职业发展需求。主要包括组织希望员工从自身职业发展目标出发以及对所从事的职能变化所需技能的培训需求。

员工发展的动力，一是来源于对自己未来职业的规划，有了职业规划，员工就知道自己的职业发展目标，进而会去做相应的学习培训，这样培训需求就产生了。二是来自对自己业务的不断创新以及对外界环境的影响。

通过对以上两个方面培训需求的调查了解，将这两个方面的需求结合起来形成培训计划的基点，只要有了这个基点，培训计划就有可行性和有效性。当然，培训效果好坏还取决于其他因素，如培训计划、组织实施等。

作为培训部门的管理人员，更要以岗位知识图谱为基础，以绩效为导向，以培训为抓手，结合企业战略、业务目标，深度挖掘员工的新学习需求，通过对行业前沿课题和标杆企业培训先进模式的研究，创新企业培训方式和模式，提前储备和培养未来企业所需要的员工能力，为企业带来新的活力。

> **小贴士** 对员工个人来说，胜任岗位知识图谱所需的相关需求与职业发展产生的培训需求是员工进步的"驱动力"！

第二节　培训需求调查方法

员工培训需求的调查方法有很多，这里介绍几种简单而实用的培训需求调查方法。

一、需求面谈法

需求面谈法（以下简称面谈法）是指访谈者根据与受访人面对面交谈，从受访人的表述中发现问题，进而判断出培训需求的调查方法。

需求面谈分为正式面谈和非正式面谈。正式面谈是访谈者以标准的模式向所有的受访人提出同样问题的面谈方式；非正式面谈是指访谈者针对不同的受访人提出不同的开放式问题以获取所需要信息的面谈方式。

（一）面谈法的优缺点分析

面谈法同其他培训需求调查方法一样，有优缺点和适用范围。所有企业在实际开展培训需求调查时，最好不要只使用一种方法。面谈法的具体优缺点如图3-2所示。

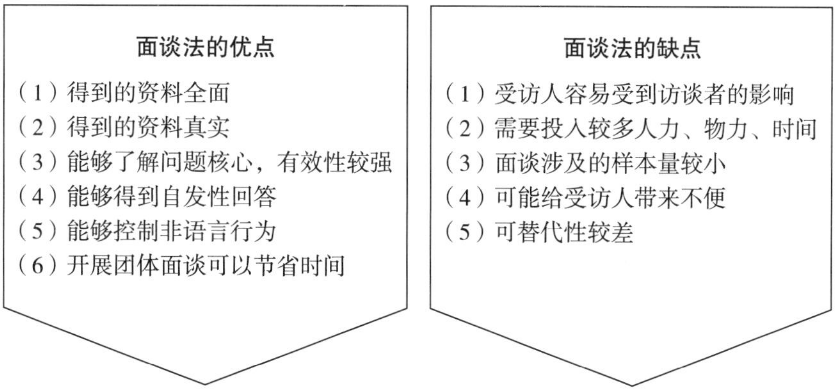

面谈法的优点	面谈法的缺点
（1）得到的资料全面	（1）受访人容易受到访谈者的影响
（2）得到的资料真实	（2）需要投入较多人力、物力、时间
（3）能够了解问题核心，有效性较强	（3）面谈涉及的样本量较小
（4）能够得到自发性回答	（4）可能给受访人带来不便
（5）能够控制非语言行为	（5）可替代性较差
（6）开展团体面谈可以节省时间	

图 3-2　面谈法的优缺点

（二）面谈法实施步骤

通过面谈法收集培训需求分析信息时，可以按照图3-3所示的步骤执行。

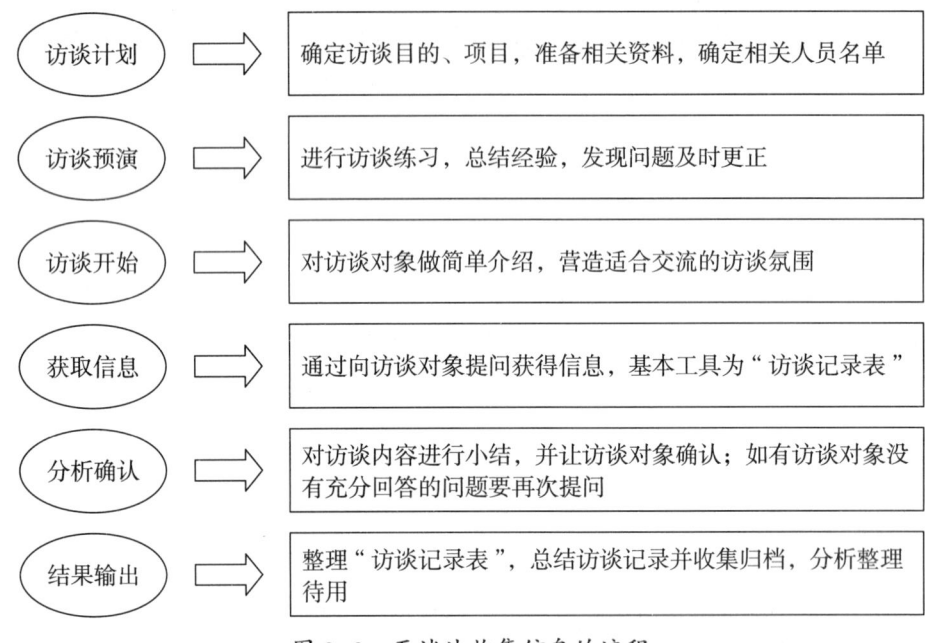

图3-3　面谈法收集信息的流程

（三）对不同层级员工实施面谈法的关键点

组织在针对不同级别的员工进行培训需求调查时，要依据具体要求选择面谈内容（如表3-3和表3-4所示）。

表3-3　对不同层级员工实施面谈法的关键点

受访人员类别	面谈法实施关键点
新员工	访谈企业文化、规章制度、职业化心态等
专员级员工	访谈岗位知识的掌握、个人绩效达成情况、团队氛围等
主管级员工	访谈职业化、管理技能、创新能力、团队文化等
经理级员工	访谈管理能力、领导力提升、战略思维、团队协作等

表3-4　访谈记录

姓名		所在部门	
访谈人		访谈日期	
1.为确保部门业务目标完成，自己需要提升哪些地方，发挥自身的能量？			

续表

2. 您认为您工作上可以改善的地方有哪些?
3. 您在工作中有哪些成绩,有哪些感觉到遗憾的地方? 自己是怎样补救处理的?
4. 您与上级、同事关系如何?
5. 您对个人的发展目标以及事业期望是什么?
6. 部门领导或人力资源引导后,能否谈一下自己具体需要加强学习培养的地方?

二、问卷调查法

问卷调查法是指通过预先设计的调查问卷收集培训需求和信息的调查方法。

(一)问卷调查法的优缺点分析

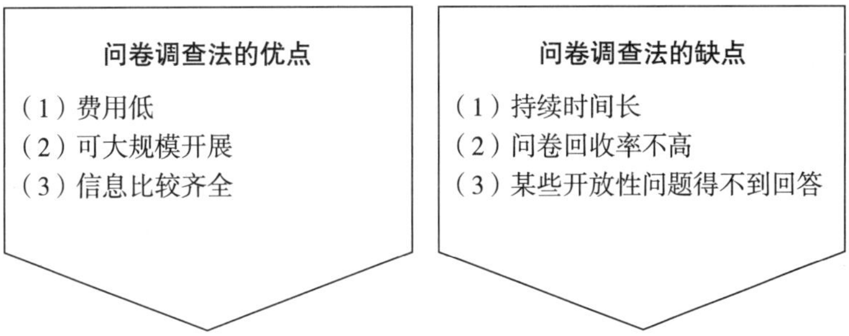

```
┌─────────────────────┐   ┌─────────────────────┐
│   问卷调查法的优点   │   │   问卷调查法的缺点   │
│                     │   │                     │
│  (1)费用低         │   │  (1)持续时间长     │
│  (2)可大规模开展   │   │  (2)问卷回收率不高 │
│  (3)信息比较齐全   │   │  (3)某些开放性问题 │
│                     │   │       得不到回答    │
└─────────────────────┘   └─────────────────────┘
```

图 3-4 问卷调查法的优缺点

(二)问卷形式分类

问卷形式包括开放式、探究式、封闭式、引导式四种,具体如表 3-5 所示。

表 3-5 调查问卷形式分类

类 型	特 征	作 用
开放式	采用"什么""如何""为什么"等提问,回答时不能用"是"或"否"来简单应对。例如,"你为什么参加此类培训?"	发掘对方的想法和观点
探究式	更加具体化,采用"多少""多久""谁""哪里""何时"等提问。例如,"你希望这样的培训多久举行一次?"	探讨需求的真伪

续表

类 型	特 征	作 用
封闭式	只能用"是"或"否"来回答的提问方式	对需求的直接定位
引导式	提问者有暗示性的引导用语,用于明确让问卷者逐步靠近组织者的目标和意图	引导被访谈对象逐步得出结论

(三)问卷调查的步骤

开展一次完整的培训需求问卷调查,需要设计问卷调查表和问卷调查步骤,如表3-6和表3-7所示:

表3-6 问卷调查

××××年度培训需求调查

个人信息采集:
(1)姓名　　　　　(2)单位　　　　　(3)部门
(4)岗位名称　　　(5)职级(或专业任职资格等级)

本次调查的目的:
　　为了更好地匹配您的培训需求,使培训项目更具针对性和实用性,切实有助于您的日常工作,特进行本次问卷调查,敬请惠予宝贵意见。我们将基于您的反馈,结合企业战略、业务模式制订××××年度培训计划。您的意见和建议将得到充分尊重,感谢您的协助与支持,祝您工作愉快!

1. 根据您目前所在岗位,您认为最需要提高的通用技能是?(可多选,1—3项)
A. 时间管理　　　　　　B. 沟通协调
C. 表达能力　　　　　　D. 办公软件操作
E. 公文写作　　　　　　F. 自我管理
G. 团队协作　　　　　　H. 其他

2. 您比较喜欢的培训形式是?(可多选,2项)
A. 外聘讲师培训　　　　B. 外部公开课　　　　C. 内聘讲师培训
D. 线上学习　　　　　　E. 参观考察

3. 您希望参与的培训内容倾向于?(可多选,3项)
A. 政策法规、基本理论知识等
B. 岗位职责、业务管理及操作流程等专业课程
C. 专业软件、技术方法等专业课程
D. 办公软件使用
E. 目标管理等职业素质养成课程
F. 管理事件、工作案例分析等

4. 您认为培训效果的评估方式应当采取?(可多选,2项)
A. 反应评估(培训满意度调查、座谈等)

续表

B. 学习评估（提问、笔试、模拟练习等）

C. 行为评估（行为观察、绩效评估等）

D. 结果评估（成本收益率分析、客户与市场调查等）

5. 您认为目前企业内部培训师急需提升的能力是？（可多选，3项）

A. 管理及专业经验总结能力　　B. 解决实践问题的能力

C. 了解培训对象的需求、特点　　D. 课程内容开发能力

E. 具体授课技巧、方法　　F. 工作、实践案例的开发能力

6. 对××××年培训工作的开展，您对讲师认证工作的建议是？（可多选，2项）

A. 提高讲师课酬　　B. 一年认证一次

C. 一年认证两次　　D. 多开展讲师认证培训

7. 对××××年培训工作的开展，您对内部课程开发工作的建议是？（可多选，3项）

A. 提高开发课程奖励　　B. 简化课程包

C. 加大专业类课程开发　　D. 加大通用类课程开发

E. 多开展课程开发技巧培训　　F. 增加面授课程开发

G. 增加线上课程开发

8. 在上年度您参加的内部培训中，您推荐长期讲授的三门课程的主题是？

A.　　B.　　C.

9. 对××××年培训工作的开展，您希望借助外部资源提升的能力是？

A.　　B.　　C.

10. 对××××年培训工作的其他想法和建议（如资源开发、数字化学习平台等）：

表3-7　问卷调查步骤

步骤	内容	说明
1	制订调查计划	明确调查目标及任务，并制订计划，保证调查紧紧围绕目标展开
2	编制调查问卷	调查问卷是问卷调查法的基本工具，通常包括选择题和问答题
3	发放调查问卷	组织发放调查问卷，由被调查者填写问卷
4	收集调查问卷	组织回收、整理问卷
5	调查信息整理	统计数据，将问题进行汇总和分析
6	调查结果输出	根据分析结果得出结论，编制调查报告，提交调查结果

三、小组讨论法

小组讨论法是从培训对象中选出一部分具有代表性且熟悉业务的员工作为代表参加讨

论，通过讨论调查获取培训需求信息。一般在讨论会前，培训组织人员要事先准备好讨论的内容或者谈话提纲（如表3-8所示），以便在小组成员讨论时有效地把握其方向和内容。

表3-8 小组讨论提纲

一、讨论时间			
二、讨论地点			
三、参加讨论人员			
姓　名	职　位	部　门	联系方式
四、讨论课题			
五、讨论关键内容 1. 该课题产生的背景及需求 2. 员工对此课题的了解认可度 3. 该课题需要的人员技能要求 4. 对于项目管理者应需要什么样的培训 5. 需引入什么样的新技能、新知识 6. 企业经营管理中的优劣 7. 员工对企业现状的了解，如企业战略、经营方针、市场环境等 8. 员工对企业文化的认同度 9. 员工不能很好地完成工作的原因 10. 对培训工作的认同度 11. 员工在工作中急需解决的问题 12. 员工对待工作的态度 13. 员工的团队意识 ……			

四、资料分析法

资料分析法是针对企业的重要文件，如年报、重要会议精神、领导讲话记录等进行整理分析，以此来找出培训需求点的一种分析方法。资料分析法一般用于分析组织及业务差距层面的培训需求，对资料分析者对业务的把握程度有较高要求。

第三节　培训需求调查工具

要进行有效的需求分析，就必须采取合适的方法和工具。笔者认为能提供给企业找准培训需求的全套方法技术就是培训需求调查工具，这其中比较常用的有《培训需求调查表》《培训需求访谈手册》和《培训需求调查报告》等。培训需求调查工具对于编制年度计划、开展重大培训项目前期策划等非常有用。

一、设计培训需求调查表

各个业务部门可以根据预期目标和业务现状的差距，分析培训需求，同时确定培训课程和具体内容，表格简单直接，易于筛选总结（如表 3-9 所示）。

表 3-9　培训需求调查表

| 序号 | 部门 | 需求对象 | 需求内容 || 目前现状 | 预期目标 | 调查人数 | 需求人数 | 计划培训日期 | 培训形式 ||| 需求跟踪 || 备注 |
||||||||||||需求课题|详细内容||||||互动研讨|集中授课|其他|需求分析|是否组织此培训||

二、设计培训需求调查问卷

需求调查问卷可以基于以下示例进行设计，内容多且全面，问卷发放时可以利用企业内外部的线上问卷平台进行，便于回收总结（如表 3-10 所示）。

表 3-10　培训需求调查问卷

××单位培训需求调查问卷

个人信息：1）姓名　　　　　2）单位　　　　　3）部门
　　　　　4）岗位名称　　　5）职级（或专业任职资格等级）
本次调查的目的：
　　请您从以下方面识别自身培训需求：《岗位知识图谱》《岗位说明书》上的基本技能要求、专业任职资格标准能力项、岗位工作目标、岗位所需掌握的行业内法规政策及先进理论与方法、个人绩效考核及改善意见，以及直管/主管领导反馈的意见。您的宝贵建议是各部门/单位开展培训工作的重要依据，谢谢！
1. 目前，您所接受的企业培训在数量上您认为怎么样？
A. 足够　　　　　　　　　B. 还可以
C. 不够　　　　　　　　　D. 非常缺乏
2. 您认为，本部门内部关于产品知识、行业和市场信息、工作任务的培训、讨论、分享是否充分？
A. 充分　　　　　　　　　B. 还可以
C. 不够充分　　　　　　　D. 基本没有分享

续表

3. 您认为，本部门组织的培训、讨论、分享等活动，对业务管理水平、工作效率提高的支持度怎么样？
A. 支持力度大　　　　　　B. 支持力度还可以
C. 效果不明显　　　　　　D. 基本没有支持

4. 根据您目前所在岗位，您认为最需要提高的通用技能是？（可多选，1—3项）
A. 时间管理　　　　　B. 沟通协调　　　　　C. 表达能力
D. 办公软件操作　　　E. 公文写作　　　　　F. 专业技术能力
G. 自我管理　　　　　H. 团队协作　　　　　I. 其他

5. 您比较喜欢的培训形式是？（可多选，2项）
A. 外聘讲师培训　　　　　B. 外部公开课
C. 内聘讲师培训　　　　　D. 参观考察
E. 您的建议_____

6. 您比较喜欢的教学方法是？（可多选，2项）
A. 课堂讲授　　　　　B. 讨论交流　　　　　C. 案例教学
D. 情景模拟　　　　　E. 在职指导　　　　　F. 您的建议_____

7. 您认为培训效果的测评方式应当采取？（可多选，2项）
A. 书面考试　　　　　B. 撰写心得体会　　　C. 课下讨论、分享
D. 工作课题任务　　　E. 直接主管评价

8. 您认为实际的部门培训计划制订与执行中，存在最突出并亟待解决的问题是？（可多选，2项）
A. 培训计划的制订中，培训主管的指导作用不明显
B. 培训计划的制订和执行，员工直线主管的作用不明显
C. 培训计划执行力度不强，计划完成率低
D. 缺少相关专项岗位/能力等专项培训计划
E. 您的建议_____

9. 关于通用能力培训实施中，存在最突出并亟待解决的问题是？（可多选，2项）
A. 培训课程内容缺乏针对性　　　B. 内部培训讲师讲授水平待提升
C. 培训形式较为单一　　　　　　D. 缺乏培训效果跟踪
E. 各级管理人员重视程度不足　　F. 单位/部门工学矛盾突出
G. 您的建议_____

10. 您认为企业目前内部讲师急需提升的能力是？（可多选，2项）
A. 管理及专业经验总结能力　　　B. 解决实践操作问题的能力
C. 了解培训对象的需求、特点　　D. 课程内容开发能力
E. 具体授课技巧、方法　　　　　F. 工作、实践案例的开发能力

11. 您目前希望参与的培训课程内容倾向于？（可多选，2项）
A. 政策法规、基本理论知识类等
B. 岗位职责、业务管理及操作流程等专业课程
C. 专业软件、技术方法等专业课程
D. Office 等通用办公技能
E. 目标管理等职业素质养成课程
F. 管理事件、工作案例分析等

续表

12. 您认为目前部门业务管理、操作流程及专业技能等专业课程开发存在的突出问题是？（可多选，2项） A. 不了解培训对象的需求、特点 B. 课程大纲逻辑梳理存在问题 C. 课程核心内容的界定不清晰 D. 知识、技能专业度不足，对学员教育意义不大 E. 您的建议_____ 13. 您目前可担当内部讲师的岗位类课程与专业技能类课程是？ 岗位类： 专业技能类： （注：对同一专业序列岗位人员培训或对各单位相关部门同类型或下一级岗位培训） 14. 上年度您参加的部门内部培训中，您推荐长期或推广讲授的三门课程的主题是？ A.　　　　　　　　　　B.　　　　　　　　　　C. 15. 对下年度的部门培训工作，您还有其他思路或要求，请写明： 您的建议是：

三、编制培训需求访谈手册

培训部门可以选择具有代表性的管理者或员工进行培训需求访谈，面对面交谈有利于更好地理解业务部门和员工的需求。培训需求访谈手册可以通过访谈目的、对象、流程设计、问题清单等内容进行设计，具体如表 3-11 所示。

表 3-11　培训需求访谈手册

一、培训需求访谈的目的： 　　年度培训需求访谈主要是帮助我们获取以下信息： 　　1. 清晰界定需要改善的业务问题：什么需要改变？ 　　2. 确认导致该问题的行为因素：根本原因是什么？ 　　3. 区分培训需求和非培训需求：培训能否起到作用？ 　　4. 确定培训需求的轻重缓急：哪些急需解决？ 　　5. 培训设计的参数：多大改善可以被接受？ 二、培训需求访谈的对象： 　　本次培训需求访谈对象为各单位 / 部门副总监级以上人员。 三、培训需求访谈的流程： 　　1. 培训需求访谈工作流程（主流程）： 　　成立访谈小组→选择访谈对象→明确关键议题→构建访谈提纲→确定日程安排→需求访谈实施→撰写访谈纪要

续表

访谈小组要点：
谁做开场白，谁收场？
谁负责记录？
如何给小组成员分配不同的访谈议题？
访谈实施要点：
明确访谈目的。
掌握时间安排（如各议题的时间分配）。
深度重要还是广度重要？
时间限制？
区别"必须了解的信息"和"最好了解的信息"。
确定最终目标——"在访谈结束之前，我最想问的三个问题"。
2.培训需求访谈实施流程（引申流程）：
界定问题→分解问题→优先排序→分析议题→归纳建议→再次确认
（即针对培训规划，我们要明确业务问题，确定问题的根源，确定培训内容与培训目标）

四、培训需求访谈的问题清单：

（注：本示范问题，仅用于对访谈实施过程的指导）
1.当访谈对象有具体的培训需求时，可应用的延伸性问题：
这个培训有什么业务背景？针对什么业务问题？
是什么使这个培训变得这么紧迫了？
这个培训的目标对象是谁？
确认总结语：您最希望这个培训帮助您改善×××（衡量指标），对吗？
2.选择正确的提问方式，并了解问题本身的引导作用：
3.关于培训能解决和不能解决的问题的分析与鉴别：
范例1：业务人员拜访客户量不足问题。
范例2：各单位报表专员存在数据分析报表提交延迟、不准确的问题。

五、培训需求访谈常用的总结性话语：

1.看来引起这个问题的根源是×××（行为或者因素），对吗？
2.培训对象可以控制的问题是××××（学员可控制的行为）。其中××问题是培训可以解决的，××问题是培训不能解决的，您同意吗？那么，我们把培训确定在解决××（可培训行为）上，您觉得可以吗？
3.为了帮助改善××问题，这个培训应着重点解决××问题，您觉得对吗？
4.培训目标确定在××，您觉得可以吗？这个应该是知识/技能/态度培训，对吗？
5.不断总结、归纳并及时地与被访谈者核实，提出最后一个开放式问题：
"有没有什么没有谈到的问题是您想补充的？"
6.就下一步工作达成共识，为今后提问留有余地。
7.感谢被访谈者，在48个小时之内送出致谢信或电话/邮件致谢。

六、培训需求访谈纪要的撰写：

1.及时记录谈话要点。
2.遵循80/20原则——在20小时内写完访谈纪要——与其在一个星期内完成一个完美的访谈纪要，不如立即做一个有80%准确性的访谈纪要。

续表

> 3. 访谈纪要应提及被访谈者对问题的反应和态度,而不仅仅局限于他的回答。
> 4. 引用被访谈者原话,以此强调重要观点。
> 5. 对被访谈对象的观点/评论,持必要的怀疑态度。
> 6. 不要在纪要中说明争议较大的观点,可以和小组成员对此观点私下沟通。
> 7. 完成后续工作,履行工作诺言。

四、编制培训需求调查报告

培训需求调查报告是确认培训计划的重要来源之一,培训部门可以围绕调查概况、调查结果、调查分析、课程体系规划等维度进行编制(如表3-12所示)。

表3-12 培训需求调查报告

×××部门××年度培训需求调查报告

编制:
审核:
批准:

一、目的

为了使培训工作能紧密结合企业发展战略,前瞻性地为业务部门策划培训支持工作,掌握和确定员工的知识、技能需求,确认员工绩效差距,针对性制订本单位××年度培训计划,特组织××年度培训需求调查工作,结合调查问卷回收信息及统计分析结果、管理人员访谈记录,特编制本培训需求调查报告。

二、内容

1. 培训需求调查概况:
(1)调查问卷及调查对象:
(2)访谈实施及访谈对象:
(3)调查问卷的发放与回收:
注:汇总答卷及访谈实施情况,总结好的答卷方式及访谈方法。
2. 组织培训需求调查结果:(结合中高层管理人员访谈/问卷结果输出)
(1)组织战略的培训需求:
①本单位或业务使命与宗旨,本单位经营战略与年度目标,年度规划:
②本单位年度关键管理事项与重大影响因素:
③本单位经营管理模式对培训需求的影响:
④本单位业务发展重点对培训需求的影响:
(2)业务部门发展的培训需求:
①本单位主要业务/职能部门的年度工作重点:
②本单位下一年度关键的业务能力提升与培训重点:
③各业务部门领导提出的系统培训思路:

续表

（3）人才发展的培训需求： 注：含"管理者发展通道"与"专业技术发展通道"两个方面的职业发展培训需求。 ①各项人才发展的瓶颈因素、能力短板： ②本单位急需的干部队伍的培训需求： ③本单位急需的业务/技术专家的培训需求： （4）岗位能力的培训需求： ①关键岗位范围、现在岗人员知识技能水平差距存在的问题： ②人员基本技能的培训需求： ③人员业务技能的整合培养、培训思路： 3. 管理人员管理能力调查： （1）本单位基层管理人员管理能力分析： （2）本单位中层管理人员管理能力分析： （3）本单位高层管理人员管理能力分析： 4. 重点人才队伍培训目标与策略： 5. 培训现状调查总结分析：（相关问卷统计分析结果，请插入饼状图或柱状图） （1）分析内容（包括本单位培训的重要性、培训对工作绩效的帮助、学习方式、培训形式、教学方法、培训的课程、讲师风格、培训时间安排、培训频率、效果评估方式、培训目前存在的问题）： （2）培训现状小结： （3）培训工作改善建议： 6. 培训课程体系建设规划： （1）本单位现存的课程资源存在的问题： （2）本单位年度课程体系建设重点： 7. 培训讲师培养的工作思路： （1）本单位现存的讲师资源存在的问题： （2）本单位年度讲师培养重点（包括讲师认证比例、应用情况等）： 8. ××年培训工作重点与创新：

第四节　实施培训需求调查

一、需求调查前期准备

第一，调查对象背景档案，档案应该包括培训档案、员工人事变动情况、绩效考核情况、员工职业生涯规划等相关资料。

第二，调查对象的选定与接洽，培训部门应该与调查对象及所在部门负责人保持密切联系，及时掌握员工可参与调查的时间安排等。

第三，准备培训需求调查相关材料，培训部门应该提前准备好需求调查的相关资料，包括但不限于面谈表（含面谈提纲、面谈话题顺序、面谈人员记录表等）、问卷调查表（含需求调查背景、目标等）。

二、制订需求调查计划

培训需求调查计划应包括以下几项内容：

第一，制订培训需求调查工作的行动计划，包括时间安排、可能遇到的问题及对策、应当注意的问题等。

第二，确定培训需求调查工作的目标。

第三，选择适合的培训需求调查方法，高频使用的培训需求调查法有观察法、问卷法、面谈法、测试法、工作分析法、资料分析法、全面分析法等。培训部门管理人员要根据实际情况甄选出最适合企业的培训需求方法是非常重要的一项硬性基本功。

第四，确定培训需求调查的内容。

三、实施培训需求调查

制订了培训需求调查计划后，就要按计划来组织实施调查。实施培训需求调查主要包括以下步骤：

第一，提出培训需求建议或愿望。

第二，调查、申报、汇总需求建议。

第三，分析培训需求。

分析培训需求需要关注以下问题：

第一，受训员工的现状。

第二，受训员工存在的问题。

第三，受训员工的期望和真实想法。

第四，汇总培训需求意见和确认最终培训需求。

四、培训需求沟通确认

培训部门对通过各种调查方法所获取的培训需求信息进行汇总、分类后，确定企业或员工的初步培训需求，与业务部门沟通和确认调查结果关系到培训的有效性。为了使初步确定的培训需求符合企业或员工的实施培训需求，需要进行培训需求的确认。确认方式如下：

（一）面谈确认

面谈确认是针对某一个别培训需求，同培训对象面对面交流，听取培训对象对于培训需求的真实反馈和建议，在此基础上对培训需求进行确认。

（二）主题会议确认

主题会议确认往往是针对某一普遍培训需求而实施的。它通过就某一培训需求主题进行会议讨论，了解参会人员的意见和看法，进而完善培训需求，确保培训需求的满足性和真实性，为培训决策和培训计划的制订提供信息支持。

（三）正式文件确认

在对培训需求达成共识后，为了便于以后各部门培训的组织实施，减少推责或扯皮现象，需要用一份正式文件对培训需求进行确认。具体实施时采用培训需求确认会签表来确认，如表3-13所示：

表 3-13　培训需求确认会签

序 号	培训部门	培训主题	培训内容	培训形式	确认人

五、分析与输出需求结果

培训需求分析，就是在开展培训需求调查的基础上，结合岗位知识图谱、岗位胜任力与绩效结果，对企业员工在组织战略目标、业务发展、员工发展等方面的相关信息进行整体的调查并通过一定的分析方法和技术对相关知识、技能、能力进行系统的识别和分析，获得并确定培训的重要性、必要性、急需性等内容，从而输出需求结果的过程。具体过程如下：

第一，对培训需求调查信息进行归类、整理。
第二，对培训需求进行分析、总结。
第三，撰写培训需求分析报告。

第五节　培训需求报告撰写

在完成了员工培训需求调查和分析后，就要将培训需求调查分析的结果用文字表格描述出来，形成正式书面报告，以此作为培训计划编制输入。《培训需求报告》的内容一般包括四个维度：报告背景及摘要、培训需求分析的调研背景与目的、需求调研分析实施的技巧与管理、培训需求分析的结论和改进方案等。

▶ 典型案例　管理人员培训需求报告

表 3-14　培训需求报告示例

×× 单位 ×× 年度培训需求报告
编制：×× 培训部门 审核： 批准： 　　为了使培训工作能紧密结合企业发展战略，前瞻性地为业务部门策划培训支持工作，掌握和确定员工的知识、技能需求，确认员工绩效差距，针对性制订本单位年度培训计划，特组织年度培训需求调查工作，结合调查问卷回收信息及统计分析结果、管理人员访谈记录，特出具本培训需求调查报告。 **一、培训需求调查概况** 　　1. 调查问卷及调查对象：×× 部门高层管理人员 　　2. 访谈实施及访谈对象：×× 部门高层管理人员 　　3. 调查问卷的发放与回收： 　　注：汇总答卷及访谈实施情况，总结好的答卷方式及访谈方法。 **二、组织培训需求调查结果** 　　**1. 组织战略的培训需求** 　　（1）本单位或业务使命与宗旨，本单位经营战略与年度目标、年度规划： 　　围绕产品交付质量，完善产品创造体系，提升项目群运营管理能力，推进平台/模块化体系与能力建设，推广项目风险管控流程，开发出满足市场需求和竞争力强的产品，逐步实现产品向中高端转型升级的战略目标。 　　（2）本单位年度关键管理事项与重大影响因素： 　　通过产品创造体系持续优化和产品创造能力建设，推动产品交付能力达到国际先进水平；同时，通过模块化体系建设和核心模块的开发，逐步实现集团模块化战略的落地。 　　（3）本单位经营管理模式对培训需求的影响： 　　需加强授权管理、辅导下属能力、会议管理、沟通协调、目标管理、汇报能力、团队凝聚力等方面的培训。 　　（4）本单位业务发展重点对培训需求的影响： 　　需加强计划与绩效管理、模块/开发体系流程建设、项目管理、项目风险识别与管控及综合战略，商务、运营、产品等方面的培训。 　　**2. 业务部门发展的培训需求** 　　（1）本单位主要业务/职能部门的年度工作重点： 　　适应性优化产品创造与研发管理模式，完善产品投放管理体系。 　　（2）本单位下一年度关键的业务能力提升与培训重点： 　　模块/开发体系流程、节点核查、项目管理、成本管理、质量管理、新能源、项目风险识别与管控、计划与绩效管理、市场及客户需求分析等专业知识的学习。 　　（3）各业务部门领导提出的系统培训思路： 　　①培训与工作相结合：培训内容需与实际工作内容相符，可实施性高，有助于提升工作效率。

续表

②培训形式多样化：增加外聘讲师授课次数，学习先进理念和工作方法；适当增加外部公开课的培训机会，与外单位人员多接触交流，取长补短；年度依据业务需求，可适当举办1次至2次团队建设，增加团队凝聚力等。

③横向拓展培训范围：除制定专业课程提升本职位的专业能力外，还要扩大知识范围，就产品技术特别是新能源产品知识、财务知识、产品经营（全价值链）等方面的知识进行全面培训。

3. 人才发展的培训需求

①各项人才发展的瓶颈因素、能力短板：

由于部门前期考虑到业务发展及中心能力建设要求，快速补充大量空缺岗位，部门新员工占比较高，整体工作经验不足且大多局限于某一职能的业务能力，缺乏系统的工作经验，行业发展趋势的分析与预判、语言、创新等能力较薄弱。

②本单位急需的管理人才队伍的培训需求：

××年新聘或新提的中层干部占比比较高，××年需通过专业技术能力培训，针对企业目前的运营模式、业务架构、流程体系制度等，加强此部分干部对专业知识的理解与转化能力，同时通过通用能力培训，逐步提升其辅导下属、增强团队凝聚力等管理方面的能力。

③本单位急需的业务/技术专家的培训需求：

需逐步提升模块/开发体系与能力建设、项目风险分析与管控、计划与绩效管理、战略规划和国际商务等方面的专业能力。

4. 岗位能力的培训需求

①关键岗位范围、现在岗人员知识技能水平差距存在的问题：

由于部门前期考虑到发展及中心能力建设要求，快速补充大量空缺岗位，人岗匹配的平配率不满足，需加强岗位实践，提升关键岗位能力建设。

②人员基本技能的培训需求：

模块开发流程；APQP[①]、FMEA[②]等五大工具；项目管理工具；英语口语；Office办公软件通用技能；沟通协调能力；团队协作能力。

③人员业务技能的整合培养、培训思路：

建议采用定制式的培训方式开展工作，因人而异，因岗位工作需要或人员级别制定相应培训课程，并针对学习的积极性及培训效果，结合绩效评价和任职资格对相关人员进行培训管理。

三、管理人员管理能力调查

1. 本单位基层管理人员管理能力分析

（1）人员结构：部门一般专业技术人员中，专业资深的员工数量较少，多数为新入职2年至3年的新员工，应加强培养部门专业技术人员技术能力。

（2）新入职2年至3年的新员工，需要通过系统培训来完成能力提升。

2. 本单位中层管理人员管理能力分析

××年新聘或新提的中层干部占比较高，专业能力、领导力相对薄弱，需要通过系统培训提升专业知识技能、带领团队及辅导下属的管理能力。

[①] Advanced Product Quality Planning，产品质量先期策划。
[②] Failure Mode and Effects Analysis，失效模式及后果分析。

3. 本单位高层管理人员管理能力分析

目前高层管理人员对战略的解读、转化和管理的能力，基本满足业务需要。

四、重点人才队伍培训目标与策略

为快速满足部门能力建设要求，部门补充大量的空缺岗位，整体缺乏系统的工作经验，岗位要求的知识、工具基础相对薄弱。因此针对部门现状，××年拟针对在岗人员设置定岗、定级的定制化课程，与岗位知识图谱、任职资格标准挂钩，重点围绕业务基础知识、技能及经验分享等方面的内容开展培训课程，参考目标如下：

一级：了解企业组织机构和职能职责，熟悉企业全系列产品信息及行业通用法规标准；熟练应用基础统计工具、OA[①]系统等办公软件的基本操作等。

二级：熟悉专业通用知识及关联的知识，熟悉相关管理制度；熟悉模块开发流程，能在指导下完成项目数据分析及文件的编制；了解项目管理工具，具备基础的文字处理和协调沟通能力；了解SWOT分析方法[②]，具备一般信息、数据分析能力。

三级：熟悉企业目前项目管理模式、联盟业务开发模式、开发流程、审核管理流程，具备在项目管理某一领域较深的专业积累，善于在项目管理关键业务实践中总结经验并推广；具备较强的文字处理和协调沟通能力；掌握战略落地工具与方法，熟悉SWOT和PERT[③]分析工具，具备系统、逻辑综合思维能力，较强的沟通协调能力，日常英语口语交流能力。

四级：熟悉KPI[④]基本概念，具备流程体系运行关键指标识别能力，熟悉核心领域的工作要求，具备部门专业某项业务领域广泛深厚的知识和从业经验，并在业务实践中能提出系统性的观点和见解；了解竞品产品开发动态，具有一定的项目风险预警与管控能力，掌握项目管理甘特图、SWOT分析、网络图等5个典型工具的运用，并能加以引进推广，具有优秀的沟通和协调能力，有效解决项目组内各种冲突；掌握价值链分析方法、BCG[⑤]等矩阵分析法，应用波特五力分析模型等，具备较强的系统性思考能力。

五级：熟悉国内先进企业管理模式，熟悉国内主要竞品企业产品开发或战略联盟业务管理水平，了解行业发展趋势和前沿科技，具备广泛的跨专业知识结构，具备本专业较为深厚的知识积累和丰富的工作经验；具有良好的分析和风险管理能力，能对现有产品开发体系的潜在风险提出有效改进措施，可根据实际业务的发展优化现有管理模式；精通体系流程设计。

六级：熟悉行业内最佳实践业务管理模式和产品标准，熟悉国际主要竞品企业产品开发管理水平，具备前瞻性理论，洞悉行业发展趋势和前沿科技，具备广泛的跨专业知识结构，具备深厚的跨专业理论知识；具有国内外优秀本行业工作背景，能把握行业发展趋势，识别未来企业发展机遇及潜在风险，熟知竞品企业管理模式，具有较强的组织、协调、沟通技能和资源整合能力，能有效转化前沿理论并加以推广；能系统分析企业资源能力缺口以进行战略分析并提出优化建议。

---

① Office Automation，办公自动化。
② 态势分析法，S（Strengths）是优势、W（Weaknesses）是劣势、O（Opportunities）是机会、T（Threats）是威胁。
③ Program Evaluation and Review Technique，计划评审技术。
④ Key Performance Indicator，关键绩效指标。
⑤ Boston Consulting Group，波士顿矩阵。

续表

五、培训现状调查总结分析

1. 分析内容

本单位培训的重要性、培训对工作绩效的帮助、学习方式、培训形式、教学方法、培训的课程、讲师风格、培训时间安排、培训频率、效果评估方式、培训目前存在的问题。

2. 培训现状小结

（1）培训数量：

员工对企业培训数量比较满意。

培训数量满意度

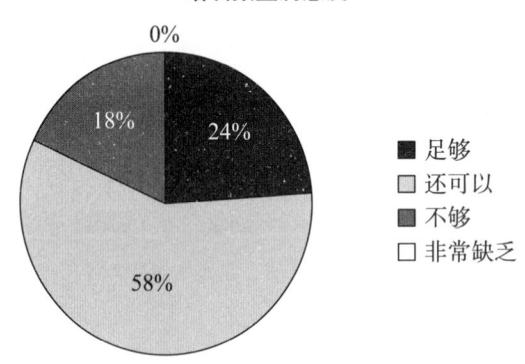

- 足够 24%
- 还可以 58%
- 不够 18%
- 非常缺乏 0%

（2）分享认可满意情况：

员工对本部门内部关于产品知识、行业和市场信息、工作任务的培训、讨论、分享的充分度，普遍认可度较高。

分享认可满意度

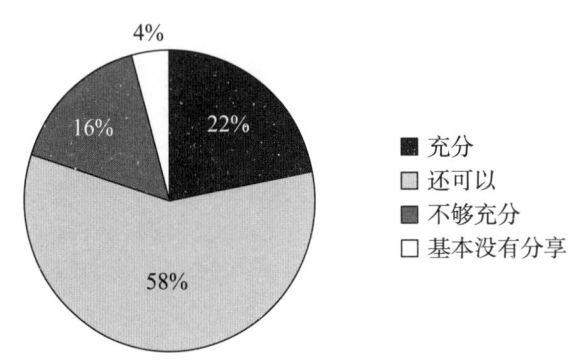

- 充分 22%
- 还可以 58%
- 不够充分 16%
- 基本没有分享 4%

（3）培训支持满意度：

员工对部门内组织的培训、讨论、分享等活动，普遍对业务管理水平、工作效率提高的支持度较高。

（4）通用技能需求：

员工对专业技术能力的需求度较高，尤其是体系流程和项目管理专业知识培训，然后对人际交往类的培训需求较高，如沟通协调、团队合作、表达能力等。

（5）培训形式：

员工希望有多样化的培训形式，尤其对外聘讲师的培训有着极大的兴趣，然后是参加外部公开课或参观考察，更多地接触新事物新理论。

续表

（6）教学方法：

针对目前较多的课堂讲授的授课方式，员工更倾向于能将理论与实践相结合，可实施性更强的案例教学的教学方法。

（7）培训效果测评：

员工比较倾向于气氛轻松，能在互相交流中深化知识理解，取长补短的课下讨论和分享的测评方式。

（8）能力提升方面的培训：

员工在平时的培训中，希望能帮助自己更好地完成实际工作，提高工作效率，所以在能力提升方面，更多地侧重对岗位职责、业务管理及操作流程等专业的课程，以及一些实际的对自己有参考借鉴作用的管理事件、工作案例分析等课程。

3. 培训工作改善建议

（1）培训内容上，专业课程侧重于工作实战经验分享，体系流程、风险管控、质量工具、项目管理工具等；管理类课程侧重于沟通协调、演讲技巧、团队协作、办公软件等。

（2）培训形式上，侧重于多样性，共享企业资源参加外部公共课程、外聘讲师授课等形式。

（3）培训创新上，与岗位知识图谱、任职资格挂钩，定岗定级开发相关课程；通过数智化学习平台，同时利用部门微信群、其他办公沟通媒介等，合理利用碎片化时间进行学习。

（4）课程开发和讲师队伍培养上，逐步开展开发技巧课程，完善本部门的课程开发工作，提升内部员工锻炼自身授课能力，逐步担当内部培训师。

六、培训课程体系建设规划

1. 本单位现存的课程资源存在的问题

本部门业务现存已开发课程较少，后续需根据业务开展及培训需求情况逐步完善。

2. 本单位××年课程体系建设重点

（1）产品开发/模块体系与流程建设；

（2）产品创造项目管理最佳实践经验分享；

（3）产品创造项目管理风险识别与管控；

（4）质量管理工具、项目管理工具的应用；

（5）英语口语能力建设。

七、培训讲师培养的工作思路

1. 本单位现存的讲师资源存在的问题

目前部门内部有讲师10名，其中内部培训师整体的课程开发和授课技巧欠缺，需要进一步提升。

2. 本单位××年讲师培养重点

利用部门认证讲师资源主导开发××年课程体系，同时培养部门内部培训师的课程开发能力，以及授课技巧，将内部培训师逐步培养成企业内部认证讲师。

八、××年培训工作重点与创新

1. 积极号召员工利用部门微信群、其他办公沟通媒介、数字化学习平台等，实时提出培训需求，或自发推介微学习、培训资讯、培训前沿等，构建部门内部虚拟培训平台，引导员工利用碎片化时间去学习与成长。

2. 针对部门人员现状，定岗定级开发相关能力提升课程。

第四章
培训计划制订

　　需求只有转化为培训项目并转化为计划才能组织实施！企业做什么培训、有无职工教育经费、什么时候做培训、怎么解决工学矛盾，这就要对需求进行评估，哪些纳入当年计划、哪些推迟，计划的编制不仅是培训部门的事，也要与业务需求部门进行充分的沟通，当然还要加入企业强制要求的培训内容。对于集团化企业编制培训计划必须体现两级管理，需要把培训需求调查、计划制订、评估验收三者有机结合，要厘清要素、梳理好流程。一个完善的真实性与业务符合性是制订培训计划的前提。

本章导读

- 基于需求调查分析评估制订的培训计划才是好计划
- 让业务部门主动参与编制计划才能有效地服务业务
- 一个完善的培训计划应包含九项培训计划内容构成

经过前面的需求调查，获得真实有用的培训需求后，培训管理者应在以本企业的战略发展目标、业务计划和员工发展为输入的基础上，开始着手制订培训目标和编制培训计划。培训计划的编制是培训管理的关键环节。培训计划的有效性、可行性、科学性，以及培训的投入产出比等是衡量培训绩效的重要指标。

第一节　什么是培训计划

培训计划是从组织的战略发展出发，在全面、客观真实的培训需求调查基础上对培训目标、培训对象、培训内容、培训课程、培训形式、培训讲师、培训方法、培训时间和职工教育经费等进行系统的设计和安排。

一、培训计划分类

培训计划按照不同的划分标准，有不同的分类方式，常见的分类如图 4-1 所示：

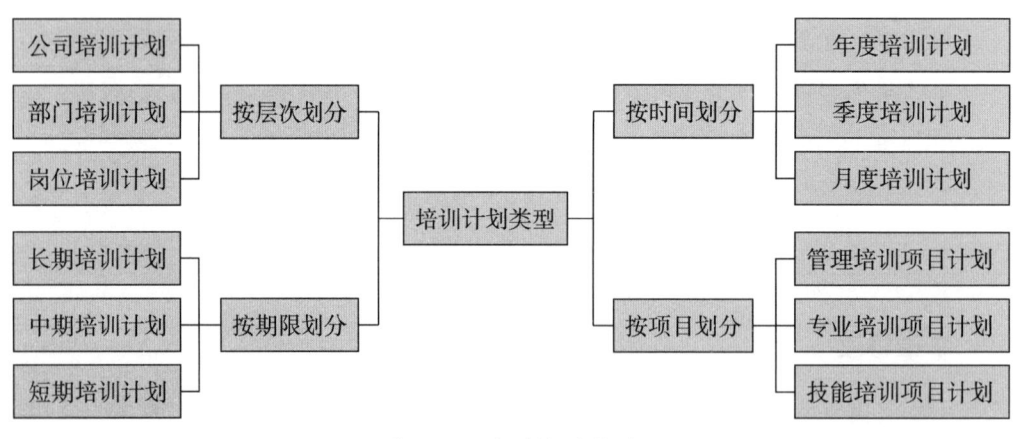

图 4-1　培训计划类型

二、培训计划内容

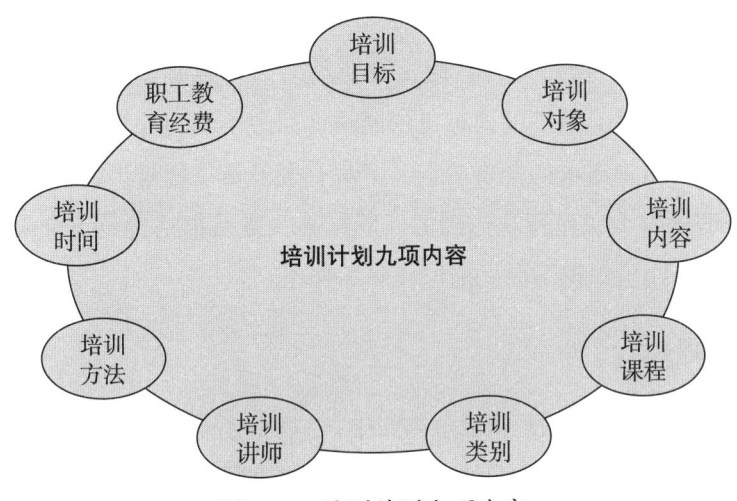

图 4-2 培训计划九项内容

（一）培训目标

每个培训项目都要有明确目标，为什么培训？基于什么进行的培训？要解决企业战略问题、提升绩效、突破瓶颈、提升管理等问题吗？培训要达到什么样的培训效果？提升什么样的能力？这些是要明确的。培训目标要简洁，具有可操作性、可评估性和可衡量性。

（二）培训对象

培训对象可根据员工的不同状态、不同职类工种、不同层级、不同类别等进行划分，具体分类如下：

第一，按员工的状态可分为在职全员培训和新入职培训。企业对在职员工定期或不定期进行文化、价值观类的培训，以保持文化价值观的高度统一性，对新入职员工进行入职上岗的系统性培训。

第二，按职能系统的专业知识进行技能培训和特殊工种的培训。

第三，根据员工的不同层级进行分层次知识技能和晋升培训。

第四，对高潜质、新晋升的员工进行针对性的专项培训。

第五，对新招校园人才进行系统的入职培训。

企业只有把培训对象划分清楚，才能有针对性地进行培训，这样既可实现资源的高度统一，又不会造成资源的浪费，还可实现统一性和差异性的组织培训管理。

（三）培训内容

培训的内容包括开拓员工的思维视野（如选取当下最前沿的理念类培训，新质生产力、新质培训力等）、所需知识技能，改变员工行为习惯、工作态度，改善员工工作意愿的文化价值观等。培训的内容可依照培训对象不同而分别确定。在确定培训内容以前，应先进行培训需求的分析调查，了解企业及员工的培训需要，然后研究员工所任的职位，明确每个职位所应达到的任职标准，最后再结合员工个人的工作业绩、能力、态度等，与岗位知识图谱、岗位任职标准比较。

（四）培训课程

年度培训课程一定要遵循轻重缓急来安排，一般课程分为通用、专业、特有三类。

通用类课程主要是针对全企业的企业文化、战略愿景、职业化素质、通用素质模型等内容，主要针对全员和新员工的培训课程。

专业类课程是根据岗位知识图谱、职位任职资格能力标准、员工发展计划等设计的专业能力胜岗与提升课程，主要针对企业各层级的专业技术人员。专业课程培训对象的层次可以分为高级、中级、初级三类，主要课程目标是提升员工的专业技能水平，通过培训推动员工个人能力及绩效目标达成。

特有类课程是指针对企业的关键核心人才、后备人才、特殊工种等设计的培训课程，主要围绕胜任力评价、能力测评结果、企业重大业务课题等设计培训内容，旨在帮助学员提升管理水平，引领业务能力的发展，从而推动企业战略发展。

（五）培训类别

培训类别大体可以分为内训和外培（外训）两大类。其中内训包括企业利用自己的资源在企业内部组织和外部聘请的老师来企业组织的内训。外培主要是企业无资源必须参加外部培训机构组织的取证培训，如特殊工种、学历教育、专项培训项目等。

（六）培训讲师

讲师在培训中起到了举足轻重的作用，讲师分为外部讲师和内部讲师（内部培训师）。内部培训师主要负责讲授企业文化、产品知识、规章制度、方法流程、经验分享等，外部讲师主要负责内部培训师无法讲授的新技术、新方法、能力提升等课程。在制订年度培训计划时，要进行课程讲师资源系统评估统筹规划。

(七)培训方法

培训技术方法有很多种,它们有各自的优缺点,企业应根据培训类型与培训对象、培训目的、自身实际情况等因素,选择合适的培训技术方法,有时需要将多种培训技术方法结合使用。

(八)培训时间

年度培训计划时间安排应具有周密性和可行性,要根据培训对象及内容的轻重缓急来科学安排。时间安排要得当,要以尽量不与生产任务相冲突为最基本的原则,同时要兼顾学员的时间。一般来说,安排在生产经营淡季为最佳。

(九)职工教育经费

职工教育经费预算额度是由企业的行业特点、业绩情况与员工工资收入水平等因素所决定的。

▶ 典型案例 国际化人才培养MOT[①]培养计划

一、项目背景

为推进全球化业务,向世界品牌目标迈进,企业急需专业知识突出并且语言能力强的全球化人才。企业决定实施国际化人才培养工程,通过系统化培训,打造一支"拉得出、冲得上、打得赢"、具有国际化视野的全球化人才队伍。

二、项目目标

为推进企业全球化进程,在全企业范围内海选吸引人才,甄选识别具备国际化发展潜质并适合国际化岗位需要的优秀人才,经过脱产语言培训、岗位培训,到海外一线工作,通过2年至3年为企业培养全球化人才,计划培养100人。

表4-1 项目开班情况

项 目	招募对象	招募人数	启动时间
国际化人才经理班 (Manager Program)	企业有5年及以上工作经验的青年员工	30人	×××

---

① MOT:Moment of Truth,代表"关键时刻",寓意集团国际化人才在加快公司全球化战略布局及海外市场开拓的关键时刻中扮演着重要角色,发挥着重要作用。M为国际化人才经理班(Manager Program);O为国际化人才主管班(Operation Program);T为国际化人才管理培训生班(Management Trainee)。

续表

项　目	招募对象	招募人数	启动时间
国际化人才主管班 （Operation Program）	企业3年内入职的应届毕业生	30人	×××
国际化人才管理培训生班 （Management Trainee）	企业当年入职的新员工	40人	×××

三、项目特色

1.语言提升：企业提供脱产语言培训机会，并提供持续半年的在线语言培训，语言水平达到工作交流水平；

2.职业拓展：提供一个全新的、富于挑战性的职业发展平台，拓宽职业发展通道，培养国际化视野；

3.全价值链：培养方向涵盖营销、服务、产品、制造、采购、人力等全价值链人才；

4.课程设计：设置国际化人才能力素质提升的综合性培训，包含国际营销、国际贸易、产品及国际化职业素养等特色课程。

四、培养对象

1.培养方向及人数

项目计划培养100人，定向培养销售、服务、产品、制造、人力等多方向人才。

2.招聘条件

表4-2　招聘条件

项　目	招募对象	招募条件	招募人数
国际化人才经理班	企业有5年及以上工作经验的青年员工	有志于从事企业国际化业务发展工作的员工 本科及以上学历，专业不限 年龄不超过35周岁，在本岗位工作满5年以上 英语四级及以上，小语种优先 有较强学习能力、适应能力，能接受外派工作	30人
国际化人才主管班	企业3年内入职的应届毕业生	有志于从事企业国际化业务发展工作的员工 本科及以上学历，专业不限 英语四级及以上，小语种优先 有较强学习能力、适应能力，能接受外派工作	30人
国际化人才管理培训生班	企业当年入职的新员工	有志于从事企业国际化业务发展工作的校园人才 本科及以上，专业不限 英语六级及以上，小语种优先 学习能力强，吃苦耐劳，有责任心，有强烈的意愿到海外一线工作，能够接受外派工作	40人

五、人才培养实施方案

1. 总体规划

项目总体规划为宣讲与选拔、脱产学习、持续学习、外派上岗四个阶段，整体安排如图4-3所示：

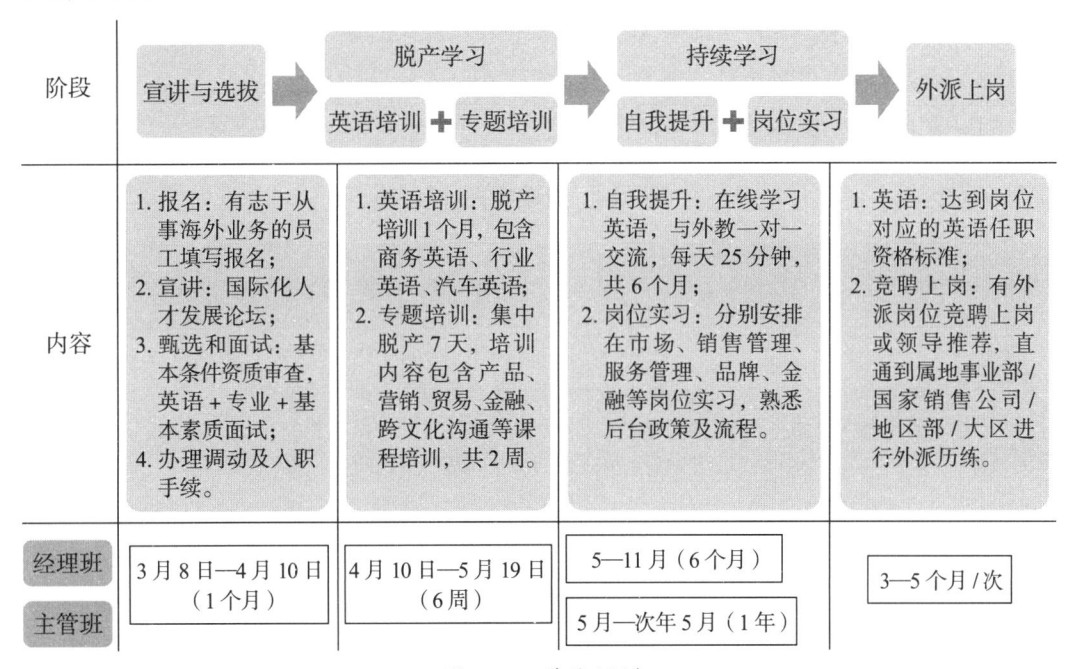

阶段	宣讲与选拔	脱产学习 英语培训 + 专题培训	持续学习 自我提升 + 岗位实习	外派上岗
内容	1. 报名：有志于从事海外业务的员工填写报名； 2. 宣讲：国际化人才发展论坛； 3. 甄选和面试：基本条件资质审查，英语+专业+基本素质面试； 4. 办理调动及入职手续。	1. 英语培训：脱产培训1个月，包含商务英语、行业英语、汽车英语； 2. 专题培训：集中脱产7天，培训内容包含产品、营销、贸易、金融、跨文化沟通等课程培训，共2周。	1. 自我提升：在线学习英语，与外教一对一交流，每天25分钟，共6个月； 2. 岗位实习：分别安排在市场、销售管理、服务管理、品牌、金融等岗位实习，熟悉后台政策及流程。	1. 英语：达到岗位对应的英语任职资格标准； 2. 竞聘上岗：有外派岗位竞聘上岗或领导推荐，直通到属地事业部/国家销售公司/地区部/大区进行外派历练。
经理班	3月8日—4月10日（1个月）	4月10日—5月19日（6周）	5—11月（6个月）	3—5个月/次
主管班			5月—次年5月（1年）	

图4-3 总体规划

2. 宣讲和选拔

表4-3 计划表

关键节点	信息发布	报名	资格初审	英语测试	面试	人员确认和调动	签署培训协议
时间安排	—	—	—	—	—	—	—
工作内容	下发培训通知	组织报名	工龄、英语等	组织英语测评笔试+口语	综合能力面试	名单发布统一调动	学员签订培训协议
重点输出	培训方案/海报	人员名单	初选名单	英语测评结果	面试结果	调令	培训协议

3. 脱产学习（Full Time Training）

（1）培训目标：结合岗位素质要求，匹配国际化人才所需核心知识与技能，重点提升商务英语、国际贸易、国际营销、跨文化以及专业知识能力。

（2）培训周期：6周。

（3）课程安排：采取"4+2"模式，即4周英语脱产培训+2周专题培训。

4. 持续学习（On-the-job Training）

（1）培养目标：结合岗位素质要求，匹配国际化人才所需核心知识与技能，重点提升英语和业务知识水平，掌握本岗位相关知识及核心技能。

（2）培养周期：共1年（其中M2国际化营销经理培训班岗位实习为6个月）。

（3）培养方式：实习岗位，并自学和在线学习。

（4）自我提升：具体见表4-4。

表4-4 自我提升计划

序号	培养方式	培训目标	课程内容及要求	课时	验收方式
1	M-Learning 移动互联网学习	英语	提升词汇量，达到掌握5500个以上词汇量	使用英语学习App（30个/天），并在学习小组群打卡，组长统计学员每天打卡学习情况，根据学习单词数的多少获得不同的积分，进行月度排名和季度奖励	6个月	考试合格
2	E-Learning 数字化学习平台学习	英语	提升英语应用能力，达到无障碍工作交流水平	通过英语在线平台，一对一外教在线学英语。学员须在6个月内，一对一外教每天一节课，最终提升至少3个级别。培训内容涵盖工作、生活、学习中所能遇到的各种真实场景，达到全面的英语应用能力的提升	180次课 25分钟/次 共75课时	考试合格
3	B-Learning 自学	营销	掌握市场营销基础理论	《市场营销》	1个月	考试合格
4		产品	掌握本单位产品知识	产品知识及应用技巧	1个月	
5		商务	掌握国际贸易基本知识	《国际贸易实务》	1个月	

六、职能职责

1. 培训部门：负责国际化人才培养方案等；
2. 各实施部门：负责制定岗位实习阶段培养目标及计划并组织实施等；
3. 各用人单位：负责制订岗位实习培养计划并组织实施，提供指导师傅与实习岗位。

七、培训管理

1. 培训期间人员管理

（1）学员人事关系管理：通过选拔入选的学员由企业统一协调下发调令，进入培训项目；

（2）薪酬管理：学员在脱产培训和岗位实习前6个月期间不参与企业经营业绩的考核，只对某培训的情况进行考核。

2. 对学员的管理

（1）签订培训协议：培训开始前，参训学员需与企业签订培训服务协议，方可参加培训；

（2）纪律管理：培训期间服从培训部门统一安排；

（3）岗位锻炼：签订员工个人发展计划，结合专业培训，实现理论与实践的有效结合。

八、整体工作计划

表 4-5　工作计划

序号	项　目	内　　容	责任单位	责任人	完成时间
1	培训方案	完成方案并下发	—	—	—
2	确定人员名单	确定培训人员名单	—	—	—
3	培训机构甄选	英语培训供应商甄选（脱产、在线）	—	—	—
4	培训开班仪式	开学典礼	—	—	—
5	培训实施	英语在线培训过程管理	—	—	—
		教材采购及内部课件开发	—	—	—
		岗位实习+业务指导	—	—	—
6	培训效果评估	对英语水平测试、各项成绩汇总，并输出综合成绩及排名	—	—	—
		工作总结答辩	—	—	—
		英文课件选题及开发	—	—	—

第二节　培训计划编制管理

一、培训计划编制原则

在制订培训计划时，应把握以下六项原则：

第一，以需求调查结果为基础的原则：编制计划前必须充分对培训需求调查报告进行认真研读，尽量将需求转化为计划。

第二，与业务发展目标相一致的原则：培训的目标是为支持业务发展，在进行培训计划编制时，一定要坚持以业务能力提升为导向。

第三，认真评审与严格把关的原则：不同层次提报的计划都有自己的主张和希望，但是否与企业发展的需求相一致需要严格把关。

第四，资源集中与资源倾斜的原则：培训计划安排要充分遵守资源集中利用、降低费用原则，既要安排一定的集中培训，又要针对培训需求安排有差异化的培训。

第五，费用投入"80/20"的原则：培训计划在覆盖全员的基础上，将培训资源优先投入核心人才队伍培训上，培训项目既要注重全员覆盖，又要有较强的针对性和差异化。

第六，可评估与可衡量原则：培训计划的内容要具体、可评估，否则培训起不到效果，易流于形式。

二、培训计划制订流程

培训计划制订一般流程如图 4-4 所示：

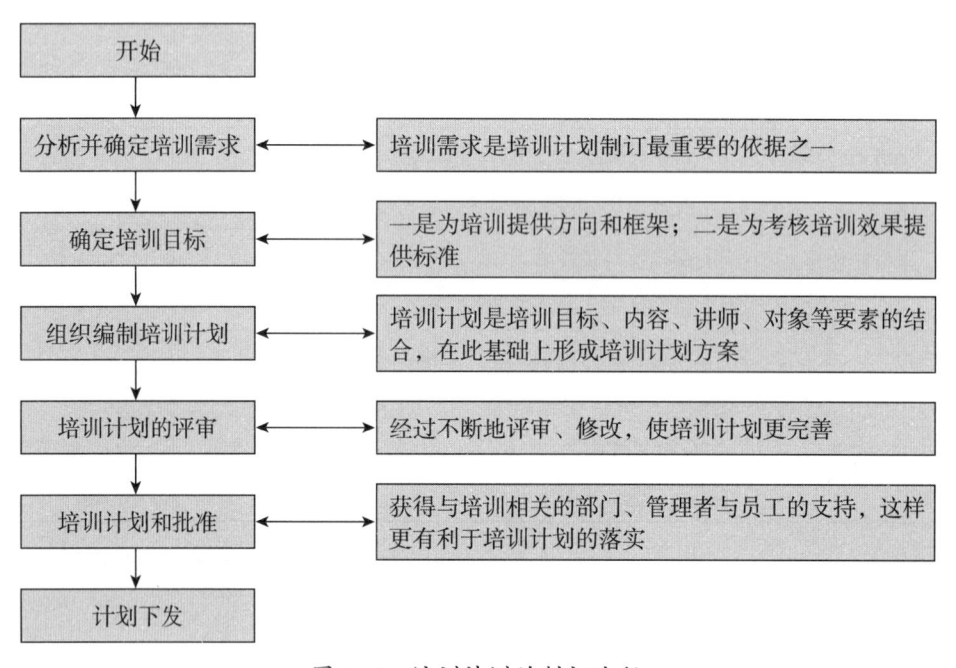

图 4-4 培训计划的制订流程

第三节　培训计划书的编制

培训计划书一般包括封面、目录、正文部分和附录。其中正文部分需要详细呈现培训计划制订的目的、依据、原则、培训的方针与要求、培训内容与课程设置、讲师、培训的费用预算、培训实施计划、培训效果评估的维度、方法以及其他重要事项等。

表 4-6 ××企业年度培训计划

时间（月）	类别	培训项目	培训讲师	培训对象	课时	地点
1	管理类	企业规章培训	人力资源管理人员/培训管理人员	全体员工	5小时	部门
2		员工行为规范	人力资源管理人员/培训管理人员	全体员工	5小时	部门
3		目标管理	讲师	主管级以上	5小时	培训室
4	专业类	5S培训	制造管理经理	全体员工	7小时	培训室
5	通用类	企业规章培训	人力资源管理人员	全体员工	5小时	部门
6		沟通技巧	外聘讲师	经理级以下	6小时	培训室
……						

培训计划书是培训活动实施的战略地图，下面通过一个模板介绍培训计划书的内容组成：

▶ 典型案例 ××企业年度培训计划方案

××企业年度培训计划方案

一、封面

本部分包括封面名称、编制部门、编制日期以及审核部门元素。

二、目录

三、正文部分

（一）计划概要

本计划主要内容包括××年度培训工作具体内容、时间安排和费用预算等。编制本计划的目的在于加强培训教育工作的管理，提高培训工作的计划性、有效性和针对性，使培训工作能够有效地促进企业经营目标的达成。

（二）计划依据

制订本培训计划的依据，如能力素质模型、企业重点战略课题、最新的培训需求等。

（三）培训工作的原则、方针、要求

1.培训原则

（1）内培为主、外培为辅

（2）各部门通力协作

2. 培训方针

以"专业、敬业、服务、创新"的企业文化为基础，以提高员工实际岗位技能和工作绩效为重点，建立"全面培训与重点培训相结合、自我培训与讲授培训相结合、岗位培训与专业培训相结合"的全员培训机制，促进员工培训机制、员工发展和企业整体竞争力的提升。

3. 培训要求

（1）满足企业未来业务发展需要

（2）满足中层管理人员以及后备人员的发展需要

（3）满足企业内部培训系统发展和完善需要

（四）培训目标

1. 培训体系目标和培训时间目标

2. 培训内容和课程目标

3. 培训队伍建设目标

（五）培训体系建设任务

（六）××年培训课程计划

1. 职位类（基于岗位）/（项目类别）

2. 课程名称

3. 课程大纲

4. 课程开发人

5. 课程完成时间

（七）重点培训项目

（八）培训费用预算

四、附录

表4-7　年度培训计划

序号	培训科目	概要	培训预期效果	培训对象	培训课时（单位：小时）	主讲人		培训时间（日）											
						内聘	外聘	1	2	3	4	5	6	7	8	9	10	11	12

第五章
培训组织实施

在培训管理的整个流程中,需求分析、培训计划一经确定,接下来就要按照培训计划组织实施,再好的计划如不能较好地组织实施,其最终的结果肯定是不好的,所以,需要精益化运营与管理,保障达到最佳学习效果。

本章导读

- 没有好的过程就不可能有好结果
- 提高学员的参与度让学员动起来
- 良好的培训组织让大家专注于学习
- 只有专注于学习才会有好的效果

培训的实施过程包括诸多环节，如培训时间的确定、培训场所的选择、培训设备的准备、培训方式的设置（数字化学习平台、现场培训）、培训纪律的规范管理等。每一个环节都可能影响到培训的效果。

第一节　培训准备

"兵马未动，粮草先行。"良好的开始等于成功了一半，不打无准备之仗。培训工作也是一样，要想培训工作起到应有的效果，其准备工作是十分重要的。培训正式开始前，需要提前做一些准备工作，如发布培训通知、确认讲师、准备课件、确认时间地点、检查调试设备、准备培训所需表格及资料等。

> **小贴士**　培训组织实施过程是一个事无巨细、精益化的管理过程。因此，培训的前期准备就显得尤为重要。

一、培训计划实施前准备工作

培训准备主要有：培训通知发布、讲师确认、课件确认、时间地点协调、设施设备检查调试、所需表格及资料准备、学员基本情况、培训前后交通工具食宿确认等，具体可以按照表5-1来准备：

表5-1　培训前准备工作

序　号	确认项目	确认时间	责任人
1	时间/地点	正式培训前1周	培训组织者
2	讲师课件	正式培训前1周	培训组织者、讲师
3	学员基本情况	正式培训前1周	培训组织者
4	设施设备检查（含数字化学习平台、投影等）	培训前1天	培训组织者

续表

序　号	确认项目	确认时间	责任人
5	所需表单及资料	培训前1天	培训组织者
6	交通食宿	正式培训前1周	培训组织者
7	培训开场准备	培训开始前1天	培训组织者
8	培训中物资保障	培训前1天	培训组织者、供应商

二、准备工作具体事项

（一）确定好培训时间

培训开展时间选择要得当，以尽量不与日常工作相冲突为原则，综合考虑企业业务、重点会议等时间安排，同时兼顾学员的工作与生活时间。一般来说，可以安排在生产经营淡季或者周末、节假日这些充裕的时间段。在正式培训前3天至5天，还需要与部门负责人、讲师确认培训具体时间是否与受训者时间相矛盾，避免企业生产、业务等部门工作导致培训参加者寥寥无几的尴尬情况出现；除了确定培训时间，还应规定一定的培训时数，以确保培训任务的完成和学员学到知识技能。

（二）确定好培训地点

培训的组织形式大体可分为内训和外训、线上（数字化学习平台）和线下等，其中内训包括集中培训、在职辅导、交流讨论、个人学习等；外训包括外部短训、MBA进修、专业会议交流等。内训所用会议室、培训室届时是否与其他会议或培训相冲突，需与会议室、培训室管理人员提前沟通。如果是外训，在考虑天气、行程安排的同时也要事先向领导请示，是否对培训地点安排有特别的要求。另外，在敲定培训地点之后，务必提前到现场进行勘查，预估合理性，确保培训地点能够满足培训的需求。

（三）确定好培训讲师

讲师分为外部讲师和内部讲师，当内部人员无法讲授关键课程时，则需要聘请外部讲师。因此要在培训内容基本确定的基础上，提前3周选择并联系培训讲师，确认其能否前来。确认讲师后，将企业简介（企业网站介绍、主营业务、规模、运作方式等）以及培训对象的基本情况（需求、能力水平、企业层级等）告知讲师，供其参考；提前3天与讲师确认好培训时间、地点，授课模式，仔细审查课件大纲、幻灯片（PPT，含PPT播放比例、视频等）、游戏、经典案例等培训相关内容并了解其培训时间长短，提醒讲师一定要使用普通话；同时和讲师确认是否需要使用移动麦克风、白板及相关工具、电脑、PPT翻页器等，课堂上是否有需要提前发放的材料、信息或提前阅读的教材等，如果需要则要提前准备好，避免出现准备不充分的情况而影响培训进程；另外，要根据情况所需提前安排讲师伙食和住宿等；如遇自己不能决定的事项，要第一时间汇报给部门领导进行协调处理。

（四）确定好培训课程

根据培训计划的安排，提前收集课程包，组织相关小组成员进行课程评审（含外部和内部讲师），主要看课程是否符合学员的需求，课件是否逻辑清晰、呈现美观。检查课程的完成度，也是培训前需要做好的重要工作之一。

（五）确定好培训学员

培训人员应把所有参训对象的详细情况（包括学员年龄结构、岗位职责、工作现状等）列表分析，并设置简洁的调研问卷了解其所偏好的培训内容、讲授形式、参加积极性、希望了解哪些内容等，同时与企业领导进行充分沟通确认其对此次培训的具体想法和期望，以便将信息及时反馈给讲师，结合企业需求确定培训方向；初步统计参加者人数的大致情况，如果参加者人数较少，就需要及时向部门领导汇报，看是否需要调整培训时间。

（六）发布好培训通知

确认可以正常开展的，培训部门可以发布核准后的培训通知，可采取在公告栏张贴、企业 OA 系统公告、数字化学习平台主页展示、内部邮件发送等多维度形式，内容包括但不限于培训时间、地点、内容、形式、讲师、培训纪律、自带笔和笔记本（或笔记本电脑）、培训检验考试等，通知至少提前 1 周公告。

（七）检查好设施设备

对培训所需投影仪、数字化学习平台、音响与话筒、耳麦、激光笔、白板、白板笔、桌椅、白板擦、电源、照明、空调、周边环境情况等进行现场确认，对于无法正常使用的，要及时请维修人员进行修理或调换；如果是到外地进行培训，更需要抽时间专门前去确认诸多事项，避免影响培训的正常开展。

表 5-2　设施设备检查清单

设备	自有	采购渠道		就位确认	未到位		需修/换		负责人	最终确认就位
		租	买		原因	到位时间	修	换	修/换完成		
投影仪											
数字化学习平台											

续表

设备	自有	采购渠道 租	采购渠道 买	就位确认	未到位 原因	未到位 到位时间	需修/换 修	需修/换 换	需修/换 修/换完成	负责人	最终确认就位
音响、话筒											
耳麦											
激光笔											
白板											
白板笔											
桌椅											
白板擦											
电源											
照明											
空调											
周边环境情况											
备注											
检查人确认											

（八）培训资料确认

一般而言，培训签到表、培训评价表、培训手册与培训教材、测试题、笔记本与笔等要留有余量，在培训开始前放置在相应位置，避免因准备不足而造成现场混乱，影响学员的培训体验和培训效果。

表5-3 培训资料准备清单

表单/资料	需求数量	准备数量	使用人	使用位置	存在问题	是否解决
培训签到表						
培训评价表						
测试题						
培训手册、培训教材						
笔记本、笔						
饮用水						
检查人确认						

（九）培训行程安排

需要提前沟通确认好各个环节的事宜。提前安排好讲师与学员的整体行程，接送（交通工具）、食宿（提前预订协议酒店）、现场茶歇等。

表 5-4　参培回执

参培回执表									
姓名	性别	单位	身份证号	手机号	到达时间	入住时间	离开时间	备注	

（十）培训开场准备

提前安排培训现场的检查，做好接待引导、秩序维护、督促签到、主持和开场等准备工作。

（十一）保障安排

提前做好内部人员分工、项目甘特图、培训资源准备清单、培训方式选择表等，做好各项准备工作。

表 5-5　资源准备清单

序号	项目	准备事项	准备要求	准备方	确认情况
1	培训场地	场地数量	根据需求数量准备		
2		场地面积	根据参与人数确定		
3		场地采光及通风	采光、通风条件良好		
4		场地布置要求	布置简约、大气，符合企业培训需求		
5		场地预订	提前进行		
6		场地位置引导图	制作完打印并张贴在场地显眼位置		
7		停车位	数量充足		
8		条幅/易拉宝/海报等宣传品（含数字化学习平台、培训海报等线上宣传）	提前联系专业人员制作		
9		空调设施	能正常使用		

续表

序号	项目	准备事项	准备要求	准备方	确认情况
10	培训场地	数码投影仪	能正常使用		
11		投影幕布	能正常使用		
12		音响设施	能正常使用		
13		音频线或小音箱	能正常使用		
14		笔记本电脑	能正常使用		
15		电脑与投影仪连线	能正常使用		
16		延伸插座	数量		
17		话筒	有线或无线		
18		无线话筒电池	型号及数量		
19		教具设施备用干电池	型号及数量		
20		讲师讲台、座椅	提前布置		
21		签到处	提前布置		
22		讲师休息处	提前布置		
23	教学用具	白板	大小		
24		白板笔	颜色及数量		
25		大白纸/白板纸	数量		
26		白板夹	数量		
27		书写纸/A5纸	颜色/数量		
28		剪刀、透明胶带	数量		
29		辐射投影笔	提前准备		
30		翻页器	提前准备		
31		签字笔	数量		
32		铅笔	数量		
33		计算器	数量		
34		其他需求道具	根据具体情况需求准备		
35	茶歇	茶歇准备（含盛放器皿）	提前布置		
36		热水壶及热水	数量		
37		瓶装饮用水	数量		
38		垃圾桶/袋	数量		
39	其他	邀请嘉宾/主持人	提前确认		

续表

序号	项目	准备事项	准备要求	准备方	确认情况
40	其他	邀请函	印制及发放		
41		议程（开场）	印制及发放		
42		培训签到表	印制		
43		学员讲义	印制及发放		
44		讲师课件	提前核对		
45		桌签	印制及摆放		
46		摄像机	能正常使用		
47		照相机	能正常使用		
48		录音笔	能正常使用		
49		录音笔电池	数量及型号		
50		开班引导词	熟练朗读		
51		开场或中场轻音乐	提前下载		

表 5-6　培训方式选择

培训方式选择表							
日期		单位		部门		联系人	
						电话	
培训计划	日期		时间		培训课程		
	人数		培训地点				
讲师准备		教材准备		培训物料		培训评价方式	
□讲师信息 姓名： 工作部门： 联系方式： 是否外聘： 外聘企业名称： 联系人： 联系方式：		□培训计划人手一册 □准备教材人手一册 教材发放形式： □电子教材 □打印 □培训企业准备		□水 □横幅 □投影仪 □通风 □空调 □温度：　摄氏度 □茶歇 □桌牌 □指示牌 □音响 □胸麦 □手持麦克		□现场满意度调查 □笔试 □课题跟踪 □工作业绩考核 □其他方式（请在下面填写具体的方式）： 1. 2.	
教室布置								
□剧场式　　□小组式 □教室式　　□马蹄式 □U形会议式　□鱼骨式							

续表

<table>
<tr><th colspan="4">培训方式选择表</th></tr>
<tr><td rowspan="2">培训方式选择</td><td>☐现场观摩　☐专题讨论会
☐案例互动　☐集中讲授
☐在岗培训　☐交流
☐自学
☐E-Learning/数字化学习平台
☐角色扮演　☐游戏
☐程序教学法　☐视听法
☐师傅带徒弟　☐其他</td><td>☐照相机
☐摄像机
☐电脑：　台
☐网络
☐电话
☐笔：　支
☐钢笔
☐铅笔</td><td>证书发放
☐不发证书
☐发证书
　证书样式：
　证书数量：
　证书颜色：
　发证单位：
　证书适用范围：
　证书有效期限：</td></tr>
<tr><td rowspan="2">☐圆珠笔
☐纸
☐口杯：　个
☐纸杯
☐签到簿：　份
☐满意度调查表：　份
☐电子白板
☐白板笔
　黑色：　支
　红色：　支
　蓝色：　支
☐挂纸板
☐挂纸：　张
☐激光笔
☐粉笔/白板笔
☐黑板擦：　个
☐白板擦：　个</td><td rowspan="2">其他准备</td></tr>
<tr><td>费用</td><td>计划额度：
支出范围：
支出时间：</td></tr>
<tr><td>关联单位</td><td colspan="3"></td></tr>
<tr><td>实施部门</td><td colspan="2"></td><td>培训实施人</td></tr>
</table>

第二节　培训实施

培训实施过程需要培训组织者有良好的控场力，其组织管理的优与劣决定着培训效果的好与不好，我们很多项目策划得较好，师资水平很高，由于组织管理不到位，受训人不到位，过程中有人接电话，有人进进出出、不认真去听去学，培训后不去评估，这样的培训有效果吗？因此，一个良好的培训组织者一定是一位优秀的管理者。

培训的组织实施是教学活动的实施过程，培训实施流程包括培训签到、培训前介绍、培训过程管理、培训结束等环节。

一、学员参训确认

学员参训确认包括与学员本人确认和与其直线经理确认。与学员本人确认是要与学员确认能否按时参加培训，与其直线经理确认旨在争取学员领导对其培训的支持。

表5-7　学员参训确认单

××培训班学员参训确认单				
××经理： 　　根据要求，企业组织培训，旨在解决员工在_____方面的差距，具体安排如下。				
培训日期		培训地点		
培训对象				
培训内容				
培训要求	对培训学员及考勤情况的具体要求： 1. 2.			
学员姓名	职务/岗位	参加方式 （强制参加/自主报名）		确认意见
对于确认参加培训的员工，部门将履行以下管理责任： 1. 安排其直线经理与受训员工沟通参加培训的目标和要求； 2. 合理安排好其工作，确保员工能够专心参加培训，不受其他工作影响； 3. 如有特殊情况，提前三天递交请假条，培训部门将严格按照培训纪律考核； 4. 根据培训的统一要求，做好参训学员的课题安排、培训效果评估和部门内部转训等工作。 部门补充意见： 部门经理签字： 　　　　　　　　　　　　　　　　　　　　　　　　　　　　年　　月　　日				

二、发放培训通知

培训通知是通知培训学员相关事宜的文书，包括培训的背景、目的、时间、地点、形式、培训要求等事项，可据此设计培训宣传海报，以电子化方式发送至OA系统、数字化学习平台等，亦可印刷摆放至企业的门口、前台、楼梯等。

表 5-8 培训通知模板

关于 ×××培训的通知
1.项目背景： （简要说明） 2.项目目标： （简要说明） 3.培训班实施方案： （1）培训时间： （2）培训地点： （3）参加人员： （附参训名单） （4）培训形式（数字化学习平台、现场培训等）： （5）签到流程： （6）培训安排及课程设计： （详细说明） 4.其他注意事项：

三、培训前的介绍

培训前介绍环节是培训主管针对培训项目的定位、设计原则、培训流程安排、培训要求做出的简要引导介绍，主要目的是让学员明确学习目标，快速进入学习角色。

表 5-9 培训前简要介绍报告

培训背景介绍	根据各单位学员的培训需求，结合我企业（或单位）实际情况，特举办本次培训，本次培训的目标是_____，采用的培训方式（或方法）是_____，为_____单位/人员进行_____内容的培训，目的是解决_____问题，提高参加培训学员的水平。 　　本次培训特聘请××教师，进行本次培训授课（或主持本次互动研讨），教师简介（包括资质、能力、业绩水平）。		
教学简介	课程内容		通过需求调查，参训学员在_____方面的能力存在差距，本次培训的目的是解决上述差距，所以本次课程设置的重点内容包括_____，希望学员能在本次培训中认真听讲，积极参与，达到培训的目的。
^	课程安排		（详细的分解计划，包括何时讲什么内容，何时进行案例分析、分组讨论、现场问题解答等）。

续表

教学简介	考核办法	（具体的考核方式，如培训满意度调查、课题跟踪考核；培训后笔试考察、面试评价等）。
	其他说明	如安排住宿、就餐，注意事项等。

培训部门：　　　年　　月　　日

四、培训纪律要求

培训的具体实施过程是一个教与学互动、讲师与学员相互沟通的过程。为了营造良好的互动气氛，需要制定一些规章制度，以规范学员的行为。培训规定不但可以保证讲师的授课效率，还可以提高学员的学习效率。学员遵守培训规定、积极主动配合讲师，既是对讲师的尊重，也能体现出学员的素质。具体的培训纪律要求参考如下：

第一，不迟到、早退，不得请事假（特殊情况除外）。

第二，进入培训场所，禁止吸烟，禁止吃东西，不可大声喧哗、玩手机，手机调成静音状态。

第三，培训时要保持安静，不可窃窃私语，注意力要集中。

五、培训现场管理

按照时间顺序，培训现场管理分为三个阶段，培训前、培训中、培训后。决定培训是否顺利实施的重要因素就是培训现场管理，即培训组织者在培训当天所要做的工作。好的培训必须有好的培训现场管理，培训现场管理同培训计划阶段一样，也需要充分准备。培训组织者需要掌握培训现场管理的流程和关键点，进行充分的反思总结。

（一）培训前

培训前这一时段，就是当天培训时，学员进场前需要培训组织者准备的各项工作，主要工作就是布置会场。布置会场主要有桌椅摆放、投影仪及音响调试、培训后勤准备等。一般情况下，培训组织者要在学员进场的15分钟至20分钟前准备好这些工作，以免给学员留下培训准备不充分的印象，影响培训效果。

1. 桌椅摆放

对于正式的培训，学员桌椅要根据人员数量、摆放要求（鱼骨、U形等）准备充足并摆放整齐，还要仔细检查，避免影响培训现场的整体环境。

2. 投影仪及音响调试

一定要在培训正式开始前将电脑与投影仪设备（含大型电子屏显示器等）进行连接，再次检查以确保投影仪能够正常显示，电脑中的PPT课件（含播放比例）或视频音频资料能够正常播放,并根据房间的大小调整投影仪与幕布间的距离,确保最后一排的学员能够清楚看到幕布上的课程内容;对于比较大的培训场地,一般都有音响设备,要在培训正式开始前调试一下设备;对于无线话筒,要准备好备用电池。

3. 培训后勤准备

培训教室里面的培训饮用水和纸杯要足量准备,也可准备咖啡、茶叶、小点心或水果等,具体要根据培训预算和培训的人数、规格而定。

(二)培训中

培训中这一时段,就是从培训正式开场到本次培训结束。培训组织者的主要活动具体包括以下几项。

1. 组织学员签到

提前准备好签到表并发放名牌,签到表一式两份,一份用于学员签到,另一份用于讲师认识学员。对于正式培训开始后 30 分钟未到的学员,及时问询原因,并且在备注栏内予以说明。签到可使用大型签到墙,亦可使用电子签到(数字化学习平台、二维码签到等),管理后台可随时查阅签到情况。

表 5-10 培训签到

培训签到表					
培训主题						
培训时间	开始时间			结束时间	
培训讲师						
培训地点						
序 号	姓 名	部 门	签到人	签到时间	备 注

2. 检查整体着装

讲师的个人打扮要符合职业要求,给学员留下专业有素的良好印象,一般情况下穿职业装即可,大型的、高层次的、重要人物出场的培训要穿正装。学员着装要得体,一般情况下穿职业装。对于重点培训,要按照培训部门要求统一着装,如新员工培训、企业文化培训等,学员被要求统一穿着企业工服或定制服装等。

3. 培训场地细节介绍

在这个环节应整体介绍培训场地环境,制作温馨提示牌、提示图等,如应急安全路线、洗手间及茶点安排等看起来细小的问题,让学员感受到培训组织者的用心,主动配合你的工作。

4. 培训纪律宣读与管理

培训的具体实施过程是一个教与学互动、讲师与学员相互沟通的过程。为了营造积极良好的互动气氛和共同自律、文明、有序的培训氛围，需要制定一些规章制度，以规范学员的行为，确保培训如期、有效地开展。培训规定不但可以保证讲师的授课效率，还可以提高学员的学习效率。学员遵守培训规定、积极主动配合讲师，既是对讲师的尊重，也能体现出学员的素质。

表 5-11　培训纪律要求

	培训纪律要求
出勤	1. 参训学员需准时到场，不迟到、不早退、不缺课。 2. 学员一般不得请事假（特殊情况除外）； 请假必须有部门负责人签字的请假条。
纪律	1. 爱护培训教室公共设施，有异常情况及时反馈； （人为损坏的，当事人照价赔偿并做处罚处理）。 2. 保持培训室的清洁，严禁在培训室内吸烟、乱丢垃圾、随地吐痰； 不得在培训课桌上或是墙壁上乱涂乱画。 3. 桌椅、窗帘、看板等公物要轻拉轻挪； 不使用时归位放好、摆放整齐、保持整洁。 4. 培训时严禁随意走动、大声喧哗、嬉戏打闹、聊天、打瞌睡、玩手机、吃零食等行为。 5. 培训时严禁接听和拨打电话，须自觉将手机关闭或设置成静音状态。 6. 培训时禁止离开教室，上洗手间、喝水，特殊情况除外。 7. 培训时言行要礼貌，随身物品不得放在桌面上； 课程结束时须将桌椅摆放归位，并保持培训室清洁。 8. 培训时认真听讲，适时做好笔记； 对于教学内容有不明白的地方要勤于发问。

表 5-12　培训纪律登记

姓名	单位	组别	迟到	早退	请假	缺课

5. 培训时间进度的控制

一般情况下，要根据课程表的时间安排开展培训，不要拖延时间，给学员带来不好的培训感知。授课讲师是课程的主导，培训管理者要提前沟通，一定要让讲师熟悉自己的讲授内容，且严格按照课程规定时间进行。同时，培训管理者要根据现场情况灵活调整学员提问时间，对于学员提问课程外问题的行为，要委婉制止；若关于培训内容问题的提问时间过长，影响培训进度的，也要及时委婉提醒。

6. 突发事件的处理

培训现场可能出现培训设备故障，如投影故障、话筒没电等问题，需要培训管理者在现场及时予以解决，要掌握常见故障的处理方法。如果遇到讲师临时有事情无法授课，要及时调整课程安排或安排备用讲师。同时，需要培训管理员针对培训过程中出现的状况进行处理，如讲师教学的特殊需求的满足、学员的违纪处理等。

7. 培训气氛调节

不是所有的讲师都能够将自己的课程效果发挥得淋漓尽致，让所有人的注意力都集中在课堂上。因此，作为培训管理者，应该时刻关注培训教室里面的变化，帮助讲师维持良好的培训氛围。良好培训氛围的基本要求就是学员愿意学习、注意力集中、与讲师互动良好，培训氛围轻松愉快。除此之外，音乐在培训中能够起到渲染环境气氛、引发生理及心理"共鸣"、引发联想及思考、增进彼此感情、陶冶情操、增加行动的欲望等作用。如果培训音乐使用得当，会起到事半功倍的效果。因此培训管理者要在不同的时间播放不同的音乐。

8. 注意控制授课休息时间

作为讲师，可能在台上讲得忘了时间，没有发现台下的学员已经是精神不振的涣散状态。因此根据人们的生理规律需求，应该在培训时每隔 30 分钟至 60 分钟休息十分钟（讲师视现场学员参训精神状态而定），以维持讲师和学员积极的精神状态。作为培训管理者，要及时暗示或提醒讲师休息时间到了。

（三）培训后

培训结束后，培训管理者也要善于"升华"结尾。当天培训结束后，需要安排讲师离场，进行学员满意度调查，以便后期整理培训档案、撰写培训总结报告。在这些工作完成后，可以整理培训的设施设备，结束此次培训。

1. 安排讲师离场

提前安排好接送司机，有礼貌地安排讲师离场。

2. 进行满意度调查

提前打印满意度调查表，在向学员发放后，进行填写的相关说明，让学员如实填写培训满意度评价。

表 5-13　学员满意度调查

学员满意度调查表						
培训课程：		组织部门：					
培训讲师：		培训时间：					
满意度调查5点量表		很满意 10分	较满意 8分	一般 6分	不满意 5分	很不满意 2分
1. 课程内容评价						
A. 对学习到的新知识、观念、技巧等内容的满意程度							
B. 实用性、可操作性的程度						
C. 对于今后工作的启发程度						
D. 对于掌握更好的解决问题之方法的帮助程度						
2. 讲师水平评价						
A. 课程的准备工作（PPT及教材的质量）						
B. 讲课的系统性、条理性						
C. 口语表达能力（如清晰、准确等）						
D. 激发学员的参与度与学习意愿方面						
E. 对课时的掌握控制程度						
F. 必要的回顾与总结						
G. 鼓励提问并耐心解答						
3. 组织工作评价						
A. 培训安排及准备事项						
B. 培训方式及时间安排						
C. 培训环境及设施条件						
4. 满意度评价						
您对本次培训满意程度综合评价						
您对本次培训在各方面的启发或收获：（知识、观念、技能、技巧）						
您的宝贵建议：（如希望参加的培训类型、课程；推荐内外部讲师；对培训组织形式及其他相关工作建议等）						

3. 收好培训设施

整理培训所用电脑、投影仪、培训现场的大白纸、笔等现场布置用到的可回收物品，各种文件进行培训归档，保持培训后现场的整洁。

第三节 如何调动学员积极性

学员是否积极参与关系到培训是否成功,调动学员的积极性是培训管理者应重点思考的问题。这就要求培训组织者将课件内容策划好、整体评估好、培训环境与氛围营造好、要与他们的领导协调好等,否则参训学员的领导很可能不时打电话安排工作,这样参训学员肯定不能全程、积极地参加。

学员参与培训的积极性一直是让培训管理者苦恼的问题,营造良好的培训氛围,提高学员对培训的参与度,获得学员心理上的认可是培训管理者必须掌握的技能。

然而,说到提高学员参与培训的积极性,很容易就想到"投其所好",也就是说,要满足其在培训、提高方面的需求,这就切合了马斯洛需求层次理论的分析,但这种需求不是学员随意的需求,也不是每个人需求的简单相加,而必须适合企业发展的整体方向,那些企业发展现阶段不适用或企业不提倡的培训需求要拒之门外。通过这样简单的分析,不难发现,要提高学员参与培训的积极性,不外乎从内因和外因两个方面入手,内因包括个人提升欲望、个人培训需求与企业需要的重合性、自我认识情况等;外因包括企业培训文化、培训现场环境、培训具体内容、培训方式方法等。

表 5-14 培训现场调查

培训现场调查		
姓名:	填表日期:	入职年限:
部门:	现任职务:	学历:
加入本企业前的工作:( ) 国有企业( ) 外商独资企业( ) 合资企业( ) 私营企业		
您的工作职责:		
培训认同度调查		
1.您认为,培训对于提升您的工作绩效、促进个人职业发展能否起到实际帮助作用,您是否愿意参加培训: □非常有帮助,希望多组织各种培训 □有较大帮助,乐意参加 □多少有点帮助,会去听听 □有帮助,但是没有时间参加 □基本没有什么帮助,不会参加		

续表

培训现场调查

2. 您认为，本部门内部关于管理能力、行业和市场信息、岗位工作技能的培训、讨论、分享是否充分：
　□非常充分　　　　　　□充分　　　　　　　　□还可以
　□不够充分　　　　　　□基本没有分享
3. 您目前的学习状态是：
　□经常主动学习，有计划地持续进行
　□偶尔会主动学习，但没有计划性，不能坚持
　□有学习的念头或打算，但没有时间
　□有工作需要的时候才会针对需要学习
　□很少有学习的念头

培训的组织和安排调查

1. 鉴于企业的业务特点，您认为最有效的培训方法是什么？请选出您认为最有效的3种：
　□邀请外部讲师到企业进行集中讲授
　□安排受训人员到外部培训机构接受系统训练
　□拓展训练
　□网络学习平台（含数字化学习平台）
　□由企业内部有经验的人员进行讲授
　□部门内部组织经验交流与分享讨论
　□光碟、视频等声像资料学习
　□建立企业图书库，供借阅
　□其他_____
2. 您认为，最有效的课堂教学方法是什么？请选出您认为最有效的3种：
　□课堂讲授　　　　　　□案例分析　　　　　　□模拟及角色扮演
　□音像多媒体　　　　　□游戏竞赛　　　　　　□研讨会
　□其他_____
3. 您认为，以下哪些因素对于企业培训工作的开展效果影响最大：
　□领导的重视程度　　　□员工的培训参与意识
　□培训方式与手段　　　□培训时间的安排和时长
　□培训组织与服务　　　□培训内容的实用性
　□培训讲师的授课水平　□培训效果的跟进
4. 企业在安排培训时，您倾向于选择哪种类型的讲师：
　□实战派知名企业专家，有标杆企业经验
　□学院派知名教授学者，理论功底深厚，知识渊博
　□职业培训师，有丰富的授课技巧和经验
　□咨询企业高级顾问，有丰富的项目经验
　□本职位优秀员工，对企业业务很了解
　□其他_____
5. 以下讲师授课风格及特点，您比较看重哪一点：
　□理论性强，具有系统性及条理性

续表

培训现场调查

☐实战性强，丰富的案例辅助
☐知识渊博，引经据典，娓娓道来
☐授课形式多样，互动参与性强
☐语言风趣幽默，气氛活跃
☐激情澎湃，有感染力和号召力
☐其他＿＿＿＿

6. 假如，鉴于您在某一领域的丰富经验，您被推荐担任某一门课程的内部讲师，您是否乐意：
☐非常乐意，既可以锻炼自己，又可以分享知识，何乐而不为
☐乐意，但是没有经验，希望企业能提供关于讲授技巧方面的培训
☐乐意，但是没有时间做这个事情
☐需要考虑一下
☐不会担任

7. 您认为，对于某一次课程来讲，多长的时间您比较能接受：
☐2—3小时　　　　　☐7小时（1天）
☐15小时（2天）　　☐15小时以上
☐其他＿＿＿＿

培训需求信息调查

1. 根据本企业的工作表现，您认为本企业员工培训需求重点在哪个方面：
☐岗位专业技能　　　　☐（个人自我）管理技能
☐企业文化　　　　　　☐职业道德与素养
☐职业生涯规划　　　　☐行业、市场及产品信息
☐人际关系及沟通技能　☐通用基本技能
☐其他＿＿＿＿

2. 作为职员，您认为您本人××年的培训需求重点在于哪个方面：
☐领导艺术　　　☐管理理念
☐管理工具　　　☐角色认知
☐职业道德　　　☐管理理论
☐职业化　　　　☐人员管理技能
☐其他＿＿＿＿

3. 考虑到各部门岗位、职能差异较大，以下问题请您针对本企业的业务特点及管理重点，以文字进行描述。

(1) 您认为本企业员工在岗位专业技能上，需要进行哪些方面的培训（请列举三项最紧迫的培训需求）？
＿＿
＿＿

(2) 您本人在日常工作中（包括个人能力与人员管理）经常遇到哪些问题和困难？
＿＿
＿＿
＿＿

续表

培训现场调查
（3）希望提升哪些方面的能力？
（4）希望获得哪些方面的培训或支持？

一、如何介绍培训讲师

在进入正式的培训阶段之前，培训组织者要做的就是介绍讲师。比如，介绍讲师的职位、经验等，目的是树立讲师权威、专业的形象。同时介绍培训课程相关情况，便于学员初步了解自己在学习什么，让学员注意听讲、重视课程，有利于课程的正常开展。

介绍时一般讲究"课重人名"，就是培训管理员（主持人）先介绍接下来的课程名称、课程重要性，然后介绍带来此课程的讲师，包括姓名、职称或荣誉等，必要时可以简要说明讲师水平高、经验很丰富等，最后号召学员用热烈的掌声有请讲师上台授课，进入破冰环节，让学员以最快速度融入当天的主题学习中。

表5-15 "破冰"案例

环境设置：		凳子围圆，中间空出大的活动空间
环节一：		介绍培训老师，说明"破冰"的意义（给彼此了解的机会，建立资源库）
环节二：	热身	（导师学员互动，提起情绪） 导师：下午好！ 学员：好！很好！非常好！ 导师：各位愿意认识新朋友吗？ 学员：愿意！非常愿意！（可根据需要进行多轮的互动）
环节三：	写特征	1. 每个人一张白纸，在白纸上写上自己的名字，并写上能让人一眼就认出来的特征，然后把纸条放在指定的篮子里 2. 每人抽一张其中的纸条（如果抽到的是自己，则换一张），根据纸条上写的特征找出这个人，然后和这个人进行3分钟的交流（因为你找到的同伴不一定是拿到你那张纸条的人，所以交流的人数不一定是2人，也可能是多人）

续表

环节四：	内外圈交流	1. 上一环节结束后，所有学员回到自己的位置上，"1、2、1、2"地报数，报到"1"的学员拿着凳子向圆圈里走一步，形成内外两个圈 2. 内圈向后转，与右后方的一名学员进行3分钟的交流 3. 内圈的人起立，向左手边走两个人的位置，之后与右后方的人交流3分钟 4. 外圈的人起立，向左手边走两个人的位置，之后与左前方的人交流3分钟 5. 重复第3步、第5步若干次（视情况而定）
环节五：	大风吹，抢凳子	1. 一名学员做主持人，说："大风吹。"其他学员问："吹什么？"主持人："吹短头发的。"然后所有短发的学员和主持人一起抢坐凳子 2. 没抢到凳子的人做主持人，并重复第1步 3. 如果同一个人连续两次抢不到凳子，这个人就要进行才艺展示
环节六：	小组合作	1. 按照需要的分组数进行全员报数，如需要分成5组，则"1、2、3、4、5；1、2、3、4、5……"地报数，报到1的人组成第一组，如此类推 2. 记住所有组员的名字，并且能说出"我是A旁边的B旁边的C旁边的……（全部成员的名字）的某某"（5—8分钟） 3. 每一组是一个团队，成员们需要给自己的团队起队名、选队歌、确定口号和队徽，还要有一个代表团队的动作，把队名、队歌的歌词、口号、队徽写在全开的白纸上，并进行彩排（15—20分钟） 4. 每一个团队都要介绍一下自己的队名以及选择这个队名、队歌、队徽的原因，并把队歌唱出来（最好能够加上肢体动作）
环节七：		结束语，并送上祝福。

二、如何激发学习积极性

员工参加培训是否具有积极性最根本在于员工本身，即内因。如果员工有较强的学习、提升、成就欲望，就一定会主动发现自身不足，期望通过培训学习实现自我提升。这样的员工，一定十分珍惜企业提供的所有培训机会，会挤出时间来参加培训和学习，甚至还会利用业余时间自学；相反，如果员工自身进步、成就欲望不强，那么企业要从能够提升员工培训学习积极性的内外因着手，调动其积极性，如培训奖励、培训与晋升挂钩机制的建立，又如企业对培训项目进行营销、员工直线经理对学员的期望、企业培训氛围的营造等提升参训学员的荣誉感和使命感的方法，能够很好地激发学员参加培训的积极性。同时，企业应下发培训相关情况和目标，培训管理者与学员在培训过程中应进行紧密的沟通交流，让学员更加了解培训，明白培训的必要性和进步性，从而做到积极参与。

三、个人与企业的培训需求有机结合

对企业处在什么发展时期，或员工所在的部门及所在的岗位，都应当有一个基本的要求（也就是常说的 Job Description），如果员工的职业生涯规划不清晰，时而对这个工作感兴趣，时而想转入另一个工作，而跳到另一个工作又不得不从零开始，熟悉了这份工作后，原来旧的工作由于间隔时间较长或其发展变化较快等逐渐变得陌生，始终无法深入、专业、精深某项工作。所以，个人对培训内容的需求是不是与企业发展相一致，就决定了需求能不能得到满足，员工能否自觉、主动地投入培训。

此外，需求的培训内容深度、广度是不是与企业需要的一致，也同样决定着员工会不会参加此类培训。例如，一名电气工程师想获得结构工程师方面的培训，想通过培训得到拓展，方便以后提升，但企业只安排相关人员参加，要想参加就需要说服领导；加之电气工程师从事的不是结构工程师的工作，即使参加培训，可能也不能学得很深入；另外，工程师的培训也分初级、中级、高级，如果初级的学员想越级尽快提升而去参加高级的培训，容易听不明白，那么培训效果也是不好的，势必会影响学员参加培训的积极性。所以，个人需要的培训的主题、内容等是否适合企业和个人实际上是影响员工参加培训积极性的重要因素。要把理论的内容和企业内部的事务结合起来，使学员的认知从抽象到具体。例如，在企业管理知识的课堂上，提到"管理的细节"时，可以将企业曾经开展过的一些集体活动中由于不注意细节而带来的一系列问题作为反面教材，联系企业实际，加深学员的印象；在讲述"素养"环节时，可以结合企业的《员工工作制度》中"礼仪规范"的内容进行讲述。

四、企业要有规范培训制度

培训部门要安排相应的培训考核，在培训之后都要进行考试，培训考核制度作为直接检验培训成果的方式，能够有效提高学员对培训的重视程度与参与程度。同时讲师在讲到每个考点内容的时候需要重点指出来，一方面加深学员对课程重点内容的印象，另一方面减少学员对考试的恐惧感。

表 5-16　员工培训考核成绩登记

培训项目：		培训时间：		讲师：	
序号	姓名	部门	考评成绩	补考成绩	备注
1					
2					
3					
4					
5					
6					
统计人：		统计时期：		复核：	

五、调度培训现场的学习氛围

把培训教室气氛制造得温馨些，色调简单些，周边张贴"今天的学习，明天的成长""学习如逆水行舟，不进则退""只有学习才能提高我们的本事"等鼓励、警示性标语，让学员一走进培训室就有"自己知之甚少""来这里就是来虚心学习""学而不思则罔""博学之、审问之、慎思之、明辨之、笃行之"的感觉。同时，在培训现场播放一些较为舒缓的轻音乐，减少学员心中的浮躁感，让人人都能静下心来参与培训。上课过程中尽可能一改平铺直叙、死气沉沉的做法，通过喊口号、互动、小游戏等方式把学员的精神、注意力调动起来。

六、培训内容要生动有价值

培训内容生动有价值，是提高学员参与培训积极性的一个重要方面。如果学员对培训所讲内容"不知所云"，会恨不得马上离开教室或钻进地缝里消失，因为在这里"伤自尊了"。只有员工真正感觉到培训对他们自身的提升、对实际工作是有帮助的，才会积极地投入培训中来，这样培训才会收到应有的效果。所以，培训要有针对性，不可盲目求高求新，而应坚持"适合的才是最好的"，应迎合学员实际情况和水平进行培训内容的安排。

七、精心设计培训方法

根据艾伯特·麦拉宾教授的结论，传输信息过程中，肢体语言、声音和说话内容比例竟然是 55∶38∶7。其中，55% 肢体语言，来自视觉的身体语言（仪态、姿势、表情）；38% 声音，来自谈话时的声音面（语气、声调、速度）；7% 说话内容，来自实际说出来的内容。培训部门应根据不同内容而采取不同的培训方法（如操作类一定要到现场进行手把手培训，并且要求学员亲自操作，不懂就问，然后再操作，以至于全部弄明白和熟练；又如消防安全的灭火器使用必须明白"一提二拉三压四瞄"，更要拿起灭火器来使用），因为真正通过课堂传授就可以了然于心并熟练使用的内容少之又少。当然，如果培训讲师幽默风趣、知识面广、实际经验丰富、个人魅力大、培训吸引力强等也是可以提高学员参加培训的积极性的，因此要聘请经验丰富、口碑好的外部讲师或企业认证的内训师等来进行培训。

八、结果评估严格考核

如果培训对学员没有直观性的激励，很难调动起大家的积极性。为此，对参培人员应有相应的激励设计、培训绩效考核设计，如参加培训、培训取得成绩，方可晋升等，用以激励学员参培并重视培训。

九、培训技巧组合使用

在课堂上,讲师可以点出员工的名字,并把他们巧妙地放到培训的案例当中,拉近与学员之间的距离。中场休息的时候可以播放事前准备好的优美音乐,调整学员情绪。

综上所述,培训部门应紧紧抓住提高学员参加培训积极性的内外因,做到内外因相互补充、相互作用,并做好积极引导工作。企业有制度来激励与约束,自然就会形成良好的培训氛围,员工积极参与并重视培训,学习激情就会提升;在培训过程中,要想方设法,用最好、最便捷的技巧、方法把知识传递给员工,"授人以鱼,不如授人以渔",只有通过不断培训来提高员工的素质,员工才能更好地领会企业的管理意图,企业才能全面健康发展。

第六章
培训效果评估

通过培训技术方法，对培训的整个过程进行系统的评估是必不可少的。培训效果评估关系到培训工作的持续改进与提高，既是证明培训项目达标的依据，也是进一步获得培训资源和支持的例证。

本章导读

- 柯氏四级评估是培训效果评估的重要方法之一
- 只要做培训，就应有评估，只有评估才能改进
- 掌握评估技术并应用评估结果，培训才能提升

培训计划完成了，钱和时间花了，然而学员对本次培训的满意度如何？企业员工在培训中收获了什么？对本身的业务管理又有什么提升？下一步如何去改进提升？这些信息从何而来呢？通过培训效果评估可以获得这些信息。

> **小贴士** 培训效果评估是检验培训是否有效的方法，是培训管理者工作成果的直观展现！

第一节　培训效果评估的模型

常用的培训效果评估模型有很多，如柯氏四级评估、考夫曼五层次评估、CIRO 评估模型、CIPP 评估模型、菲利普斯五级投资回报率模型等。

一、柯氏四级评估模型[①]

柯氏四级评估模型是由国际著名学者柯克帕特里克（Kirkpatrick）于 1959 年提出的。柯氏四级评估模型是目前应用最为广泛的培训效果评估模型，不但简单、全面，而且有很强的系统性和可操作性，如表 6-1 所示。

表 6-1　柯氏四级评估模型

评估层次	评估内容
Level 1 反应评估	学员对培训组织、培训讲师、培训课程的满意度
Level 2 学习评估	学员在知识、技能、态度、行为方式等方面的学习收获
Level 3 行为评估	学员在工作过程中态度、行为方式的变化和改进
Level 4 结果评估	学员在一定时期内取得的生产经营或技术管理方面的业绩

---

① 参见［美］唐纳德.L·柯克帕特里克：《如何做好培训评估》，奚卫华译，机械工业出版社 2007 年版。

（一）反应评估（Reaction）：评估被培训者的满意程度

反应评估是指受训人员对培训项目的印象如何，主要是在培训项目结束时，通过问卷调查来收集受训人员对于培训项目的效果和有效性的反映。问题主要包括对讲师培训技巧的反应、对课程内容设计的反应、对教材挑选及内容质量的反应、对课程组织的反应、是否在将来的工作中能够用到所培训的知识和技能。

这个层次的评估可以作为改进培训内容、培训方式、教学进度等方面的建议或综合评估的参考，但不能作为评估的结果。

（二）学习评估（Learning）：测定被培训者的学习获得程度

学习评估测量受训人员对原理、知识、技能、态度等培训内容的理解和掌握程度，实际上要回答一个问题："参加者学到东西了吗？"这一阶段的评估要求通过对学员参加培训前和培训结束后知识技能测试的结果进行比较，以了解他们是否学习到新的东西。同时是对培训设计中设定的培训目标进行核对。学习层评估可以采用笔试、实地操作和工作模拟等方法来考察。

（三）行为评估（Behavior）：考察被培训者的知识运用程度

行为评估指在培训结束后的一段时间里，由受训人员的上级、同事、下属或者客户观察他们的行为在培训前后是否发生变化，是否在工作中运用了培训中学到的知识。这个层次的评估可以包括受训人员的主观感觉、下属和同事对其培训前后行为变化的对比以及受训人员本人的自评。总之，要回答一个问题："参加者在工作中使用了他们所学到的知识、技能和态度了吗？"需要注意的是，因这一阶段的评估只有在学员回到工作中时才能实施，所以一般要求与参与者一同工作的人员如督导人员等参加。行为层是考察培训效果的最重要的指标。

（四）结果评估（Result）：计算培训创造的经济效益

结果评估，即判断培训是否能给企业的经营成果带来具体而直接的贡献，这一层次的评估上升到了组织的高度，即要回答："培训为企业带来了什么影响？"这种影响可能是经济上的，也可能是精神上的。例如，产品质量得到了强化，生产效率得到了提高，客户投诉减少等。结果层评估可以通过一系列指标来衡量，如事故率、生产率、员工离职率、次品率、员工士气以及客户满意度等。通过对这些指标的分析，管理层能够了解培训所带来的收益。

随着企业对培训效果评估的日益重视，柯氏四级评估模型已成为企业培训效果评估的主要标准。这一阶段评估的费用和时间及难度都是最大的，但对企业的意义也是最重要的。以上培训评估的四个层次，实施从易到难，费用从低到高。是否需要评估，以及评估到第几个阶段，应根据培训项目的性质决定。

二、考夫曼五层次评估[1]

考夫曼扩展了柯氏四级评估模型，他认为培训前各种资源的获得是影响培训能否成功的重要因素，因此，应在模型中加入对资源获得可能性的评估。他认为培训所产生的效果不应仅对本企业有益，还最终会作用于企业所处的环境，从而给企业带来效益。因此，他加上了第五个层次，即评估社会和顾客的反应，如表6-2所示。

表6-2 考夫曼五层次评估模型

评估层次		评估内容
1	培训可行性	确保培训成功所需的各种资源的质量、有效性、可用性
	反应	方法、手段和程序的接受程度和效用情况
2	获得	学员技能与胜任力
3	应用	学员在接受培训项目后，其在工作中知识、技能的应用情况
4	企业效益	培训项目对企业的贡献和回报
5	社会产出	社会和客户的反应、结果和回报

三、CIRO评估模型[2]

CIRO是Context（情境）、Input（输入）、Reaction（反应）、Output（输出）的缩写。该模型由沃尔、伯德和雷克汉姆创建，认为评估必须从情境、输入、反应、输出四个方面进行，比一般的培训评估的范围更宽泛，如表6-3所示。

表6-3 CIRO评估模型

阶段评估	评估任务	具体说明	实施者
情境评估	明确培训的必要性	获取和使用当前情境的信息来分析和确定培训需求和培训目标	培训的组织者
输入评估	确定培训的可能性	获取、评估和选择可利用的培训资源来确定培训方法	培训讲师
反应评估	提高培训的有效性	收集和分析学员的反馈信息来提高培训过程的有效性	学员
输出评估	评价培训的结果	收集和使用培训结果的信息	企业高层

---

[1] 参见［美］罗杰·考夫曼、［美］英格丽·格拉-洛佩兹：《促进企业成功的需求评估—企业成功指南》，蒋宏丽、何军译，中国石化出版社2014年版。

[2] Warr.P、Bird.M、Rackham：《Training Evaluation and the Evaluation of Training》，1971.

四、CIPP 评估模型[①]

CIPP 模型与 CIRO 相似，包括背景评估（Context evaluation）、输入评估（Input evaluation）、过程评估（Process evaluation）、输出评估（Product evaluation）。背景评估有助于形成目标，输入评估帮助计划培训项目，过程评估引导培训实施，输出评估促进回顾决策。CIPP 模型强调评估手段在各个阶段的应用，旨在及时发现问题并改善，如表 6-4 所示。

表 6-4 CIPP 评估模型

阶段评估	任务说明
背景评估	了解相关环境、分析培训需求和机会、评估存在的问题
输入评估	评估培训资源和培训项目，如何最佳使用资源成功实施培训
过程评估	培训中提供反馈信息给培训实施者，以便于后续培训过程的改进和完善
输出评估	对培训是否达到预期目的进行评估

五、菲利普斯五级投资回报率模型[②]

菲利普斯在柯氏四级评估的基础上加上了第五个层次，即投资回报率（ROI）。ROI 包含培训项目的任何效益，通常表示成一个百分数或成本与收益的比率。近年来，企业越来越强调对培训发展的投入进行评估，注重培训带来的价值、学员所学习到的东西以及培训项目带来的投资回报。但在实际操作中，企业很少进行 ROI 评估，因为 ROI 评估过程困难并且成本较高。

第二节 培训效果评估的方法

> **小贴士**　培训管理者应首先掌握四级评估方法，然后针对不同的培训项目选择相应的效果评估方法，切忌"眉毛胡子一把抓"！

在运用柯氏四级评估模型进行培训效果评估时，针对不同的培训评估层级，可以采用不同的评估方法。培训评估的方法有很多，如笔试测验法、实操测验法、观

---

① Daniel L. Stufflebeam、T. Kellaghan:《The CIPP Model for Evaluation》，Kluwer Academic Publishers，1985.
② 参见［美］詹姆斯·唐纳斯·柯克帕特里克、［美］温迪·凯塞·柯克帕特里克:《柯氏评估的过去和现在：未来的坚实基础》，崔连斌，胡丽译，江苏人民出版社 2012 年版。

察法、提问法（面试法）、案例法；从培训种类来看，有训前评估、训中评估、效果评估。

表 6-5 柯氏四级评估层次的评估内容与适用方法

评估层次	评估方法	评估时间	参与人员	优缺点	使用范围
一级评估	观察法 访谈法 问卷调查法 电话调查法 综合座谈法	培训结束时	学员	优点：简单易行 缺点：主观性强，容易以偏概全，即很容易因为学员的个人喜好而影响评估结果	所有培训
二级评估	学员演讲 提问法 笔试法 口试法 角色扮演 写作心得报告	培训进行时、培训结束时	学员	优点：给学员和讲师一定压力，使之更好地学习和完成培训 缺点：依赖于测试方法的可信度和测试难度	知识类培训
三级评估	问卷调查 行为观察 绩效评估 任务项目法 360度评估 管理能力评鉴	培训结束三个月或半年后	学员 学员上级 学员下级 学员同级	优点：可直接反映培训的效果，使企业高层和主管看到培训效果后更支持培训 缺点：实施有难度，要花费很多时间和精力，难以剔除不相干因素干扰	技能类培训 领导力培训
四级评估	生产率 离职率 客户市场调查 成本效益分析 360度满意度调查 个人与组织绩效指标	半年或一两年后员工以及企业的绩效评估	学员 学员上级 其他	优点：量化翔实、令人信服的数据不仅可以消除企业高层对培训投资的疑虑，而且可以指导培训课程计划，把培训费用用到最能为企业创造经济效益的课程中 缺点：耗时长，经验少，目前评估技术不完善，简单的数字对比意义不大，必须分辨哪些结果是与培训有关且有多大关联	以业绩结果为导向的大型培训项目

第三节　培训评估工具的开发

随着效果评估级别的提高，评估工具的开发难度也越来越大！评估工具开发对培训管理者的专业能力要求特别高，因此，大多数企业会选择借助"外部供应商"的力量进行，以求评估科学客观。

一、培训评估流程

培训评估工具有很多种，本节主要以柯氏四级评估模型为基础阐明培训评估工具的开发。培训效果的评估是寻找培训中的不足，对培训进行深入分析和不断改进的过程，以逐步提高企业员工培训的质量和效果，促进企业培训与开发目标的最终实现。基于四级评估工具的开发，培训评估的流程分为 10 个环节，详见图 6-1。

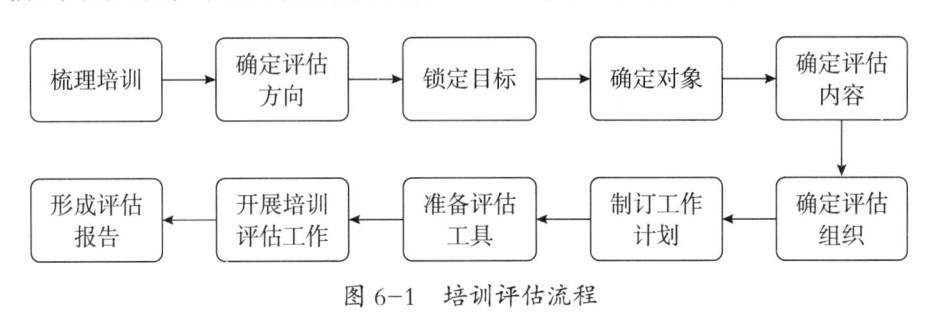

梳理培训 → 确定评估方向 → 锁定目标 → 确定对象 → 确定评估内容 → 确定评估组织 → 制订工作计划 → 准备评估工具 → 开展培训评估工作 → 形成评估报告

图 6-1　培训评估流程

二、一级评估工具开发

学员反应层面的评估往往通过满意度问卷调查的形式进行。问卷调查是指通过预先设计的调查问卷收集培训需要信息的调查方法。为使问卷调查收集到的数据尽量客观真实，在问卷设计的过程中要遵循以下原则：

第一，每个问题对于问卷填写者来说都必须是有意义的。

第二，语言表达标准、规范。

第三，问题要具体、避免抽象和宽泛。

第四，对于敏感信息的询问方式要小心谨慎。

第五，避免使用带有偏见的、感情色彩浓厚的、模糊不清的文字表述。

第六，每个问题只针对一个维度发问。

第七，包含所有可能的答案选项且不要预设鉴定的前提。

第八，答案选项之间必须相互独立。

第九，不要对答案做任何导向和暗示。

表 6-6　一级评估调查问卷

请您在参加此项培训后认真实际地对下述内容做出客观公正的评价，并在相应的位置上画"√"。分值依次为：很好——10 分，好——8 分，一般——6 分，较差——4 分，差——2 分。

培训项目			培训时间				
序号	分类	调查项目	分　值				
			10	8	6	4	2
1	讲师评价 60 分	培训内容是否合理、实用					
2		培训内容对实际工作的指导作用					
3		组织教学的逻辑性、生动性					
4		教师与学员的沟通、交流程度					
5		实例讲解分析是否有适用性、可操作性					
6		培训方式的灵活性（讨论、操作、演示等）					
7	学员评价 30 分	您参与此次培训的积极程度					
8		在您看来其他学员参与此次培训的积极程度					
9		您对课程内容的掌握程度					
10	组织评价 10 分	培训组织（通知、协调、场地、教材、教具等）的满意程度					
您对本次培训总体满意程度							
您建议本次培训应在哪些方面进行改进（如讲师、授课方式、培训内容与培训组织等）：							
您认为本次培训拟在工作中采用的知识点：							
通过本次培训，对日后部门工作的改善建议：							
请您为本次培训留下一两句话：							

三、二级评估工具开发

二级评估主要针对学员的知识、技能、态度、信心、承诺进行评价。知识和技能的掌握程度可以通过考试的方式进行考察。

表6-7 考题开发流程管理

序 号	流 程	关 注 点
1	考试目的	1. 为什么需要这个考试 2. 考试的需求是如何确定的 3. 该考试是由谁发起或赞助支持的，他们为什么要发起
2	分析工作	1. 哪些工作/工作职责/工作任务经过了分析 2. 如果分析的只是某个工作职责，那么经过分析的工作职责是否属于某个工作的一部分 3. 这些工作的各组成部分之间是怎么样的层次关系 4. 把有关分析过程和结果的信息进行归档管理 5. 工作分析是由谁完成的
3	确定目标的内容效度	1. 考试目标是基于哪些工作任务来的 2. 在哪个或者哪些课程中涵盖了这些考试目标 3. 参与考试目标的内容效度确认的业务专家的姓名、头衔是什么，有什么样的信誉度 4. 考试目标的内容效度检验工具是什么时间编写的 5. 把所开发的考题工具进行归档管理
4	开发认知类考题	1. 考试题目是针对哪个工作、哪些考试目标而开发的 2. 该考试是针对哪门课程进行考核的 3. 谁编写的考题 4. 编写考题工具的人是什么职务，有什么样的信誉度 5. 考题是什么时候编写的 6. 把所开发的考题进行归档
5	确定考题的内容效度	1. 考试题目是针对哪个工作、哪些考试目标而开发的 2. 该考试是针对哪门课程进行考核的 3. 谁参与确定的考题内容效度 4. 确认考题工具的内容效度的人是什么头衔 5. 考试的内容效度是什么时候确定的 6. 把内容效度确认表格进行归档管理，该表格记录了业务专家确认考题及考试目标及工作本身是匹配的
6	实施考题验证	1. 考题验证是什么时间进行的 2. 考题验证是在什么地点进行的 3. 考题验证是由谁组织进行的 4. 样本考生是谁 5. 样本考生是怎样确定的 6. 考题验证的流程是什么 7. 根据考题验证的结果，对考题做了哪些调整和改变

续表

序 号	流 程	关 注 点
7	分析考题	1. 哪些考生的考试数据被用作考题分析了 2. 这些样本考生有什么样的特点 3. 用作考题分析的数据是何时收集的，谁收集的，在哪里收集的 4. 做考题分析的时候，采用的是什么分析软件 5. 考题分析的结果是什么 6. 根据考题分析的结果，做了哪些调整和更改 7. 将考题分析的相关信息打印出来，做一份文档记录进行存储管理
8	开发考题复本及题库	1. 考题复本及题库是针对哪些考试目标而开发的 2. 开发了多少份考试复本，何时开发的 3. 关于开发考题复本的份数的决定，决策依据是什么，是谁做的决定 4. 题库的大小和数量如何 5. 开始题目是如何从题库中选择的 6. 考题复本的开发流程如何 7. 考题复本的等效信度是什么
9	确定达标线	1. 考题是如何判分的 2. 考试的达标线是多少 3. 达标线确定的流程和步骤是怎么样的 4. 归档和记录
10	确认认知类考题的考核工具信度	1. 为了确定考题及评分者信度，采用了什么样的流程 2. 极端信度所需要的数据是何时收集的 3. 考题及评分者信度是什么 4. 将所有与信度系数的计算有关的数据进行记录归档

四、三级评估工具开发

要想成为一个强大的绩效改进团队的一员，成为完成企业使命的突出贡献者，实施第三级评估是关键一环，主要通过访谈法的形式进行。

访谈法是指访谈者根据与受访人面对面交谈，从受访人的表述汇总发现问题，进而判断出培训效果的调查方法。在设计访谈提纲的时候应注意以下几点：

第一，确定访谈目的。

第二，明确定义访谈目标。

第三，确定访谈内容框架。

第四，根据访谈目标确定："研究问题 / 研究假设"。

第五，设计访谈问卷。

在实施访谈的过程中，还要注意以下技巧：

第一，取得信任。

第二，获得价值认同。

第三，营造舒适的谈话氛围。

第四，把控谈话方向与节奏。

第五，保持中立。

表 6-8 关键事件访谈

1. 您从培训课程中学到了哪些知识和技能？
2. 请列举 3 件至 6 件由于应用了这些知识和技能，从而在工作汇总方面取得突出表现的关键事件或成果。
3. 为了取得这些优异的工作表现，您采取了哪些行为（关键性的）？
4. 这些关键时间或工作成果对于您的企业/部门工作目标的实现产生了什么样的影响？
5. 哪些方面的工作还需要进一步改进？
6. 什么原因导致您在工作中的这些方面表现得还不够好？
7. 为了进一步改进工作，您打算采取什么样的行动？

五、四级评估工具开发

四级效果评估，即判断培训是否能给企业的经营成果带来具体而直接的贡献，这一层次的评估上升到了组织的高度。效果层评估可以通过一系列指标来衡量，如事故率、生产率、员工离职率、次品率、员工士气以及客户满意度等。通过对这些指标的分析，管理层能够了解培训所带来的收益。

由于四级评估指标的特殊性，不是任何培训项目都需要做四级评估，所以，为了最大效率利用有限的精力，首先应该鉴别是否需要做四级评估。

表 6-9 判断是否需要进行四级评估

标　准	需要考虑的方面
周期长的项目	培训课程将被使用多少时间？持续的时间越长，就越需要进行第四级评估。
核心项目	该课程对满足企业的目标有多重要？该课程是战略举措的一部分吗？如果是，或许要考虑第四级评估。

续表

标　准	需要考虑的方面
与业务关联度高的项目	该课程的培训目标中是否说明了哪些措施将被实施，以及业务指标将发生什么样的变化？是否想把业务指标、培训目标和评估方法保持一致？
投入大的项目	课程设计、开发和实施的成本越高，就越需要第四级评估。
高层期望高的项目	该课程对高级管理层的可见性如何？可见性越高，就越可能是一个进行四级评估的好的候选项目。如果高层管理人员要求进行培训结果的相关信息，必须作出回应。
指标数据容易考核的项目	业务指标最近是否得到追踪，培训课程和业务指标之间的关联的直接程度，联系越直接就越需要进行第四级评估。
已经进行了第一级、第二级和第三级评估	第一级评估、第二级评估、第三级评估是否做完？如果没有，需要对培训课程进行一个全面的评估。

第四节　培训评估的实施流程

科学的培训评估对于了解培训投入产出的效果，界定培训对组织的贡献，验证员工培训所做出的成绩非常重要。目前企业培训存在的最大问题是：无法保证有限的培训投入产生理想的培训效果。遵循已制订的培训评估流程是顺利有效进行培训评估活动的关键。

一、评估前准备

（一）确定评估目的

在培训项目实施之前，培训管理者就必须把培训评估目的明确下来。例如，培训材料是否体现企业的价值观念，培训师能否完整地将知识和信息传递给受训人员等。其中很重要的一点是，培训评估目的将影响数据收集的方法和所要收集的数据类型。

（二）选定评估内容

因为培训评估需要一定的人力和物力投入，因此，不是所有的培训项目都要进行评估。笔者认为培训评估主要针对下列情况来进行：

第一，新开发的课程，应着重于培训需求、课程设计、应用效果等方面。

第二，新讲师的课程，应着重于教学方法、质量等综合能力方面。

第三，新的培训方式，应着重于课程组织、教材、课程设计、应用效果、线上与线下结合（数字化学习平台的应用）等方面。

第四，外请培训机构进行的培训，应着重于课程设计、成本核算、应用效果等方面。

第五，出现问题和投诉的培训，针对投诉的问题，选定评估对象，才可以针对这些具体的评估对象开发有效的问卷、考试题、访谈提纲等。

（三）选择评估方法

按照培训评估的内容、评估的对象特点，有针对性地选择培训评估的方法。

（四）评估前培训

培训组织者要做到充分有效地开展培训评估活动，对受训部门和受训员工组织好培训前准备工作，如参加培训前让申请者写出一个简单的培训目标期望，培训中要与讲师和其他学员主动交流；参加培训后如何将学到的东西应用到实际工作中，问题收获与相关同事分享等。这样，不但能够剔除一些不切实际的培训内容，而且能较大程度地保证培训的质量，从而让培训工作为企业创造更多的价值，也能够让培训评估工作有效地开展。

二、制订评估计划

在进行评估前，培训主管应该全面筹划评估活动，制订培训效果评估的工作计划。一般来说，在制订培训评估工作计划时应综合考虑以下几个因素：

第一，从时间和工作负荷量上、价值上考虑是否值得进行评估？

第二，评估的目的是什么？

第三，重点对培训的哪些方面进行评估？

第四，谁将主持和参与评估？

第五，如何获得、收集、分析评估的数据和意见？

第六，以什么方式呈报评估结果？

评估数据影响着评估的相关性和可信度，因此务必确保收集数据的方式与评估的内容一致，一份评估计划就像评估者与组织签订的合同，是整个评估过程中的指导手册。例如，学习出资人也许想看到行为的改变能促进某项目的成功，但是，行为的改变有很多种方式可以记录。自我报告足够吗？是否需要主管的确认？需要第三方来观察吗？同样地，也许出资人想要了解学习对财务的影响。那么，分析报告够严谨吗？该分析必须由财务部门来做吗？这些问题的"正确"答案是视情况而定的，要考虑资源的可利用性和受众的可接受度。

五种可以收集的数据类型，分别是业务指标、行为观察、预测数据、反馈意见和企业故事。如果能够清楚地知道需要衡量的结果属于哪一类，那么就可以采用相应的收集方式。

表 6-10 收集数据的五种类型

数据类型	示　　例	收集方式
业务指标	销售数据 生产数据 质量指标 停工损失 营业额	从运营系统中获得 如果没有现成数据，可以增加跟踪系统
行为观察	合理的流程 电话礼仪 销售技巧 教练技巧 人际交流技巧	对观察者进行调研 直接观察（公开/隐蔽） 录像 演示/角色扮演 自我评估
预测数据	节约的时间 应用次数 财务效益	调研 访谈
反馈意见	服务质量 领导效能 演示水平 改善程度 项目价值	调研 访谈 焦点小组 学习转化管理系统
企业故事	成功故事 关键事件 案例	调研 访谈 学习转化管理系统

（一）业务指标

业务指标是指企业日常商务运营中收集的有关经营的数据，包括与销售有关的数据（业务项目数和销售额）、出错率或废品成本、生产成本、前置时间、缺货成本、预测正确性等，实际上，大多数企业拥有的数据比实际上使用的数据多。

（二）行为观察

如果一个培训项目期望达成的结果是员工的工作行为发生了变化，或者行为变化是培训评估中的关键指标，那么，观察是一种较为可信的评估方式。从观察的严谨程度来说，可以分为高、中、低三种不同程度的层级，如自我观察属低层级观察，而专业的观察者根据观察填写任务清单则属高层级观察。在大部分情况下，中等程度的观察就足够了，如向经理、同事或者下属询问学员的具体行为变化，并使用各种表格做记录，标明得分、评分标准或其他能够说明具体行为变化的案例。

（三）预测数据

预测经常用在商业计划的制订中，如"你认为需要多少时间才能完成"或"下季度的销售额你预计有多少"。在培训评估中，我们有时也会使用预测，如"你利用培训所学知识的次数有多少"或"你认为它的价值有多少"。

（四）反馈意见

个人意见或观点应该是可信度最低的培训评估数据来源了。但是，有时个人意见也可以称为最可靠、最关键的结果衡量指标。人们是根据自己对产品价值的判断来决定是否购买的，因此，客户意见是他们是否愿意再次使用你的服务或是向他人推荐的关键指标。通常可以通过调查或访谈的方式收集数据，按照若干等级进行评分。

（五）企业故事

学员参加培训后回到工作场所，在学习转化的过程中，他们会经历很多难忘的故事。因此，将他们在学习转化或应用过程中发生的故事通过叙述的方式讲出来，也是一种评价的方式。在某种程度上，故事带给人的力量是巨大的，在商业环境中，精彩、有教育意义、激励人的故事所产生的影响力得到越来越多人的认同。

三、组织评估实施

一旦设计好评估计划，经过检查和审核，就可以开始执行了，按照培训评估的计划开展评估活动，如发放问卷、进行访谈等。如果使用的是新设计的问卷或新的数据收集系统，在正式使用前，应先进行测试。这确保问卷是可以理解的，并能准确记录答案。如果采用访谈的方式，就必须采取预防措施，以保证其连贯和公平。另外，汇总数据时可以周期性地监控新信息，确保足够高的反馈率以及整个系统都在运转。

四、分析评估资料

培训组织者将收集到的问卷、访谈资料等进行收集整理，剔除无效资料，然后进行数据统计、分析等。

五、撰写评估报告

培训组织者收集完数据后，就可以开始分析项目是否达到预期效果。分析收集到的数据，结合学员的结业考核成绩，对此次培训项目给出最终的评估报告。为了让报告清晰易懂，具有可靠性并富有感染力，应使用企业管理者熟悉的术语和概念，避免使用他们不了解的术语。同时，使用统计方法时要注意，绝大多数的评估都需要一定程度的统计学分析，用以说明结果不仅仅是随机产生的。但是，不同管理者对统计学知识的了解是不同的，不要试图炫耀复杂的分析，除非这些分析是必需的。如果分析本身要求特殊或晦涩的方法，请简单地解释它们，并告知使用该方法的合理依据。另外，报告必须阐述明确的优缺点，需提出改善的方案，否则报告就没有价值。

表 6-11 评估报告撰写目录参考

项目	一级目录	二级目录
1	课程实施背景（含课前调研报告）	培训项目说明 培训前期调研报告
2	学员反馈信息的收集	—
3	学员对课程及讲师的评价	课程内容 讲师表现 服务工作
4	学员收获及建议（摘自学员）	—
5	结论与建议	—
6	学员点评	—
7	学员合格率	—

六、评估结果应用

评估结果主要应用在以下几个方面：

一是增加受训人员。此项目培训对他来说有什么样的体会和收获。这些收获对当前和今后的工作甚至生活有益处，将决定他今后参加培训的热情。

二是分析反馈。将此报告反馈受训人员的部分领导，告知他的员工在此次培训中学到了什么，收获了什么，对现在和将来的工作有什么帮助，以此来获得领导的认可和支持。

三是将评估报告以报道的形式在报纸上宣传，引起各级领导和员工的共鸣。

四是培训管理者的自我应用，这是其中最重要的一点。通过分析、评估报告，找出好的方面予以保持，需改进的方面要及时改进纠正，不断改进方法手段，持续提升培训的效果。

第五节　培训成本效益的分析

撰写评估报告的目的在于向那些没有参与评估的人提供评估结论并对此做出解释。通常，组织的主管人员会对培训的产出感兴趣；那些要求对其员工进行培训的部门领导则关注培训时期员工的表现。制作评估报告正是向这些不同的需要者提供培训的有关情况、评估结论及其建议。

一、导言

评估报告在导言部分的内容包括三个部分，具体如下：

第一，说明评估实施的背景，即被评估的培训项目的概况。如被评估培训项目的性质是什么？培训已进行多长时间？哪些因素阻碍着培训的顺利进行？受培训者对培训的参与状况如何？撰写者应该通过对这些问题的回答，使读者对被评估的培训项目有一个大致的了解。

第二，撰写者要介绍评估目的。评估实施目的是评定培训参与者的绩效，还是提高培训参与者的参与程度，抑或改善组织关系？评估者着重进行的是需求分析、过程分析，还是产出分析、成本效益分析？

第三，撰写者必须说明此评估方案实施以前是否有过类似的评估。如果有的话，评估者能从以前的评估中发现哪些缺陷与失误。

二、评估实施过程

评估实施过程是评估报告的一部分。撰写者要交代清楚评估方案的设计方法、抽样及统计方法、资料收集方法和评估所依据的量度指标。说明评估实施过程是为了使读者对整个评估活动有一个大概的了解，从而为读者对评估结论的判断提供一个依据。

三、阐明评估结果

结果部分与主体部分是密切相关的，撰写者必须保证两者之间的因果关系，不能出现牵强附会的现象。

四、评估结果建议

这部分涉及的范围可以较宽泛。例如，在需求评估中，进行培训的理由是否充足；在总结性评估中，赞成或反对继续培训的理由是什么；在建设性评估中，应该采取哪些措施改善培训；在成本—效益评估中，报告撰写者应该指明能否用其他培训方案更经济地达成同样的结果。撰写者还可以讨论培训的充分性，如培训是否充分地满足了受训者的多方面需求，满足到什么程度。

五、附录

附录的内容包括收集和分析资料用的图表、问卷、部分原始资料等。加上附录的目的是让读者可以评定研究者收集和分析资料的方法是否科学，结论是否合理。

六、报告提要

提要是对报告要点的概括，旨在帮助读者简明扼要迅速掌握报告要点的要求。提要在内容上要注意主次有别，详略得当，构成有机联系的整体。为此，在撰写前应当认真拟定写作提纲，按照一定的主题及顺序安排内容。

▶ 典型案例 企业新晋升人员培训项目效果评估报告

一、导言

本调研在培训结束三个月后对培训效果进行调研，旨在了解学员在训后的知识转化应用情况及培训对学员工作产生的积极影响，由此探究学员对培训的整体评价、培训转化应用情况、培训实际效果之间的关系，为后期新晋升管理者培训项目设计提供改进建议。

基于上述目的，本调研采用问卷调查数据收集方法，调研对象为××。本次调研共计发放问卷××份，回收××份，有效问卷××份。

二、问卷统计结果分析

1. 课程知识点训后使用情况分析
2. 培训对个人、团队产生的积极影响分析
3. 上级角度的培训效果分析
4. 学员对本项目的推荐态度分析
5. 对培训项目的整体评价分析
6. 学员对培训项目改进建议分析

三、结论和建议

本调研对于新晋升管理者培训项目进行了三级评估，第一级评估为满意度评估；第二级评估为学员训后对培训知识的转化运用情况评估；第三级评估为学员行为改变的评估，即评估培训学员在管理意识、绩效、积极性、工作效率等方面的改善。

1. 结论

综合以上分析，可以得出以下结论：

（1）第一级评估——整体评价方面

（2）第二级评估——训后转化应用方面

（3）第三级评估——行为改变方面（培训效果）

2. 项目改进建议

（1）培训内容设置方面

（2）培训周期与流程安排方面

（3）培训管理方面

四、相关附件

附件一：各知识点具体统计分析结果

附件二：相关性分析推理过程

附件三：各维度统计分析结果

附件四：调研问卷

五、调研主要发现

1. 学员对本培训项目的整体满意度较高，绝大部分学员对本项目满意并推荐直管上级参加本培训；

2. 学员训后进行了一定程度的转化；

3. 培训后，学员在管理意识、管理行为等方面有所改善，对团队产生积极影响。

第六节 培训效果评估的难点

培训评估是依据组织目标和需求，运用科学的理论、方法和程序从培训项目中收集数据从而确定培训的价值、质量的过程。培训评估作为培训总体流程中的主流程之一，既是培训管理的重点工作，也是培训管理系统中最容易被忽视的一个环节。培训评估不仅是要在培训结束时进行，更应该伴随整个培训过程，甚至应该延伸到培训结束后的若干时期。培训项目设计是否合理？培训效果如何？企业的核心竞争力有无提升？用什么方法测量培训会给受训者和企业带来变化？如何克服这些与培训评估相关联的工作难点，建立科学的培训评估系统，是企业员工培训体系建设的关键。

一、培训评估如何平衡各方要求

培训评估工作是企业高层管理者、培训管理者、培训师、员工及员工所在部门负责人"五方"共同关注的"焦点"：

第一，企业高层管理者把员工培训工作当成一项重要的人力资源投资行为，希望通过培训评估获得"投资回报"的正面信息。

第二，培训管理者作为员工培训的管理人员和培训执行者，希望每项培训活动都能达到预期设计的培训效果，满足企业和员工的期望。

第三，培训师则希望通过评估获得受训员工的认可，使自己的价值得到体现。

第四，员工则希望通过培训获取自己需要的知识和技能，满足自身发展。

第五，员工所在部门负责人的支持，也是保障员工学习的重要一环。

由于"五方"对培训评估的目的和过程在认识方面存在差异，使培训评估很难把握在一个平衡点上，从而给培训评估工作带来了一定的难度，因此培训管理者要平衡好人才培养项目的所有"干系人"，为员工培训创造良好的学习氛围，保障效果评估的质量。

二、培训评估如何保持客观

企业的培训评估工作一般由培训部门组织实施，由于培训部门既是培训的管理部门又是培训评估部门，在评估自己组织的培训项目的效果时，对自己不利的因素往往会隐而不说，加之企业高层管理者对员工培训效果的期望较高从而使培训评估工作缺乏真实客观性和公正性，容易走形式，导致培训效果不真实。

由于具体从事培训评估的工作人员与被评估方之间是"同事"关系，受评估人员的自身职业素质和传统文化的影响，以及社会背景、个人情感等其他错综复杂的因素，也会导致评估失去客观性和真实性。因此，引入第三方参与培训非常有必要。

三、评估时间的把握

由于培训项目和培训内容的不同，可能需要在不同的时间段进行评估。评估在培训结束时容易完成，在实践工作中检验的中期评估和长期评估工作却难度大、困难多，对培训评估工作提出了更高的要求，培训部门不易操作，因此建立评估机制很重要。

第七章
培训工作总结

培训工作总结是做好各项工作的重要环节。通过它可以全面地、系统地了解以往的工作情况，找出以往工作中的优缺点，并调整下一步工作的方向，少走弯路，少犯错误，提高工作效率和投入产出比。

本章导读

- 培训总结要基于培训计划的目标来开展
- 每一个培训项目完成后都应该对其总结
- 培训总结既要有固定的模板还要有方法
- 总结经验教训并不断改善是总结的目的

为了使培训业务不断突破与创新，使培训管理者实现经验的积累和能力的提升，当某一个培训项目完结后，培训部门应对该培训项目进行全面、系统的总结回顾，并对该项目开展中的经验提炼分析，对项目开展中存在的问题加以剖析，制订有效的解决方案并形成培训工作总结。对培训项目进行系统的总结分析，有助于找出该项目的成功经验和改善点以及下一步调整方向。

第一节　培训工作总结的分类

根据培训项目时间周期的长短，我们可以将培训总结分为每日总结、周度总结、月度总结、季度总结、半年度总结和年度总结等；按照参训学员类型分类，以管理者培训项目为例，管理者的培训可以分为基层领导力培训、中层领导力培训及高层领导力培训，对应的培训总结也分为基层领导力培训总结、中层领导力培训总结及高层领导力培训总结；根据培训项目的数量，培训项目总结可以分为单次培训总结和综合性培训项目总结，由于项目的复杂程度不一样，培训项目总结内容和总结维度也不一样。

表 7-1　培训项目类型

培训项目类型	培训总结报告形式	评价总结维度或提纲
单次培训	表格形式	见表 7-2
综合性培训项目	综合报告形式	见表 7-11

一、单次培训

单次培训指仅对某一门课程独立开展的培训，培训形式以课堂讲授为主，培训内容一般为通用能力的单独授课，培训对象面向企业所有员工。针对类似的培训，可以简单的表格形式进行总结评估，使培训结果一目了然。

表 7-2　单次培训总结报告模板

培训承办部门			培训组织部门	
课程名称			受训人姓名	
培训日期			培训师	
调查项目	调查项目		调查结果	
	课程内容是否满足培训需求		□良好　□一般　□较差	
	讲师水平（专业知识和技巧）		□良好　□一般　□较差	
	学员参与的程度		□良好　□一般　□较差	
	培训组织情况（场地和课堂等）		□良好　□一般　□较差	
	其他		□良好　□一般　□较差	
培训收获				
培训不足及建议				

二、综合性培训项目

综合性培训项目是指有主题，针对特定人群或者特定目标制订的项目，培训形式包括线上培训（含数字化学习平台等）、课堂式培训、在岗实践等多种方式混合，项目周期一般也会比较长，投入的财力与物力较大，影响较为深远。当项目结束后，培训管理者需要编写一份详细的培训项目总结报告，一方面要总结学员在该培训项目中的收获，评估该项目的效果；另一方面还需要对项目的整体设计和管理进行评估，对项目开展中存在的问题加以分析总结并提出解决方案，为今后相应项目的开展提供借鉴。

综合性培训项目对培训管理者的项目管理能力要求较高，且培训项目开展的成功对后期工作的开展影响较大，因此，在一项综合性培训项目结束后，培训管理者应该对各方面进行总结，展示本次培训项目的成果并为以后类似的培训项目提供实践经验。

第二节　培训工作总结的撰写方式

一、总体情况

一个培训项目的材料可以从学员、讲师、班级管理者三个维度收集，这些材料是分析培训项目、进行项目总结的基础，培训管理者可以将培训材料电子化，方便进行数据分析。

表 7-3　培训总结材料收集目录

序　号	对　　象	培训材料	备　注
1	学员	线上学习成绩	
2		签到表	
3		现场得分表	
4		考试成绩	
5		课后作业	
6	讲师	培训效果评估表	
7	班级管理者	培训效果评估表	
8		培训费用使用表	

当一个培训项目结束以后，培训管理者需要对培训总体成果情况进行总结。

谈到项目整体计划，笔者用图示的方式描述项目计划流程及管理模式，图 7-1 以基层管理人员培训项目为例。

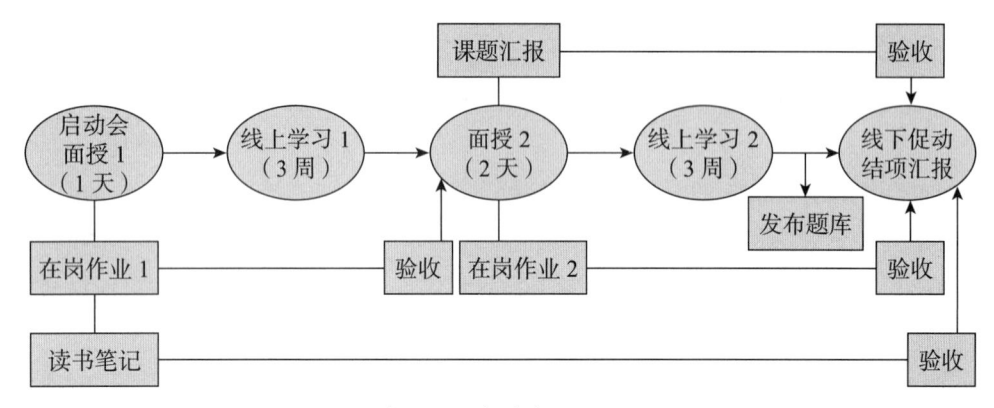

图 7-1　培训流程回顾

笔者从培训项目开班情况和结业人数以及费用使用情况等角度，总结本次培训项目的总体情况，具体的要素如表 7-4 所示。

表 7-4　培训总体情况汇总

序号	期次	所属系统	承办单位	培训时间	计划培训人数	实际培训人数	结业人数	结业比率	培训经费预算	培训经费决算
总　计										

二、培训项目评价维度——学员学习评价

(一) 在线学习完成情况

此阶段是反映学员的自觉性培训度。通过汇总评分或数字化学习平台管理后台分析数据等，用图 7-2 形式直观反映学员该阶段完成率。

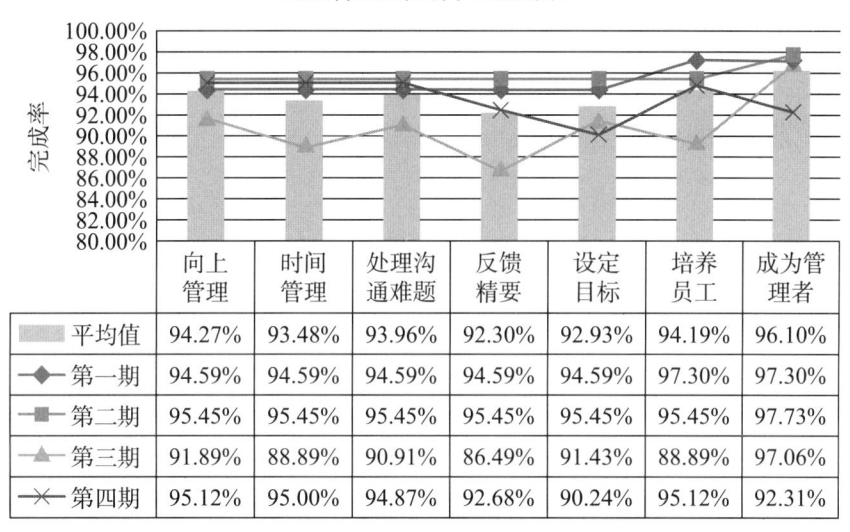

基层管理班在线学习完成率

	向上管理	时间管理	处理沟通难题	反馈精要	设定目标	培养员工	成为管理者
平均值	94.27%	93.48%	93.96%	92.30%	92.93%	94.19%	96.10%
第一期	94.59%	94.59%	94.59%	94.59%	94.59%	97.30%	97.30%
第二期	95.45%	95.45%	95.45%	95.45%	95.45%	95.45%	97.73%
第三期	91.89%	88.89%	90.91%	86.49%	91.43%	88.89%	97.06%
第四期	95.12%	95.00%	94.87%	92.68%	90.24%	95.12%	92.31%

图 7-2　培训项目学习完成率

(二) 面授出勤情况

学员出勤情况是培训管理工作的重要指标，反映学员的认知态度、积极性和单位领导的支持程度，因此可以将学员的出勤情况以表格的形式汇总评价，如表 7-5 所示。

表 7-5　学员培训出勤情况

班　次	应出勤人数	实际出勤人数	请假人数	出勤率	主要请假原因

(三) 各期次结项考试成绩

培训项目设置的结项考试环节，以图 7-3 的方式呈现学员考试成绩。

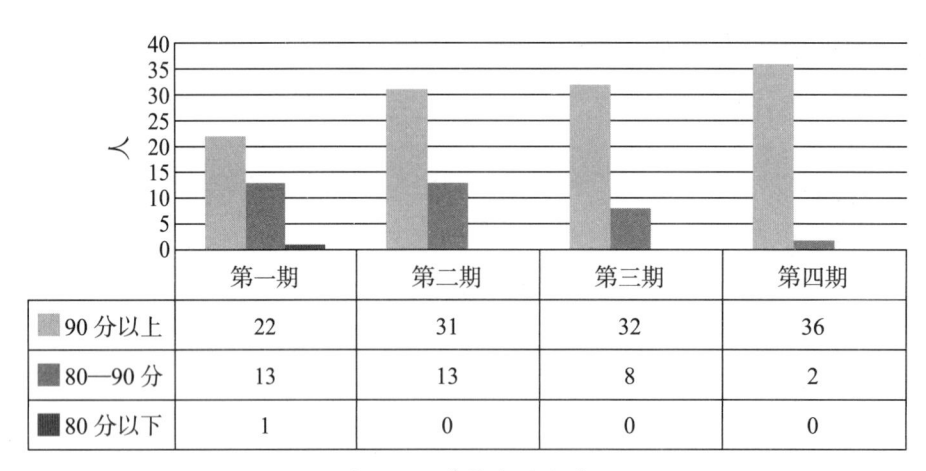

	第一期	第二期	第三期	第四期
90分以上	22	31	32	36
80—90分	13	13	8	2
80分以下	1	0	0	0

图 7-3　学员成绩分布

（四）课后作业完成情况

培训的课后作业完成情况反映了学员的学习自主性以及对课程的理解程度，培训管理者一定要在规定的时间内收集课后作业，并对完成情况进行评价，录入学员档案。

表 7-6　学员作业完成情况明细

班　次	姓　名	作业名称	提交日期	作业得分	评　分

三、培训项目评价维度——课程与讲师评价

（一）课程评价

在一期培训结束后，培训组织者要安排对课程及讲师进行评估。好的评估方法，会让培训效果更加真实，并能不断得到优化改进。

那么，如何对培训项目中的核心资源——课程进行把关，对课程进行有效的评估呢？可以从以下四个方面入手：

第一，内容：符合项目设计的学习目标及学员需求，有理论，有实践案例。

第二，结构：框架逻辑清晰。

第三，授课：因"课"而异、因"人"而教。

第四，布局：清晰流畅。

好的授课方法可有效地调节课堂氛围，增强课堂效果。课程内容和授课方法的关系可以用米和水的关系来形象地做比喻，做饭时米多水少，夹生饭，难以下咽；米少水多，

饭稀而无味，所以课程设计还需考虑恰当的授课方法。

优质课程不能一蹴而就，而需要精心地打磨，掌握了评估课件的方法，相当于学会给自己把脉，知道自身问题所在，就可以做到对症下药。

（二）讲师评价

培训项目实施中，企业可能会用外部讲师，也可能会用内部讲师，不同来源的讲师适用于不同的授课对象及培训项目性质，在项目结束后，应该对讲师的授课能力、授课方式及匹配程度进行评估。

表 7-7　讲师评估

讲师姓名		课程名称		培训时间/地点	
评审项目	评审要素	权重	评估等级		评分
形象（20分）	服装仪表	5分	□优 5分　□良 4分 □合格 3分　□差 3分以下		
	行为举止	5分	□优 5分　□良 4分 □合格 3分　□差 3分以下		
	热情度	5分	□优 5分　□良 4分 □合格 3分　□差 3分以下		
	自信度	5分	□优 5分　□良 4分 □合格 3分　□差 3分以下		
表达（15分）	语音清晰度	5分	□优 5分　□良 4分 □合格 3分　□差 3分以下		
	语言逻辑度	5分	□优 5分　□良 4分 □合格 3分　□差 3分以下		
	表达丰富度	5分	□优 5分　□良 4分 □合格 3分　□差 3分以下		
场控（15分）	异议处理	5分	□优 5分　□良 4分 □合格 3分　□差 3分以下		
	现场控制	5分	□优 5分　□良 4分 □合格 3分　□差 3分以下		
	时间掌控	5分	□优 5分　□良 4分 □合格 3分　□差 3分以下		

续表

评审项目	评审要素	权重	评估等级	评分
内容 （50分）	内容适用性	10分	□优 9—10 分　□良 8—9 分 □合格 7—8 分　□差 7 分以下	
	结构化程度	10分	□优 9—10 分　□良 8—9 分 □合格 7—8 分　□差 7 分以下	
	答疑能力	10分	□优 9—10 分　□良 8—9 分 □合格 7—8 分　□差 7 分以下	
	教学手法	10分	□优 9—10 分　□良 8—9 分 □合格 7—8 分　□差 7 分以下	
	PPT 专业性	10分	□优 9—10 分　□良 8—9 分 □合格 7—8 分　□差 7 分以下	
合计				
综合评估	优点			
	需改进点			
评审结果	最终得分：_____分 □优秀　□合格　□不合格		评审人签名	

四、组织管理评价

培训组织管理情况是指培训实施过程中组织管理的情况。培训的实施过程包括诸多环节，如培训时间的确定、培训场所的选择、培训课程的设置、培训讲师的挑选、培训方法的选择、培训设备的准备、培训纪律的规范等。培训效果好坏直接取决于培训实施过程中对每个环节的控制程度。根据培训准备资源性质，在对培训组织管理的总结过程中可以分为硬件保障情况和组织管理情况。在总结过程中，把组织管理中出现问题的地方找出来，为后期培训组织提供经验和借鉴。

五、培训费用使用情况评价

项目结束后，培训组织者应对培训项目费用使用情况总结汇报，特别是对于超出预算费用的项目，要加以分析说明，为后期组织培训项目确定培训预算提供经验参考，如表 7-8 所示。

表7-8 ××项目培训费用决算表

序号	费用名称	预算费用	决算费用	费用差异说明
1	讲课费			
2	资料费			
3	交通费			
4	住宿费			
5	餐费			
6	教室租赁费			
7	其他			
	合计			
	人均费用			

六、项目总体总结与评价

培训组织者对培训项目流程及课程讲师资源总结评估完成后,接下来就需要从项目整体角度进行总结。

表7-9 培训项目评价

一级指标	二级指标	项目评价(文字描述)	分值(分)	得分
1.培训目标与培训计划	1.1 培训目标		8	
	1.2 培训计划		4	
2.培训项目课程内容	2.1 课程设置		10	
	2.2 课程师资		7	
3.培训准备	3.1 培训前准备		3	
	3.2 设施准备		2	
	3.3 服务准备		2	
4.培训组织	4.1 培训计划执行		7	
	4.2 培训监管		7	
	4.3 后勤保障		2	
5.效果评估	5.1 评估方案		4	
	5.2 学员满意度		8	
	5.3 知识掌握		5	
	5.4 知识应用		10	

续表

一级指标	二级指标	项目评价（文字描述）	分值（分）	得分
6.预算评估	预算管理		4	
7.知识库建设	7.1 创新性		5	
	7.2 可持续性		7	
	7.3 经验收集		5	

在项目总结过程中，培训管理者要了解整个项目的实施流程，要知道各培训资源之间怎样衔接。在培训项目复盘中，培训管理者可以找到项目的问题出处，找到问题出现的原因，并在下一个培训中避免出现同类问题，在总结的过程中才能获取新的知识、找到新的解决措施、推动项目新的发展。对培训项目进行复盘，能很好地锻炼培训管理者分析问题、解决问题的能力。培训项目的复盘应该包括项目亮点、存在问题以及改进建议。

（一）项目亮点

即该培训项目创新点和成功点，通过对项目亮点的提炼，总结项目经验，具体可以从以下几个方面挖掘：

第一，培训方式与流程。

第二，学习平台资源。

第三，流程管理制度。

第四，培训流程设计。

第五，培训评估方式。

第六，项目营销方式。

（二）存在问题

无论经过多么充足的准备，一个培训项目在培训计划的各个阶段总会存在一些不足和问题。项目结束后，培训组织者需要跟培训学员、培训讲师及培训学员的领导以及自己的领导沟通，请他们对项目的实施进行评价，虚心听取他们的意见并总结归纳。一般是以下几个方面的问题：

第一，学员参与积极性不高，分析学员积极性不高的原因并创造性地提出解决方案。

第二，课程内容是否有待改进，如何改进？

第三，项目管理方式及流程现在还存在什么缺陷？

第四，项目结束后，培训效果的评估及跟踪如何做？

（三）改进建议

俗话说，方法总比问题多。对于项目中存在的问题，培训管理者需要找出改进方法，这样才能实现理论到实践，经过实践验证总结后再到更科学理论的进阶。具体改进建议则从各个角度分析改善的方法，找出最优的解决方案，对项目的完善提供参考意见。

表 7-10 ××培训项目总结报告

一、××培训项目总体情况
1. 培训项目计划完成情况
2. 学员学习完成情况
3. 培训组织总体情况
4. 项目预算决算情况
二、学员学习任务完成情况
1. 课程学习完成情况（在线、课堂……）
2. 面授出勤情况
3. 结业考试成绩
4. 学员综合成绩
三、课程与讲师评价
1. 课程评价
2. 讲师评价
四、组织管理情况
1. 硬件保障情况
2. 组织管理情况
五、项目费用使用情况
1. 费用使用总体情况
2. 节超预算使用原因分析
六、项目总结与评价
1. 项目亮点
2. 存在问题
3. 改进建议
七、××培训项目下一步工作

七、对项目的下一步工作思路

对于年度重复性的项目，培训管理者还需要厘清下一步工作思路，具体可以制订工作表格的形式对项目下一步工作作出安排，模板如表 7-11 所示：

表 7-11　培训项目下一步工作计划

序号	工作项目	工作要求	责任人	时间节点
1	课程对标评估	对比××项目培训系类课程、××单位基层管理者培训课程、××企业中基层领导力素质"××能力素质"模型，对线上课程进行对标评估，结合学员意见进行相关课程调整。	×××	×月×日
2	项目调整研讨会	召开研讨会，就××年学员培训实施过程中存在的问题进行总结评估，商讨下一步培训实施方案。	×××	×月×日
3	下一期项目培训计划	根据学员情况，编制新一期学员培训方案及实施计划。	×××	×月×日
4	编制《项目操作指导手册》	对项目各环节操作模式和管理方法进行总结沉淀，编写《项目操作指导手册》，细化项目操作流程，固化管理模式。	×××	×月×日
5	内部师资团队建设、成立课程案例开发小组	挑选企业管理经验较为丰富的中高层管理干部担任新聘任管理培训讲师，成立管理课程及案例开发小组，逐渐内化面授课程，解决课程内容"接地气"问题。	×××	×月×日

> **小贴士**
>
> 某知名全球化科技企业的"复盘"行动就是总结帮助提升的很好例子。该企业的每一个重大行为，基本上都可以看到"复盘"的影子。"复盘"在该企业发展过程中发挥了重要的作用。该企业的战略调整，如收购其他全球化科技企业，投资领域的扩展，新公司的成立，可以说，该企业任何一次大的成功，都离不开"复盘"的作用。"复盘"，已经被总结提炼为该企业的方法论。

第八章
培训制度管理

再好的培训方案、培训计划不去好好实施，该培训的制度规定不去培训，该参加的培训不去参加，该签订的培训协议不去签订等，这些都是企业培训管理不好的重要因素。好的管理必定有相应的制度来保证，培训管理工作亦是如此。

本章导读

- 企业培训制度应建立在合法合规的基础上
- 一个标准化制度体系文件应包含哪些要素
- 培训制度要体现双向性即激励性与约束性

"不以规矩，不能成方圆。"不设标准，怎能比赛？管理是靠文化、靠管理体系。管人靠文化制度，管业务靠流程体系。一个好的企业肯定有一套完整的制度体系。培训是 HR 业务的重要组织模块，要把培训做好，同样需要有制度的设计。制度不仅有顶层的、整体的制度体系设计，还要有相应的子制度和规范流程来支撑。因此企业必须建立起完善的培训制度，用来规范、约束、激励培训工作，这样培训工作才能有效开展。

第一节　培训制度设计

一、培训制度的重要性

优秀企业都在不断吸引人才、培养人才、留住人才上下功夫。如何系统性、有组织性地培养人才？制度是保障。制度是对一定的管理机制、管理原则、管理方法以及管理机构设置的规范。培训制度始终贯穿于培训管理的各个方面，是保证培训业务顺利开展的根本，特别是对培训计划、培训资源、组织管理、效果评估、学员管理等方面的业务规范。一个完整的培训制度设计应包括两个方面：一是培训业务工作本身，如培训需求调整、计划编制、组织实施、效果评估、总结报告、调整预算、资源商管理等；二是涉及与企业规章制度中人力资源方面的管理范畴。培训制度可以简化培训管理过程，提高培训管理效率。规范的培训制度是企业培训管理理念和方法的集中体现，是保障企业培训工作有效运行的最有效手段。

二、培训制度设计步骤

企业进行培训制度设计，主要包括培训制度体系架构设计、培训制度建立、培训制度管理等内容。

培训制度设计	第一步	培训制度体系架构设计	1. 建立企业培训制度架构； 2. 建立企业培训制度体系。
	第二步	培训制度建立	1. 编写培训制度； 2. 培训制度评审； 3. 培训制度颁布、实施、宣贯、执行、修订。
	第三步	培训制度管理	1. 制度管理组织，设计诊断工具； 2. 培训制度诊断报告； 3. 培训制度的执行情况审计； 4. 根据企业发展需要，提出培训制度增加、修改、废止等制度修订建议。

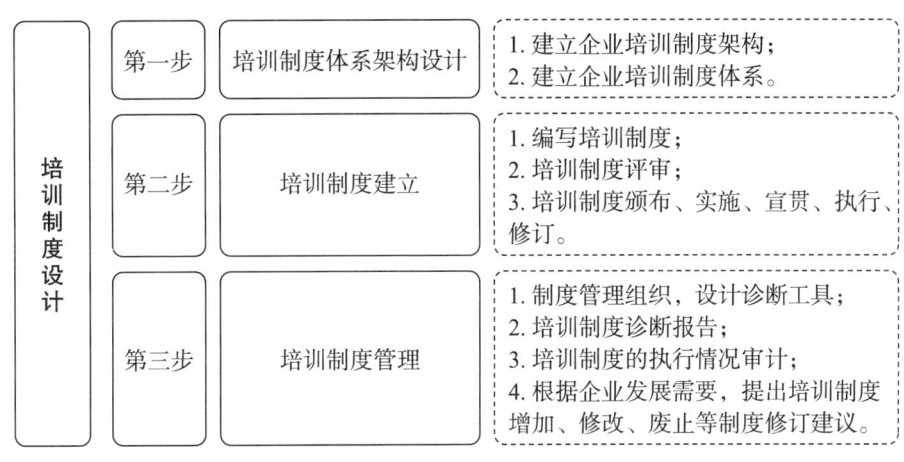

图 8-1 培训制度设计的步骤

第二节 培训制度建立

一、培训制度编写

（一）培训制度主要包含的内容

培训制度的编制应从培训管理目的入手，运用流程管理的方式——识别培训各项工作职责、流程节点及相关的约束与激励机制，对于资源手段选择、工具方法运用、过程运行控制、培训结果评估等，实施闭环管理。

表 8-1 培训制度主要包含的内容

一、文件封面
二、基本信息及修订记录
三、文件正文
1. 目的
2. 适用范围
3. 术语与定义
4. 引用文件
5. 职能与职责
6. 管理内容及规定
7. 业务/管理流程
8. 激励考核
9. 附则

续表

10. 附件
11. 本文涉及的记录
四、文件会签意见及处理情况汇总表

（二）培训制度体系化文件

以 ×× 企业培训管理制度为例，进行培训制度的顶层设计。

1. 一级培训管理制度

表 8-2　×× 企业培训管理制度

1. 目的
为规范企业培训管理，保证培训教学质量，不断提高员工素质和岗位胜任能力，建立科学、高效的全员文化素质培训体系，满足企业战略发展的人才需求，特制定本程序。

2. 适用范围
本程序适用于企业全体员工的培训。

3. 培训组织与工作权责划分
企业负责组织一级培训，主要职责是：
企业培训统一规划，培训目标、培训体制建设；
一级培训年度/季度计划编制、过程管理和结果评估；
企业重大课题、先进管理技术的培训的组织与实施；
对二级培训进行计划管理，提供指导和支持，监督检查培训开展情况并进行考核。
各事业部和企业职能部门负责组织二级培训，主要职责是：
根据企业统一规划和培训重点，结合单位实际情况，制订二级培训年度/月度计划；
负责二级培训的组织实施、学员管理、效果评估等；
定期向企业培训部门上报培训计划和项目完成情况，并落实企业安排的其他培训。

4. 培训类型
4.1　基础培训：所有新员工入职前必须接受的培训。是为达到岗位技能要求，在员工入职前开展的质量、环境、职业健康安全基本知识以及岗位基本技能素质培训。
4.2　岗前培训：新入职员工除接受基础培训外，还要由人力部门按照人员类别分别安排相应岗前培训，以使员工能够胜任本岗位工作。
4.2.1　校园人才：包括入职综合培训、一线实习培训和岗位见习培训。针对新入职大学生开展综合知识介绍、国家相关法律法规和企业相关业务介绍、相关政策介绍、岗位培训等，旨在让新员工了解企业文化、发展战略、管理制度和各业务运营模式，增强员工的企业认同感，尽快转型。
4.2.2　社会人才：针对新招聘社会人才开展国家相关法律法规及企业相关政策、企业文化、管理流程、相关业务运营模式、各部门机构设置及职责的培训，由人力部门定期统一组织，岗位培训由接收部门制订培训计划，招聘归口部门安排学习和培训。

续表

4.2.3 一线员工：针对一线作业人员开展的国家相关法律法规及企业相关政策和作业技能的培训，培训合格取得上岗证。

4.2.4 一般调入人员入职培训及转岗培训：针对一般调入人员或企业内部转岗人员开展的有关企业政策、企业文化及岗前业务知识技能的培训。

4.3 在岗培训：为使员工上岗后的技能水平和业务素质不断提高而开展的、与岗位需求相关的专业培训，对各级管理者以及对产品质量有影响的人员应按规定时间间隔进行有关质量管理知识和岗位技能的培训、考核，并按规定要求持证上岗。

5. 培训形式

5.1 内部自培制：针对某一培训需求或问题，由内部兼职讲师讲授，在企业内部开展的培训，是企业培训的主要形式。

5.2 借力外部制：针对某一问题或技术创新，聘请外部专家或教授，对问题或技术关联人员开展的培训咨询或交流。

5.3 课题研讨制：企业内部管理人员针对某一课题而开展的专题研讨、沙龙等。

5.4 赛前集训制：为在国家级、省级或企业内部的各类竞赛中取得优异成绩，单位对选拔出的优秀人才进行的竞赛前针对性培训。

5.5 自学：开展读书活动等。

5.6 脱岗专业培训班：为培养企业紧缺人才或集中攻克某一项目开办的专业培训班，有较为完整的课程体系、较为固定的学员和一定的学习周期。

5.7 外派学习：企业因发展和经营管理的需要由企业选派人员到企业外进行的由培训机构或知名企业组织的短期脱产培训。

5.8 外部研讨会：参加企业外部机构组织的针对某一课题的研讨会议。

5.9 行业会议：企业各业务单元参加本行业的年会、研讨会、交流会等。

5.10 出国培训：以培训为目的的出国学习。

5.11 学历教育：根据企业人才培养工程，选拔部分优秀员工在全国各大专院校进行的学历教育。

5.12 其他学习：包括但不限于书本学习、直播学习等多种其他学校形式。

6. 培训内容

6.1 企业战略、价值观、文化理念类培训。

6.2 管理技能培训：根据国家政策和企业发展策略，针对各级管理人员开展的管理技能、管理素质以及团队建设的培训。

6.3 专业技术培训：针对业务、技术人员的，不断提高其业务素质和技能水平而适应岗位需求和业务需求的专业培训。

6.4 法律法规及标准培训：对相关部门开展的国家相关法律、法规培训及企业政策的培训，以及行业新标准发布时，及时进行的新标准学习推广培训。

6.5 质量知识培训：由质量部门和用人部门对与质量相关的各级管理者和工作人员进行质量体系培训。主要内容为相关质量管理知识和岗位技能知识。质量体系审核人员与产品质量管理审核人员须按规定持证上岗。

6.6 环境和职业健康安全管理培训：由各单位安全管理部门和用人部门对与环境和职业健康安全管理相关的各级管理者和工作人员开展的培训。主要内容包括质量、环境、安全管理体系的相关知识；

续表

环境、安全运行的流程及管理规定；环境、安全法律法规基本知识；各岗位所要求的对应质量环境和安全知识技能等。具体内容及组织执行参见相关制度。

6.7 外语培训：针对有外语需求的岗位开展的外语培训，以满足岗位需求和国际化人才储备需求。

6.8 特殊工种/岗位：除接受全体员工培训内容外，还应接受以下培训：

6.8.1 环境和安全保护知识，本职岗位的工作技能培训；

6.8.2 本岗位在质量、环境、安全方面执行的程序和作业指导培训；

6.8.3 紧急情况下的反应、处理方法和防护措施培训；

6.8.4 国家或行业法规强制性要求的特殊岗位（如电工、电焊工、司炉工、叉车操作工、天车工、机动车辆驾驶、水处理、计量检定、质量环境和安全管理等）应接受国家认可的专业机构培训，并取得特种作业资格证书。

7. 培训规划

7.1 员工培训应以战略规划、业务发展需要、绩效提升和员工职业发展为导向，根据岗位职责和技能要求，从实际出发，强调针对性和实用性，注重实效；并贯彻学以致用、按需施教的原则，对偏离方向的培训予以严格制止。

7.2 员工的教育培训按人事管理权限分级负责，主要由培训部门负责和协调。业务部门、人力资源部门和财务部门共同负责职工教育经费的预算和控制；培训部门和各部门负责人共同负责员工教育培训的规划和安排。

7.3 培训需求调查：每年第四季度初，企业培训部门组织事业部进行下一年度的培训需求调查。根据企业战略发展要求、各部门业务要求及各岗位人员的能力与现实能力差距分析，通过访谈或问卷等形式分系统分层次对现有员工的培训需求进行抽样调查。

7.4 培训计划应层层编制，逐级评审批准后下发。

8. 组织实施

8.1 培训计划确定后，责任部门应做好培训的准备工作。内部导师制培训，应根据培训需求与学员情况于培训前完成课件的准备；外部顾问制培训，归口管理部门应于培训前进行培训供应商与培训师的甄选，填写外聘教师资格审定及授课酬金申报表（见附件四），报企业培训部门同意后方可执行。外派学习，应根据员工外培进修管理办法填写相关审批及报告，否则不予报销培训费用。

8.2 各级培训管理员负责培训前的准备工作，包括确定培训课件，下发培训通知，准备培训教学用具、器材与场地等，组织学员签到、维持课堂秩序并组织培训后的效果评估。

9. 培训评估

9.1 企业培训部门负责企业级培训的培训效果评估，各职能部门或事业部负责本职能部门或事业部组织培训的培训效果评估。

9.2 所有的企业内培训项目结束时，20人以上的培训由受训人的5%填写员工培训效果调查表（见附件五），20人以下的培训所有培训人填写此表，主要用于一级评估——反应评估。

9.3 培训的最终目的在于将培训的知识、技能转化、传播及应用。学员的直接主管是学员培训督导的第一责任人。培训结束后，学员应当制定将培训内容转化为工作技能的措施，并有责任将培训内容结合企业实际情况持续不断地应用于工作实践，提升工作能力，养成良好的工作习惯，进行工作改善并提升个人及企业绩效。

续表

9.4 培训成果转化由培训组织部门负责落实。在培训结束后,参训人员应填写培训内化跟踪表(见附件六),此表主要用于三级评估——行为评估,企业培训部门将定期进行抽查。每次培训抽取5%参训员工直接主管在一个月后使用培训效果跟踪调查表(见附件七),就学员培训效果转化情况进行记录,有必要的进行考核,填写完成后应向学员进行反馈并将两表归档。

9.5 培训后的一个季度内,企业培训部门及学员所在部门应检查培训成果转化情况。其中企业培训部门负责企业级培训的学员内化跟踪检查,各部门及事业部负责本单位组织培训的学员内化跟踪检查。

10. 培训资料整理与培训总结

企业培训部门每月8日前完成企业培训计划总结,对培训中存在的问题制订相应的对策措施,作为指导今后培训计划的输入信息。

11. 附则

11.1 本制度由××部门起草并解释。

11.2 本制度自下发之日起执行。

12. 附件(略)

附件一:员工培训管理程序流程图

附件二:月度培训项目计划

附件三:培训项目调整单

附件四:外聘教师资格审定及授课酬金申报表

附件五:员工培训效果调查表

附件六:培训内化跟踪表

附件七:培训效果跟踪调查表

附件八:参加培训人员考勤表

附件九:月度培训完成情况总结

附件十:培训请假条

2. 二级培训管理制度设计

表8-3 员工外培进修管理办法

1. 目的

为规范和促进企业培训工作持续、系统进行,明确员工外培进修的相关管理规定和程序,提高外派培训效果特制定本办法。

2. 适用范围

本办法适用于企业全体员工。

3. 相关文件(略)

4. 术语

4.1 企业外派培训

企业因发展和经营管理的需要选派人员到企业外参加由培训机构(培训企业、高等院校)或知名企

> 续表

业开展的脱产培训。外派培训分为国内培训和出国（境）研修，不包括员工参加国内外工作考察、商务会议和学术交流等出差项目。

4.2 学历及继续教育

员工参加全国各类大专院校全国统一招生考试而被录取的专科及以上学历教育或其他培训及教育，学历教育分为公派学历教育及自费学历教育。

5. 工作职责

5.1 企业人力部门是员工外培进修工作的归口管理部门。主要负责员工外培进修政策的制定与修订，外派员工外培进修计划制订、程序审核、培训考评、资料归档与费用管理。

5.2 企业财务部门是企业职能部门员工外培进修学习费用的监督、审核、核算与结算的归口管理部门。

6. 内容和要求

6.1 管理原则

6.1.1 内培优先原则

员工培训应优先选择在工作中培训，对企业内不能实施培训又确有需要开展的培训项目可选派骨干员工参加外派培训。

6.1.2 培训与岗位业务需求及企业培养方向相对应的原则。

6.1.3 企业外派培训本着先审批，再培训；先计划，再支出的原则，纳入企业年度培训计划统一管理。

6.1.4 公派学历及继续教育本着骨干优先、重点培养、专业对口、严格审批报名的原则，获得国家承认的学历教育证书后才能报销。

6.2 外培审批程序与管理细则

6.2.1 企业外派培训审批流程与管理细则

6.2.1.1 国内短期培训

6.2.1.1.1 费用审批流程

员工外培审批使用附表一：员工外培审批表。

6.2.1.1.2 培训后管理与费用报销

员工外培培训费、教材费列支培训费。住宿费、交通费等列支差旅费，其他费用一律由学员个人承担。外培进修人员结业后回企业有义务向同类专业的其他人传授所学知识。培训结束后，填写附表二：外培心得报告并将参加培训资料、已经批准的审批表一并交人力部门培训科。

6.2.1.2 国外研修与培训

员工国外研修或脱产培训，属企业批准的计划内项目的，员工外出培训前需到企业人力部门签订外培协议后，方可出国参加培训，否则出国费用财务不予报销。

6.2.2 公派学历与继续教育审批流程与管理细则

6.2.2.1 参加公费学历与继续教育条件

企业人力部门根据企业业务的发展需要，每年根据年度考评结果，推荐工作业绩突出、认同企业文化、企业重点培养的员工进行学历教育。参加学历与继续教育员工需符合相应条件。

6.2.2.2 申报与审批流程

由企业人力部门统一组织次年学历教育与继续教育报名，公派学历教育申报使用附表三：企业外派学历教育申报表。

6.2.2.3 培训协议与费用分担原则

6.2.2.3.1 员工外出培训前需按企业规定签订外培进修协议，明确服务期限与违约赔偿责任。员工外

续表

培签订培训协议使用附表四：员工外培协议书。

6.2.2.3.2　学历教育费用按照企业与个人共同分担的原则，费用管理办法如下：

学费：企业外派员工进修学历教育学费（含教材费）由个人先全部垫付。在学习结束后一周之内持录取通知书、课程表与成绩单、毕业证书等学员学籍档案资料到企业人力部门审验；审验合格后备案，登入个人培训档案，并办理报销签字手续后方可到财务报销。

其他费用（如住宿费、交通费）由学员个人承担。

6.2.2.4　公派外培考勤与工资

公派学历教育培训期间按原工资、福利水平发放工资，劳保福利待遇不变。培训结束后根据成绩按第6.2.2.3.2条规定进行相关费用报销。培训期间如遇学校放寒、暑假，学员应按规定回企业报到上班。

6.2.3　自费在职外培与学历教育审批与管理流程

企业鼓励员工个人利用业余时间自费继续教育。

如果长期脱产参加学历教育，需按《劳动合同管理办法》的规定程序与企业解除劳动合同。员工自费外培申请使用附表五：自费学历教育审批表。

6.2.4　培训结束的员工信息管理

员工培训结束后应到人力部门培训科将培训资料交回并备案相关证书。人力部门为外出培训员工建立员工培训档案，做好培训费用登记，修订学历和技能等级。员工培训档案使用附表六：《员工培训档案》。

6.2.5　服务期限调整

企业外派员工国内培训以企业支付费用为标准调整服务期限，自培训结束之日起计算。

若培训结束后剩余服务年限低于上述标准，则调整到协议服务期限标准，若剩余服务年限高于协议标准，则以剩余服务年限为准，服务期限不再调整。

7. 附则

7.1　本制度由××部门起草并解释。

7.2　本制度自下发之日起执行。

（附表略）

3. 三级培训管理制度

表8-4　生产组长工作指导手册

工作性质	工作项目	工作要求	分配时间
日常性工作	晨会	1. 集合时间 2. 会议时间 3. 会议内容	
	布置生产任务	1. 安排相关人员 2. 分配临时任务 3. 提前准备物料	

续表

工作性质	工作项目		工作要求	分配时间
日常性工作	巡线自纠	现场5S检查和整改	1. 确认物料 2. 生产设备拜访 3. 保持生产线无杂物	
		检查员工操作	1. 员工着装要求 2. 员工操作要求 3. 员工使用工具方法	
		检查作业标准适用性	员工操作是否与作业标准相符	
		填写首件确认记录表	1. 生产前的确认工作 2. 监督生产工作符合作业标准要求 3. 及时解决生产问题	
		检查设备、工装、工具状态	1. 设备检查 2. 易耗品请购 3. 及时保养设备	
		跟踪产品质量	1. 阅读作业标准，找出质量控制点 2. 及时掌握产品质量状况 3. 及时解决质量问题	
		提出工装需求	1. 提出工装需求的原则 2. 填写工装申请单	
		安全隐患排查	1. 发放上岗证 2. 生产设备防护 3. 特别注意设备保养过程	
		员工纪律检查	1. 员工着装符合规范 2. 工作时间符合员工手册要求 3. 考勤抽查	
	转线		1. 是否符合作业标准 2. 员工相互的配合	
	填写各种报表		1. 填写生产日报 2. 停线提交停线通知单	
	特殊注意事项		确认各种特殊注意事项	
	员工培训		1. 培训大纲、培训课件 2. 培训记录、培训考评	
	生产前准备	人	提前下发工作计划	
		机	前一天根据生产任务，确认设备、工具、工装状态，保证上线前无问题	

续表

工作性质	工作项目		工作要求	分配时间
日常性工作	生产前准备	料	前一天根据生产任务，确认物料仓库已经发料，物料员已经做好分料配料工作	
		法	前一天根据生产任务，确认作业标准、生产技术条件、评审，保证可以正确指导生产过程	
		环	前一天根据生产任务，确认生产线可否满足生产任务	
	跟踪订单	结尾前补料	订单结尾前，确认成品大致数量，发现物料不足，安排补料	
		结尾后退料	1. 物料摆放 2. 报废物料数量统计	
		结尾数量统计	1. 数量是否达到计划要求 2. 调查报废原因	
		订单异常延迟	1. 生产现场首件不通过、原材料质量问题、工程指导不正确、计划临时更改等情况下，订单不能及时关闭。需要将本单物料单独放置，清点数量，做好标识。 2. 如果三天之内可以继续生产的，物品可以留在生产现场。反之，则组织退料。 3. 订单异常必须通知计划员、部门经理和相关责任人	
	提出改善建议		定期总结复盘，提出改善建议	
	做员工绩效考核		1. 按照制度，考评员工 2. 调动员工积极性	

二、培训制度发布

编写完成的培训制度，经过相关单位会签和评审后再进行培训制度的颁布与实施。培训制度中涉及职工权益的内容，应提交职工代表大会（党委会、执委会、董事会等）审议通过后，在网上公示 3—8 天，收集整理反馈意见并对制度进行完善。

三、培训制度宣贯

为了保证培训制度的有效贯彻执行，确保企业各级培训管理机构及员工充分了解企业培训工作的各项规章要求，在培训制度颁布后，培训制度的宣传贯彻工作尤为重要。培训制度的宣传贯彻，不仅为了确保员工知晓培训制度，也为了在宣传贯彻时做好培训记录，让员工在阅读记录上签字确认，以保证制度的合法性、有效性。

四、培训制度备案

（一）培训制度的登记

培训制度的登记主要有以下三种情况：一是新文件的登记；二是废止文件的登记；三是试行文件变更登记。

（二）培训制度的清单及备案管理

文件归口管理部门应对已发布的培训制度及时备案登记，登记内容应包括文件编号、文件名称、流程图名称、模板名称及编号等信息。同时，对文件的有效状态需要定期更新并发布有效管理制度清单。

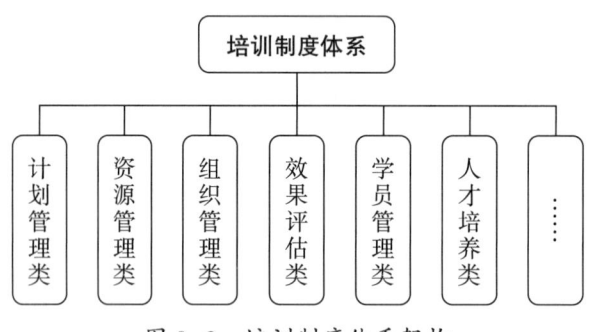

第三节　培训制度体系

一、培训制度体系架构

培训部门要建立适合企业的培训制度体系，确保培训制度的有效管理与实施。一个完整的培训制度体系通常包含以下几部分内容。

图 8-2　培训制度体系架构

二、培训制度分级管理

根据企业的组织管理模式，培训制度要分级制定。培训管理文件分为一级程序制度文件、二级管理办法文件、三级指导操作手册文件。一般情况下，不同层级的文件由不同的管理主体来制定并管理实施。

表 8-5　培训制度分级管理

文件级别	包含制度	作用
一级程序制度文件	《企业培训管理办法》《企业培训实施管理程序》	规范培训管理目标和培训流程
二级管理办法文件	《培训需求与计划管理办法》《培训课程管理办法》《培训讲师管理办法》《员工外培管理办法》《培训供应商及资源管理办法》《职工教育经费管理办法》《培训项目管理办法》《培训评估管理办法》《培训文档管理办法》《新员工培训管理办法》《技能培训与鉴定管理办法》《职业技能竞赛管理办法》等	规范培训实施管理
三级指导操作手册文件	《员工应知应会手册》《××工序操作指导手册》《班组长培训手册》等	规范培训操作管理

三、培训制度分类管理

在企业的培训制度体系架构下，培训制度可进行分类管理，分为计划管理类、资源管理类、组织管理类、效果评估类、学员管理类、入职培训类和继续教育类等。

表 8-6　培训制度分类管理

类别	相关制度
计划管理类	培训规划管理 培训计划管理办法（年度、季度、月度） 培训项目管理办法
资源管理类	职工教育经费管理办法 培训供应商管理办法 培训器具管理办法 培训基地管理办法 培训师资管理办法 培训课程管理办法
组织管理类	培训班级管理办法 员工外培管理办法 线上学习管理办法
效果评估类	培训效果评估管理办法 职工教育经费审计管理办法
学员管理类	员工培训考核管理办法 员工持证上岗管理办法 考勤管理办法 特殊工种管理办法

续表

类　别	相关制度
入职培训类	新员工入职培训管理办法 员工上岗认证管理办法 新入职大学生培训及实习管理办法
继续教育类	职工素质教育培训管理办法 学历管理办法 职称管理办法

第四节　培训制度合规管理

一、培训制度审查

在对培训制度的审查中，一般包含三个审查要素：一是标准化，审查管理制度的字体格式、结构、行文、术语使用、流程图等是否适用于企业管理制度规范；二是审批流程，审查制度审批是否完成、审批节点的控制以及审批职责是否充分发挥；三是文件内容，审查文件体系的完整性、流程的逻辑关系是否顺畅、管理要素是否完整、表格与操作模板是否可操作，文件内容的适宜性、管理一致性、完整性、可操作性等。

二、培训制度修订

培训部门每年或每半年对培训制度进行评审，按需制订修订计划，具体流程包括培训制度评估的启动、培训制度修订计划的提报与确认、培训制度修订计划的实施。

培训制度的建设包含新增、修订、调整归口部门、废止、保留等。其中，培训制度的修订及废止的判定标准如表8-7所示。

表8-7　管理制度的修订及废止的判定标准

评审结论	修　订	废　止
评判标准	（1）职能职责调整时 （2）组织机构发生变化时 （3）业务流程发生调整时 （4）经评审，制度的适宜性和充分性不能满足要求时 （5）文件所依据的标准发生换版时 （6）试运行制度期满，经评审认定修订时	（1）管理制度涉及的业务、组织机构、职能等取消或调整时 （2）管理制度级别由企业级管理制度调整为下属子企业级管理制度时 （3）管理制度与其他管理制度合并、转移时 （4）试行制度期满，经评审认定废止时

第九章
培训课程开发管理

　　企业无课程，全部靠外采，一般是小企业，有培训意识但无自培力。企业自我开发和外采课程相结合，那是具备一定的培训能力。企业的培训课程以自我开发为主，外采作为补充，这样的企业已形成自培能力，其学习生态已经形成。如何形成自我培训能力？培训课程开发就非常重要了！

本章导读

- 企业课程开发的必要性是什么
- 课程开发规划来源于哪些方面
- 课程开发管理包括哪几个环节
- 怎样根据能力构建学习的地图

企业自我开发的课程是非常重要的知识资产，是经过长期积累、企业独有或与员工共有的知识资产，是传承企业文化价值观的有效途径之一。最佳管理实践，是将先进适用的技术方法进行课程化，培育员工认同企业文化，提高工作效率等。这种知识资产需要经过统一的规划和管理，将零散的、碎片的知识，已有的先进管理文化与制度流程转化为系统的课程体系，作为培训的管理要素内容支撑人才培养体系。

第一节　培训课程开发的必要性

知识文化沉淀程度、自培能力水平高低、知识产权拥有数量等方面既是企业培训内涵与能力的体现，又是评价企业培训开展情况的关键指标。而这些指标可以通过培训课件的数量、质量及运用频次等评价要素来衡量。

一、沉淀知识体系，促进文化传承

任何一个好的企业，都有自己的文化精髓内涵，都有自己独到的管理体系、丰富的实践。知识可以传承，而传承靠文字书本，靠师傅言传身教。课程的重要性和价值在于此。

组织中有相当一部分员工具有丰富的实战经验。若不将其提炼和萃取出来，实现知识共享和传承，人才一旦流失，企业的经验资源也会随之流失。因此，课程开发的意义就是把企业人才身上的最佳实践和技能经验萃取出来，将重要的关键操作要点概括、精练，从特殊中提炼出普遍使用的内容，转化沉淀为企业的知识资产，实现隐性知识显性化，并通过培训使其复制到其他员工身上。

二、总结工作经验，提升员工绩效

课程开发并应用可以促进员工学习成长。精心设计的课程，基于企业的实际工作场景，一旦应用可以使学员把组织的知识内化为自己的知识，转变普通员工的行为、提升工作绩效、成长为优秀员工。

三、外部知识内化，提升员工技能

企业要发展必须引进先进的技术、方法、经验，谁去学、怎么学，一个人学或是大范围学，这些非常重要。学习和借鉴标杆企业的经验，又不能完全照搬，只有将其转化出来为我所用。适合的才是最好的，学习引入转化为内部课件，提升员工胜岗能力、技能经验并应用可以快速推进企业的发展。因此，企业一般都是先引入转化再普及，即"偷师学艺再自立门户"。也就是说，将外部课程引进来转化为适合本企业需求的培训课程，紧密结合企业的实际情况加以创新。

第二节　培训课程开发规划

一、制订课程开发规划

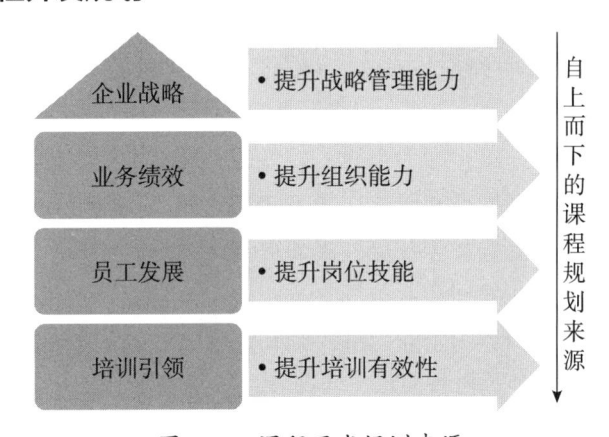

图 9-1　课程开发规划来源

"凡事预则立，不预则废。"课程开发规划需要翔实思考与规划，主要来源于四个方面，即企业战略、业务绩效、员工发展和培训引领。

1. 企业战略

在制订课程开发规划时，培训部门要以企业的发展战略为主导，抓住企业管理者的"眼色"，对企业管理者的期望、企业的情况、文化价值观、组织的战略、制度、流程结构、在行业内的竞争状况、培训背景进行了解；对企业战略进行调研，不但有助于在课程开发时体现出行业与企业的特点，实现与企业文化相匹配，与企业的流程制度相吻合，而且有助于拉近讲师与企业的距离，获得企业管理者的支持、讲师的认同、员工的认可。

2. 业务绩效

从业务绩效出发，课程开发规划要抓住管理者的"痛点"，即组织绩效差距的问题点。培训部门通过分析一个部门或岗位层级人员的业绩达成情况来了解培训需求；通常，有必要针对业务流程的薄弱环节以及那些业绩差异较大的员工，开发相应课程进行培训。培训管理者要对课程的实用性、有效性进行评估，不要期望全部培训需求都能覆盖，课程开发重点应解决核心能力问题。

3. 员工发展

课程开发规划要考虑员工自我发展的需要，了解学员的岗位要求、工作任务、工作内容、工作关键流程、所需工具方法和工作结果，确定行为标准和知识技能要求，分析学员能力与企业要求能力的差距，评估学员的学习意愿和学习能力，基于岗位技能标准和项目任务执行的能力要求进行课程规划。

4. 培训引领

企业全年的培训计划，由一个个培训项目组成。培训项目包括培训目标、课程设置、讲师选用、培训手段、具体实施、效果评估与反馈等要素。课程开发是培训项目的组成部分，必须完全服从和服务于培训项目的要求，也就是说，培训项目要引领课程开发规划。基于培训项目计划的课程开发，必须做到课程内容的安排与取舍、教材的编写与选用、培训方法的确定与实施、培训形式的选取都要与项目的总体目标和要求一致。

培训是以学员为主体，以讲师为主导，以教学内容为主线，针对组织要求的态度意识、基础知识和工作技能的标准和要求，通过知识让渡、技能训练、考核评估等综合技术手段来改变个人行为、提升员工技能，进而提升组织绩效的系统工程。所以，课程的选取必须与战略发展、人才发展和业务场景等相关。与企业绩效相关度不大的课程，尽可能不选择，这是培训部门组织企业内部讲师和课程大赛的基本原则之一。同时，课程主题的选择有以下几个原则：覆盖面广、重复率高、重要程度高、业务紧急程度高，而且有合适的人员开发和讲授。

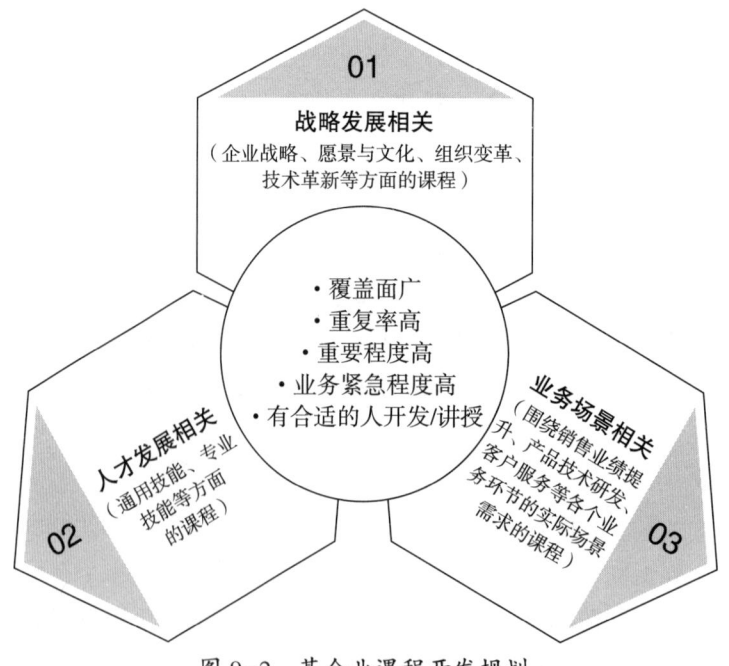

图 9-2　某企业课程开发规划

表 9-1 以业务场景为基础的课程开发规划

序号	职位类(任职资格序列)	职位子类(任职资格子序列)	能力单元	能力要素	课程开发时间(3年期计划) 2026年	课程开发时间(3年期计划) 2027年	课程开发时间(3年期计划) 2028年	适用对象(根据能力要素集中度划分课程适用的管理人员/专业技术人员等级) 管理人员职级	适用对象 专业人员等级	组织分工 牵头单位	组织分工 执行单位	课件盘点(现已有PPT课件需标明)
	对应课程大类	对应课程子类	对应课程名称	对应课程大纲	2026年	2027年	2028年	管理人员职级	专业人员等级	牵头单位	执行单位	
1	人力资源系列课程	培训发展	《企业培训体系搭建与资源整合》	(1)培训体系建设 (2)流程与制度建设 (3)知识库建设及管理		☑		副总监级及以上人员	四级及以上专业技术人员	培训部门	—	
2	人力资源系列课程	培训发展	《基于任职资格的课程开发》	(1)基于任职资格的培训发展体系 (2)任职资格标准及应用设计 (3)具体课程开发设计	☑			经理级及以上人员	三级及以上专业技术人员	人力资源部	—	
3	人力资源系列课程	培训发展	《讲师培养与课程开发》	(1)内部讲师选拔及培养 (2)内部认证及动态评价 (3)课程建设方案设计及方法辅导			☑	主管级人员	二级及以上专业技术人员	培训部门	—	

二、编制课程开发整体计划

在课程开发规划完成后,培训部门要制订课程开发整体计划,确定课程开发的主题、目标、课程开发组织结构和开发计划等。

（一）明确主题

明确课程主题，需要进行课程分析和课程目标的设定。课题分析的目的，是通过"为学习者定位"，建立内容与学习者之间的连接，建立内容和业务之间的连接，包括业务目标确定、业务问题的分析和课程整体策略与信息的整理。打磨课题可以帮助我们最终确定课程内容的范围、重点和方向。课题分析后，需要考虑并总结一个问题的答案，即"这个课程到底能给学员带来什么收获"。这个答案就是基于课程分析写出来的课程目标，课程目标体现出课程核心价值。

1. 课程分析

课程分析的流程，大概可以分为五步，即明确方向、收集问题、整理问题、分析问题和确定主题。

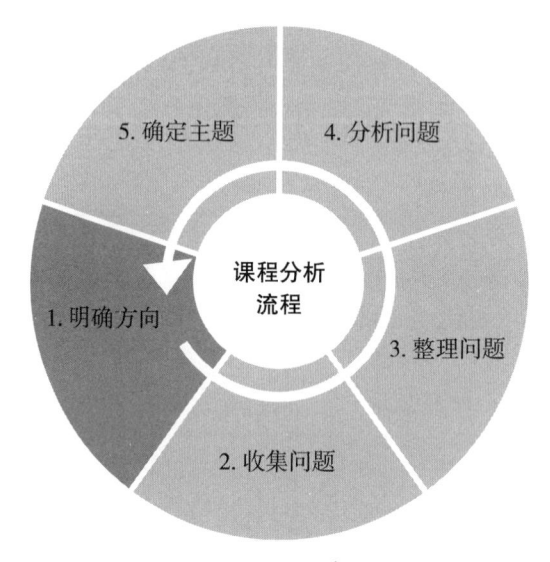

图 9-3　课程分析流程

2. 确定课程标题

标题就是课程题目，是所有课程内容的概括。课程主题确定之后，为了让课程更加切合学习者的需求，更加鲜明突出，我们有必要对主题进行进一步的界定，最终确定课程的标题。确定标题时要考虑以下两方面：一是标题要写实。"实"指的是实际操作，关注"应用"。例如，可以把"×××产品的简介"改成"×××产品的基础知识及操作实务"。二是标题要更聚焦。课程标题既要有内容，又要有对象。内容要具体、对象要聚焦。例如，《新员工五步成才法》，让课程更加聚焦于培训师的业务技能。

课程标题的总体原则是对象和内容，如果是商业课程还可以把课程方式加上去。当然，为课程取名有很多种方式，常见的有聚焦内容法、形象类别法、数字法、子母法、语言文字法（成语、双关、谐音、对仗等）以及综合法……大家记住一点，好的课程名称非常重要，是吸引和抓住学员的第一个法宝，所以大家要花时间好好为自己的课程设计一个好名字!

(二)确定课程开发目标

培训课程必须有明确清晰的课程目标,这是课程开发计划的起点和依据。课程目标是培训活动的出发点和归宿,是学习完某门课程后应当达到的标准与效果,一般由胜任能力要求、岗位工作标准要求或需要解决的问题决定。对此,课程开发人员有必要分析以下问题:学员想学什么?学员该学什么?讲师能教什么?讲师会教什么?学员的优劣项在哪里?

1. 课程目标的基本要素(ABCD 模式)

制定课程目标时要考虑课程的类型、课程的具体内容、课时长度、学员的理解与操作能力。包括四个要素:

A(对象 Audience):阐明教学对象。

B(行为 Behaviour):通过培训后学员能做什么,行为有哪些变化。

C(条件 Condition):说明学员上述学习行为在什么环境、什么条件下产生。

D(程度 Degree):达到要求行为的程度和最低标准。

2. 课程目标的类型

企业的内训课程更多地关注受训者对知识、技能的掌握,培训知识、技巧的应用以及行为和业绩的改善,最终为企业的业务带来影响和回报。不同类型培训的课程目标各有其特殊性。相应的课程类型和不同的学习水平特征如表 9-2 所示。

表 9-2 不同课程类型的目标分类

课程类型	学习水平分类	特征
A(Attitude)观念态度类课程	接受或注意	接受或注意某些事件或活动
	反应	乐意、热爱以某种方式加入某事,以做出反应
	评价	根据一定标准做出判断
S(Skill)技能类课程	感知能力	根据环境刺激做出调节
	体力	基本素质的提高
	技能动作	进行复杂动作
	有意交流	传递情感的动作
K(Knowledge)理论与知识类课程	了解	对信息的回忆,多指概念、情况
	理解	用自己的语言解释信息,知道原因
	运用	将知识运用到新的情景中
	分析	将知识分解,找出关系
	综合	重新组合知识

（1）A（Attitude）观念态度类课程

观念态度类课程侧重于让学员转变态度，接受并认同讲师提出的观念，从而实现行为转化进而内化为其价值观。

（2）S（Skill）技能类课程

技能类课程比较关注技能的掌握，可能涉及理解、模仿、简单应用、熟练应用这样几个阶段；对于技能类课程要将希望获得的技能转化为目标，并尽量用定量的语言叙述，以便可以评估个人和企业应做到何种程度。

（3）K（Knowledge）理论与知识类课程

理论与知识类课程侧重于要求学员从记忆到理解，从简单应用到综合应用，最终实现创新应用。

3.动宾结构展示目标

书写目标需要使用动宾结构的语言表达方式，让培训目标更清晰、可衡量。"了解""掌握""明白""学会"等词义过于模糊，在书写培训目标时应尽量避免使用。

此外，培训目标不宜过多，3个至5个即可。过多的培训目标，难以达到讲师教学设计实施的效果。总体来说，可以使用3个至5个动宾结构，展现课程的目标。

（三）课程开发组织管理和开发计划

确定课程开发目标后，还要明确课程开发组织结构。课程开发组组长，一般由目标学员所在的业务部门的管理者担任，主要职责是提出项目要求、选择安排内部专家参与、负责最终课程的验收。开发组组员一般是由理论专家和实践专家两部分组成，主要职责是提供相关专业理论和内部最佳实践。培训部门的课程开发负责人或者教学设计师的主要职责是管理整个课程开发项目，对课程最终交付负责。

课程开发计划包括立项审批、调研访谈、确定开发任务书、课程开发、编写相关文件、培训实施、课程转移与内化7个阶段，各阶段要按计划完成时间输出相应的阶段性成果。

表9-3　课程开发计划

课程名称：			培训对象：		
课程开发部门：			接受培训部门：		
课程开发组织结构	项目角色	姓名	本人签字	主管领导签字	备注
	开发组组长				
	开发组组员				

续表

	课程开发各阶段工作内容	阶段性成果	计划完成时间	备注
课程开发计划	1. 立项审批	课程开发立项审批表		
	2. 调研访谈	课程需求调查报告		
课程开发计划	3. 确定开发任务书	课程开发任务书		
	4. 课程开发	课程大纲及内容确定		
	5. 编写相关文件	PPT、教案、学员教材、案例集		
	6. 培训实施	课程优化版本		
	7. 课程转移、内化	内部讲师成功授课		
课程更新周期：				
培训部门意见：				

三、培训课程开发设计

培训课程设计目的是按照一定的逻辑关系将课程内容进行组织与合理安排，形成独立的课程，并对课程的重点、难点进行分析，对时间进行合理的分配。课程设计时重点要从客户的需求、项目的安排、形式的需要、资源的情况几个方面考虑，特别要注意的是课程为培训项目的总体目标服务。

（一）培训课程设计思路

1. 严密逻辑型

严密逻辑型课程适合逻辑性强、系统性好的课程，能体现出较好的理论性，适合初级培训或规范性内容的教学，但不能快速激发学员的学习兴趣。

2. 经验萃取型

经验萃取型课程通常先深入剖析、展现真实情景、分析情景优劣，再明确做法及要求，进行相关技能训练。它形象、直观、引人入胜，易于激发学员学习兴趣和学习参与度，有利于帮助学员自我发现问题，引导学员积极思考、主动学习的优点。但它的逻辑性和系统性不足，不适用于新员工和没有相关经验的员工。

（二）培训课程设计原则

1. 目标性

内容设计要针对需要解决问题、明确目标等，在深入分析的基础上，从不同角度审视内容，考虑培训对象独特的需求，从中提炼形成课程的主要观点。课程理论的选取包括：基本概念——准确定义；经典理论——适当选取；问题分析——有理有据；主要观点——总结提炼等。无论选取何种理论，一定要以适用为原则，要有针对性。

2. 专有性

优秀的内训课程建立在对培训内容进行清晰规划的基础上，要求与企业生产经营实践保持密切的联系，符合经营发展趋势，包括岗位的实践及形式，包括做什么（what）——概念和原理，怎么做（how）——技巧和方法，为什么（why）——目的和理由。比如，制度文化、质量文化、精神文化这类涉及文化渗透、核心价值观和行为标准的企业文化课程，都是企业专有的课程。

3. 实战性

好的课程应从企业生产经营的现实角度出发，紧紧围绕企业的需求设计。课程要系统总结实际工作中遇到的典型问题、常见问题，并尽量给出解决这些问题的可操作性方法，尽量多向学员提供面向日常工作的实际操作流程和评价标准。课程开发只有考虑企业生产经营与学员工作实际的结合度，才会真正受到企业和员工的欢迎，课程也才能经久不衰。

（三）课程结构

课程结构，就是课程的提纲和主干。课程结构能够梳理清楚课程内容和标题之间的内在逻辑以及讲师的授课逻辑。建立课程的层次和逻辑，是课程结构实际的核心工作。设计好课程的整体脉络，对讲师在课程讲授过程中的思路有积极影响。

在这个阶段，我们必须关注三个重要层面：课程模块、课程的知识点和知识点的内容。课程模块指的是课程的"章节""段落""部分"，课程的知识点是指模块中包含的核心要点，知识点的内容则是知识点中包含的具体内容。模块与模块之间可以按照逻辑顺序进行调整，同一个模块下的知识点之间也可以进行调整。每个知识点的内容可以展开，除概念的展开是一段文字外，其他知识点都应该有内容框架。

1. 课程结构的金字塔原理

课程结构设计要符合金字塔原理，金字塔原理是一种重点突出、逻辑清晰、层次分明、简单易懂的思考方式、沟通方式、规范动作。

金字塔原理的结构是：结论先行、以上统下、归类分组、逻辑递进；先重要后次要、先总结后具体、先框架后细节、先结论后原因、先结果后过程、先论点后论据。

课程结构设计，首先要确定总的论点和课程主题，列出分论点或几个部分。在分论点或部分中，下面又分几个层次，在每一个从属论点或层次中，列出具体材料的要求，并进行合理的时间分配。

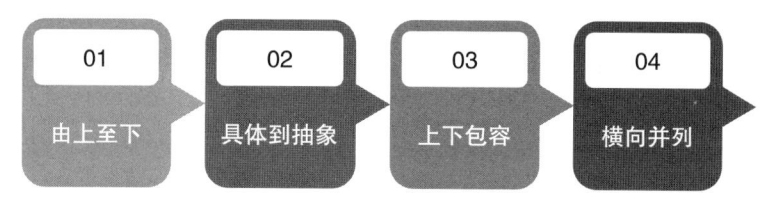

01 由上至下　02 具体到抽象　03 上下包容　04 横向并列

图9-4　课程结构的金字塔原理

2. 课程结构

逻辑结构顺序，通常包括"要素型结构顺序""流程型结构顺序""WHAT/WHY/HOW型结构顺序"。

（1）横向结构

要素型结构顺序，又称横向结构。在培训时间有限，又需要普及性了解时，可以采用横向结构。横向结构的标题要贴切，浓缩为几个"必须知道"的观点，对"必须知道"的各个观点加以解释、强化和训练。

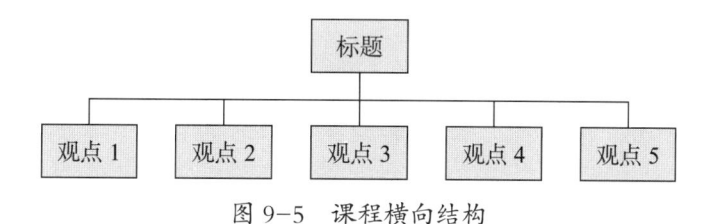

图9-5　课程横向结构

（2）纵向结构

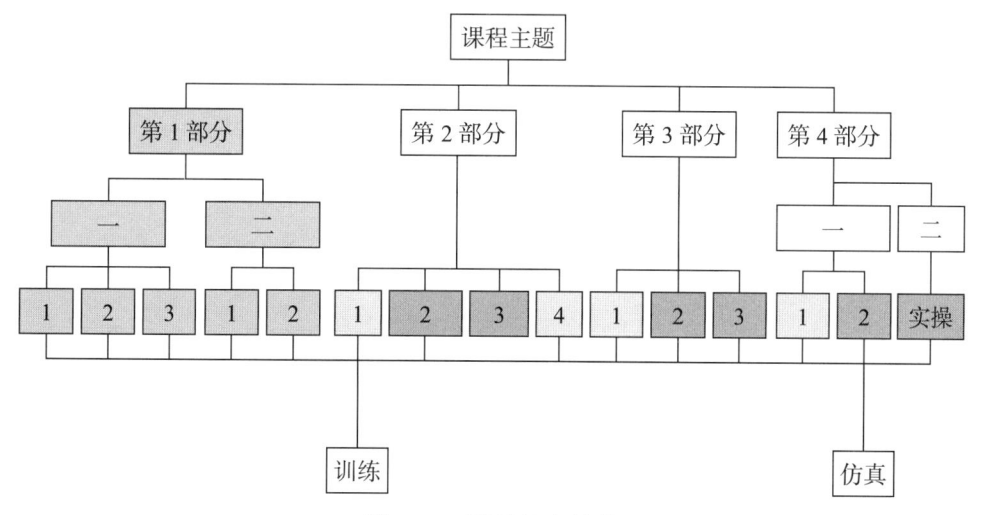

图9-6　课程纵向结构

流程型结构顺序，又叫纵向结构，就是把内容按照事物发生的先后顺序连接起来。简单来说，流程型结构顺序是按照操作步骤或时间先后等来安排内容的，多用于可操作性比较强的内容。如需要对某一方面内容进行深入解析时，可以采用纵向结构。具体观点表达可以采用归纳法和演绎法。

第一，归纳法：从具体事例开始，通过逐步论证，最后得出结论。

第二，演绎法：先得出结论，然后通过举出事例等方式予以证明。

3. WHAT/WHY/HOW 型结构

WHAT/WHY/HOW 型结构顺序，也叫 WWH 型结构，是按照解决问题式的推进过程进行内容排序的课程结构和顺序。它适合大多数课程结构的搭建，是一种通用的课程结构顺序。WHAT/WHY/HOW 型结构顺序多用于搭建注重学习者心态转变的内容，这些内容或容易引起争议，或需要让学习者更加重视。

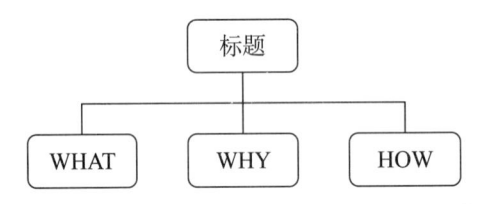

图 9-7　课程 WHAT/WHY/HOW 型结构

4. 组织思路

课程设计时，要注意"回顾"动作。每一块内容，都可以采用此种结构，用清晰的课程内容逻辑，串出局部与整体的关系，延伸内容可整体放在最后一部分，如图 9-8 所示。

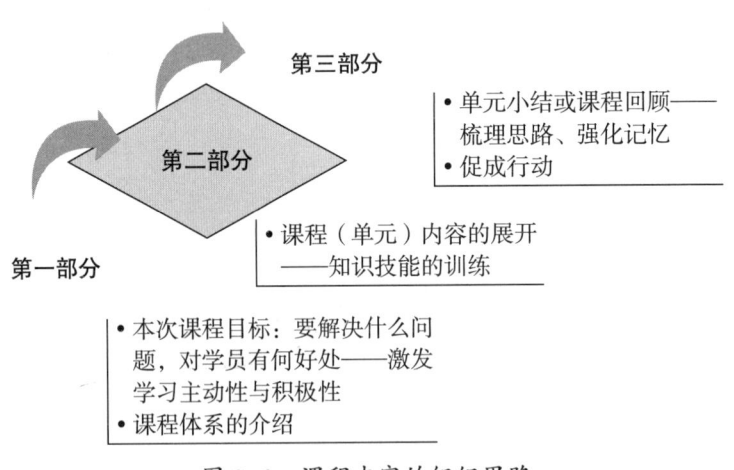

图 9-8　课程内容的组织思路

（四）互动设计

培训课程采用何种教学手段与方法，培训课程的时间规划，是在做课程设计时必须考虑的内容。

1. 符合成人学习规律

成人学习注意力易分散。培训课程应该摆脱以往单纯的讲授式，应引入多种灵活的互动方式，让学员更多地参与，充分调动学员的学习积极性，让学习充满乐趣。以"理"说"理"这种方式，效果是最弱的，要注意课程的内容线与学员的理解线两线并行，理性与感性相结合，这样有助于内化态度的转变，提高知识的吸收量，增强能力的提高度。常用的培训方法如图9-9所示。

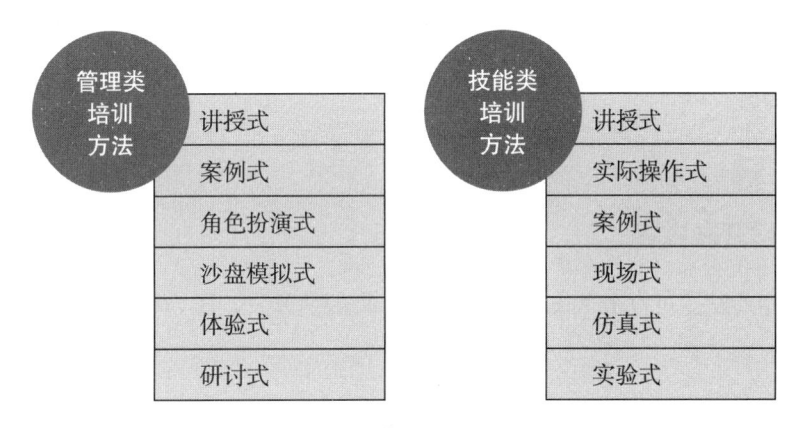

管理类培训方法：讲授式、案例式、角色扮演式、沙盘模拟式、体验式、研讨式

技能类培训方法：讲授式、实际操作式、案例式、现场式、仿真式、实验式

图9-9　常用培训方法

这些培训方法使培训课程的现场变得活跃。任何培训方法一定是为内容服务的，优秀的内训课程是在内容的基础上，体现成人学习的特点，选取与培训内容紧密贴合的、灵活多样的培训方法。

最简单最常用的互动方式是提问法。传统提问方法是就某个知识点进行提问，由学员回答。若要增加课题趣味性，帮助学员快速学习知识点，可把课程需要掌握的知识点设计成小卡片。讨论法，是持久耐用的互动方式。可以就某一个有争议的话题或有价值的案例，让学员在讨论中达成共识并从中受到启发。

2. 根据培训类型选择

选取培训方法时要特别关注传授知识的效率、知识和技能的巩固度、学员的参与度、学员解决现场实际问题能力的提高程度，关注提高学员各方面的能力，包括操作能力、动手能力、解决实际问题的能力等。态度类课程的教学最好是情境，让学员讨论，自己呈现；技能类课程的教学强调反复练习和强化，讲师要示范、分解，学员要模仿、练习；知识类课程的教学要强调对知识进行归纳分类，不断重复。考试是检验知识是否掌握的重要方法。

3. 根据学员具体情况设计课程

若培训对象是分析型学员，则培训采用讲解法、示范法、案例分析法、演练法。若培训对象是感性型学员，则采用故事法、游戏法、讨论法、演练法比较合适。

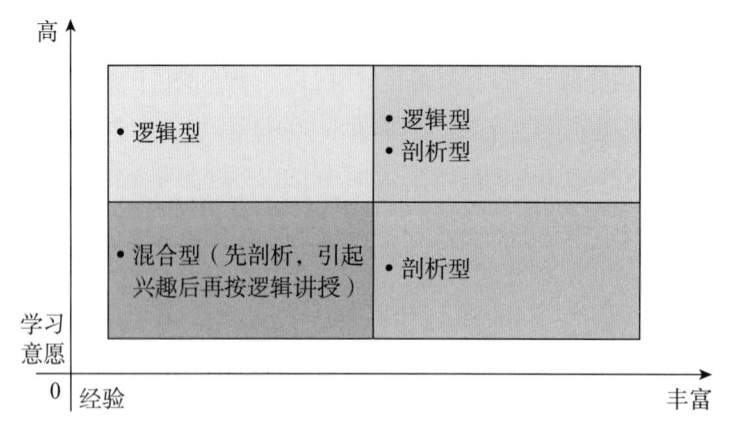

图 9-10　学员类型

四、课程开发内容

课程内容开发，可以分为知识点的开发、案例的开发、学习活动的开发和破冰游戏的开发等。

（一）知识点的开发

知识点开发遵循 4 个原则，分别是专业、权威、简洁、清晰。专业就是说我们在进行知识点开发的时候一般要有理论基础，来自经典权威书籍和日常实践，这就要求培训师平时要多读书，厚积薄发，内容为王。权威就是借用专家、名人名言。简洁就是简单，易于传播。清晰就是明了，无歧义。

（二）案例的开发

案例教学法的操作步骤如下：

第一，读案例，确保理解一致。由讲师或者学员来读一遍案例，确保所有人节奏一致地了解案例，避免让学习者自己看案例。

第二，提出问题，确保学习者理解。讲师需要确保学员了解所要讨论的问题，并且保证学员讨论范围在规定范围内。

第三，主要讨论，分工明确。各小组讨论时要做好角色分工，组长、分享者、记录者要职责明确。

第四，讲师观察和走动，关注学习者态度和进度。学员讨论时，讲师要走到教学区内，在每个小组之间走动，聆听学员分享的内容，观察各小组的讨论进度，为最后的总结点评做准备。

第五，提醒时间。其间讲师要提醒时间，确保各小组在规定时间内完成讨论任务。

第六，组织分享，聆听和提炼。这个环节非常考验讲师的聆听能力和归纳总结的能力。

第七，总结回顾。总结回顾从以下三方面开展：就学员分享的内容进行点评；展示讲师事先准备好的解决方案，讲解方案的依据；提炼总结出"底牌"，并进行论证。

（三）学习活动的开发

学习活动有两种类型，即破冰游戏和主题性活动。破冰游戏，主要用来活跃课前气氛。暖场、小组破冰等，是让学员迅速进入学习状态的一种活动。而主题性活动，则是围绕主题，引导学员去解决问题。

1. 学习活动的开发原则

学习活动要遵循重点讲聚焦问题、精练、把控好时间三个原则。

2. 学习活动的分类

主题性学习活动可以分为四种类型。

（1）问题讨论型

给大家举个例子：每年高温时期，企业该发防暑降温用品了，但是每次关于领取地点安排、搬运分发、满意度方面总会有一部分抱怨的声音，请各小组用5分钟时间讨论，最后给出本小组认为最重要的三个问题和对应的合理化建议。通过先抛出一个问题让大家进行讨论并得到结论，这是问题讨论型。

（2）技能演练型

技能培训、工具操作、使用规程等课程通常适合这种类型。

（3）案例分析型

通过有代表性的案例，让学员进行分析、归纳、总结，自己得到结论或者解决方案的学习活动就是案例分析型。

（4）成果展示型

顾名思义，就是学习活动后把学习成果加以展示。有些企业会组织一些插花培训，通过老师的教授，让学员自己动手插花，并把自己的作品向大家做展示和讲解，这就是一个最简单的成果展示型的学习活动。

（四）破冰游戏的开发

一个课程内容设计，不仅包括知识点的开发、案例的开发、学习活动的开发，而且为了更好地活跃氛围，提升课程气氛，课程开发人往往会增加一些与课程内容无关但有助于提升课堂氛围的破冰游戏。比如，培训开始的破冰游戏——老师说、乌鸦和乌龟、战斗准备、培训支持、寻人游戏、自画像等。

五、培训课程包的制作

课程包的制作标准化、规范化，可以提高企业课程开发的能力和培训的有效性。课程包具体包括 PPT 编写、课程简介编写、讲师手册编写、学员手册编写和案例编写等。

（一）PPT 编写

PPT 是讲课的主体材料。好的课件，可以更好地辅助讲师的教学。设计课件时，首先考虑的是遵循层次分明的逻辑顺序。其次要提升课件的视觉化效果。具体如下：

1. 字体

字体原则上要醒目、易读、大小适中。建议字号最小不低于 20 号。重点内容字号大，反之亦然。课件中的字体最多不超过三种，建议使用思源字体（思源宋体、思源黑体等）或其他没有付费版权要求的字体，避免在大型培训过程中出现官网发布图片而侵权等问题。若在企业内部或不商用的情况下，可参考使用微软雅黑、华文宋体等让人们感到严谨与厚重的字体，投影的效果比宋体更加清晰。

2. 颜色

颜色是用来刺激视觉神经的，一般用浅色底深色字或深色底浅色字。图表中标注颜色要鲜艳，与列文背景色保持一致。

3. 图表

字不如表，能用图表来表达的内容绝不用文字呈现。图表要置于核心的位置，做到图有深意，表有依据，说明文字尽量少，将重点放于图表。图表的颜色要鲜明。

4. 标题

标题要明确，可通过放大加粗、改变颜色、加上背景颜色、设定动画效果、放在特殊位置等方式来凸显主题。

（二）课程简介编写

课程简介的内容包括培训目标、培训对象、培训大纲、培训时间。

1. 培训目标

期望达到的目标。做好需求调查、划分学员技能水平。

第一，入门：没经验，也意识不到自己缺乏的知识。

第二，新手：有一些经验和意识，但几乎不具备知识和技能。

第三，有经验：在专业方面具有某种水平，需要实践或知识来提高。

第四，专家：知识渊博，技术高深，但无法表达自己知道什么和如何完成任务，其知识处于无意识阶段。

2. 培训对象

在书面描述时，不必详细描述学员的具体特征。

3. 培训大纲

课程大纲给出课程内容和学习方向，主要遵循以下几点：确定培训主题、目的；为培训的提纲设计一个框架；列出每项所涉及的具体内容；修改、调整内容。

4. 培训时间

课程的教学时长。根据成人学习原理，成人一般只能保持 15 分钟至 20 分钟的专注度，所以一个知识点或者教学活动应控制在 20 分钟左右。

表 9-4　课程简介模板

×× 课程
课程特色： ■ ■
适用学员： 课程时长： 通过课程的学习，您将： ■ 了解 ■ 掌握 ■ 运用
第一单元： ■ ■ ■
第二单元： ■ ■ ■
第三单元： ■ ■ ■

（三）讲师手册编写

讲师授课的指导手册，包括开场设计、目的与重要性、授课的具体步骤、主题内容、结尾等内容，是其他人员理解和掌握课程的重要材料。

第一，开场设计：所有开场应包括 PIP，即 Purpose（目的），Importance（重要性），Preview（预览）。

第二，目的：培训的原因。

第三，重要性：为什么要达到这个目的？

第四，授课的具体步骤：对培训的结构、方法、主要内容的大概介绍，让学员了解培训的整体。

第五，主题内容：一般包括理论知识、相关案例、测试题、游戏、故事。

表 9-5　讲师手册模板

×× 课程讲师手册				
课程名称		课程时长		
课程对象		编写人		
课程目标	1. 了解： 2. 掌握： 3. 运用：			
课程讲解	对每一张 PPT 做现场讲授内容设计，内容需包括： 1. 讲授逻辑：明确内容呈现的先后顺序；上下 PPT 之间的承转要点。 2. 讲授内容：核心观点与剖析要点；举例与故事完整呈现，案例统一放入案例库模板。 3. 手法提示：问与答环节的问题呈现，答疑与点评要点呈现，各类手法的口令要求呈现。			
课程内容	课程讲解		教学手法	教学时长
（PPT）	各位同事，早上好，首先，我先做一下自我介绍：（介绍自己的经历），今天想跟大家共同探讨的话题是…… 本课程的目标是……			
（PPT）	现在大家来看一个视频，在看视频的过程中同时思考一个问题…… 好，现在有哪位同学想要和我们分享一下……			
（PPT）	下面请各位同学打开自己的学员手册第 × 页，我们来做一个小练习……			

（四）学员手册编写

学员手册是学员培训时使用的文件，包括明确的学习目标、课程的基本结构、课前的预习任务（如准备课堂讨论的案例）、合理应用活页（通过活页的发放缩短与学员的距离，激发学员学习兴趣）、培训中需进行的案例分析、互动活动等的详细说明、课后练习等。

（五）案例编写

案例是发生在教学中某个方面含有丰富信息和意义的一个事例。完整的案例一般包括背景、事件、问题、解决方案、启示与反思、点评六大要素；分主题型案例、综合型案例、研究课题型案例三类。案例设计时要注意：

第一，具有真实具体的情节，同时蕴含至少一项管理问题和决策。

第二，做好案例选题，广泛收集案例素材，尽量使用企业和学员身边的真实情境或案例。

第三，精心思考创作，进行情景的创造，要有悬念的设置，引发意境，创造思考。

第四，要突出对事件中矛盾、对立的叙述，也就是彰显案例的主题。

第五，要有一个从开始到结束的完整的情节，不能是对事件的片断的描述。

第六，叙述要具体、明确，让案例的阅读者像身临其境一样感受着事件的进程。

第七，要反映事件发生的背景，把事件置于一定的时空框架之中。

表9-6　案例开发模板

案例笔者		所在部门	
案例名称		案例来源	□原创　□改编　□经典
案例角度		案例篇幅	□长篇　□中篇　□中短篇
案例背景			
案例内容			
案例评析			

（六）学习活动集开发

学习活动集是课程开发人员将学习活动的步骤文字化和集中化呈现的材料。学习活动集开发时可以按照学习活动操作模型进行操作，即一个完整的学习活动，包括设置、学习、建构、考核。

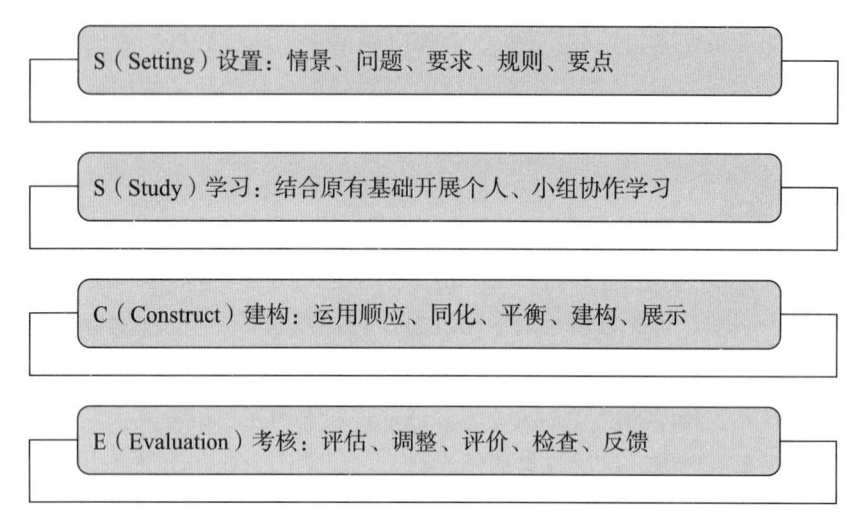

- S（Setting）设置：情景、问题、要求、规则、要点
- S（Study）学习：结合原有基础开展个人、小组协作学习
- C（Construct）建构：运用顺应、同化、平衡、建构、展示
- E（Evaluation）考核：评估、调整、评价、检查、反馈

图 9-11　学习活动开发的 SSCE 模型

关于课程包的交付标准，最好根据课程的需要设定。对于影响范围广、培训次数多的课程，如企业文化、战略管理等课程，需要详细、完整的标准课程包；对于影响范围小、培训次数少的课程可以适当降低交付标准，如产品工艺开发等部门专业技能课程。

第三节　培训课程系统管理

一、课程分类管理

（一）课程类别管理

1. 管理序列课程

企业如果已建立本企业的领导力模型，可针对性开发匹配的管理类课程，也可以引入行业内较为成熟的管理类课程并逐步根据企业特点内化，管理类课程宜"精"不宜"多"，可根据管理人员的层次划分，设置初级、中级、高级的进阶管理课程等。

2. 专业序列课程

企业的销售代表、生产管理人员、研发人员、项目经理等专业技术人员，他们的工作特点是同样的工作任务遇到的情境会各有不同，这就要求他们必须具备跨情境迁移的能力，可采用岗位知识图谱、工作任务分析法来构建课程体系，根据岗位活动所需必备知识和基本技能，规划精细化程度较高的课程。例如，在业务推广和运维阶段，对营销人员规划"新产品销售""新产品服务"等课程。

> **小贴士**
>
> 工作任务分析法，是对工作任务和职业能力进行分析的方法。工作任务分析是课程开发的一项关键性工作，目的是将一个职业分为若干个职责，再将每一个职责划分为若干个任务，从而确定各个职责所对应的综合能力和各项任务所对应的专项能力。

3. 通用序列课程

通用序列课程包括企业员工通用能力提升、基础职业素养提升、标杆企业先进实践学习等。这类课程的培训需求数量非常大，企业如果完全依赖外部采购，所需投入费用较高，所以这类课程内化后降本增效效果明显。还有企业独特的、不可或缺的企业文化类、产品介绍类等课程，都需要组织内部专家进行系统的课程开发工作。

（二）课程开发方式管理

外包开发、内外结合、自主开发是课程开发常用的三种开发模式。

1. 外包开发

外包开发是指把企业课程开发项目委托给外部咨询机构、学术研究机构或者专家个人负责开发的一种组织形式。这种形式要求企业具有良好的项目管理能力，这样才能把外部专家和内部人才有机整合，开发出高质量课程。

2. 内外结合

内外结合是指内部专家和外部教学设计专家共同开发课程的一种组织形式。具体的组织方式是外部教学设计专家指导内部专家开发课程或负责相关开发文件的整体制作。这种开发模式内容的前提是内部有理论专家和实践专家，开发内容与内部讲师本职工作相关，挑战在于组织难度大，要求内外部专家多次集中研讨。

3. 自主开发

自主开发是指把企业课程开发项目委托给内部专家进行开发的一种组织形式。这种形式的优点是成本低，缺点是内部专家缺乏开发能力，开发质量不高。如果采取这种开发方式，需要有能力非常强的课程开发项目负责人进行指导、管理协调。

以上三种开发模式各有利弊，企业需要分析开发课程内容特点、内部是否有实践专家、是否有良好的课程开发管理能力、是否具备课程设计师来确定，具体选择的策略如表 9-7 所示。

表 9-7 课程开发模式对比

开发模式	优 点	缺 点	适用条件	适合课程
外包开发	内容专业程度高 管理简单	与内部结合不够 成本高	内部不具备良好的课程开发能力	外部理论知识和行业经验丰富，内部缺乏相应课程，如领导力课程

续表

开发模式	优点	缺点	适用条件	适合课程
内外结合	内容针对性和课程标准化程度较高	组织难度大	内部有专家 项目经理非常重要	专业课程，包括专业知识、流程、制度、初级专业技能、销售、服务、生产管理等课程
自主开发	成本低，符合内部实际情况，更能有效解决问题	课程质量不受控	内部讲师具备课程开发经验，有良好的课程开发管理能力	初、中级专业类课程，如生产、服务、产品销售、专业技术等

二、培训课程认证管理

为做好各类课程质量控制、课程难度等级划分及课程内容覆盖度检查等工作，针对已开发完成的各类课程，企业需设计严谨的评审流程对课程进行认证管理，以专业类课程认证流程为例，认证流程一般如下：

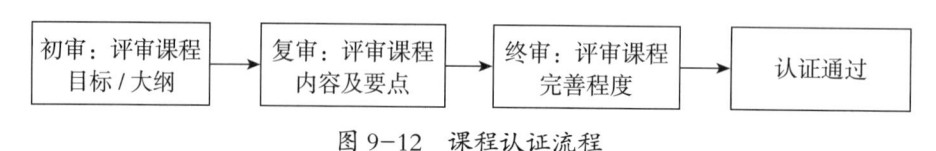

初审：评审课程目标/大纲 → 复审：评审课程内容及要点 → 终审：评审课程完善程度 → 认证通过

图 9-12　课程认证流程

（一）课程初审

课程初审由课题领域的专家和培训领域的专家共同评审课程的目标，解决学员的学习动机问题（态度层面），也就是为什么要学习本课程。评审标准是课程对象准确定位、受众聚焦。另外，还要评审课程的大纲，确保课程逻辑合理、框架思路清晰。

（二）课程复审

课程复审解决的是学员的知识储备问题（知识层面），也就是要掌握哪些专业的知识，才能顺利进行实际操作。由课题领域的专家或领导担任评审委员，对课程内容进行把关，在专业技术与企业业务实践活动相结合的基础上，对培训内容进行分析与归纳，确定所选择培训内容的导向性、适用性、可行性。评审标准是课程内容正确，符合企业实际，课程的知识点及流程准确无误。

（三）课程终审

终审本着"知识系统化、能力契合化"的原则，在培训内容与授课对象相吻合、对课程开发技巧与流程把握的基础上，由培训领域的专家对培训课程所含知识的框架结构、案例设计、课程包规范等部分进行评审，主要解决课程开发过程本身的难点、课程完备程度、课程呈现等问题，可采用表 9-8 收集和分析课件意见。

表9-8　内部课件评审

课件名称			专业类别		编写人	
适用对象			标准课时		评审人	
评审方向	具体指标	权重（分）	指标要求		评审得分	评委点评
课件总体策划（30%）	培训对象锁定	10	课件能够在培训目标、问题解决及课件难易程度等方面紧紧聚焦于适用培训对象			
	培训目标	10	教学目标清晰、定位准确，课件内容的各章节和教学活动的各环节都能聚焦于培训目标			
	成人教学逻辑	10	符合成年人认知规律，启发引导性强，逻辑性强，有利于激发学员的学习积极性和主动性			
课件内容（35%）	课程大纲	10	符合教学大纲要求，在制作量要求范围内的知识体系结构完整			
	课件内容	15	内容丰富，层次分明，结构清晰，教学引用的各种信息准确无误			
	理论与实践结合	10	教学内容既有准确的理论依据，又有实践案例，达到理论与实践的完美结合			
技术性（25%）	课程包的规范性	10	课件能按照课程包的标准，包括：学员讲义、学员PPT、讲师讲义及教学工具			
	互动性	10	界面友好，操作便捷，分层合理，交互性强			
	多媒体教学	5	充分利用多媒体技术（如视频、声音、动画），并具有相应的控制技术，让课程生动形象，不枯燥			
艺术性（10%）	课件风格	5	界面布局合理、新颖、活泼、有创意，整体风格统一			
	课件美观	5	色彩搭配协调，字体字号适中，视觉效果好			
	总计					
课程总体评价和建议						

三、培训课程应用与优化管理

课程的培训效果是检验培训课程是否优秀的重要依据。精品培训课程的认定，最终还是要看业务部门与学员的反应。内容初步设计完成后，进行试讲应用，可以征集学员意见以优化课程。试讲应用后组织学员召开课程研讨会，引导学员反馈对课程的意见。在此环节，最好邀请除课程开发人外的其他授课讲师加入，使其不仅了解课程内容设置并提出修改意见，还可以通过观摩，学习课程开发人的讲课风格及逻辑，以保证课程开发项目的顺利完成。

讲师可以在自己授课时全程录像或录音，通过回放录像或录音，不但可以发现授课存在的问题，还可以看出设计的不足，尤其与学员互动时，学员代表的感受是最真实的感受，有必要站在学员的角度去评审课程内容，发现设计中的问题。

试讲完成后，课程开发人根据课程内容设计的原则、学员对课程内容的掌握情况、学员的参与程度、授课过程是否科学合理，对课程内容进行调整。在此阶段对于课程模板不做调整，主要是在课程深度、顺序、表现形式、案例使用和时间安排等方面做调整。一般情况下，两次试讲就能够达到完善课程的目的。

四、培训课程入库推广管理

课程定版后，提交课程正式稿，进行评审验收后即完成课程入库。如何顺利推广优秀课程是需要重点考虑的问题，因此，工作必须循序渐进、持续优化。

（一）课程库管理原则

课程库管理要坚持系统性原则和动态性原则。

1. 系统性原则

培训部门作为管理主体，组织各单位进行系统课程开发与优化工作，确保课程体系的覆盖度和匹配度，能够不断满足企业发展的需求，夯实构建员工学习地图的基础；各单位课程体系维护工作需列入年度、月度、日常培训管理中，作为培训资源建设的重点项目来管理。

2. 动态性原则

随着企业内外部环境变化，对课程进行修订是必需的，一般是一年修订一次，或者根据组织要求和培训对象变化等情况适时对课程进行修订，以适应变化所需。企业对课程库进行动态管理，各培训实施部门对讲师、课程进行即时评估并反馈给培训部门，在此基础上对课程库进行出库、分级、后期优化的动态调整。

（二）课程推广

精品课程的打造，离不开课程的营销推广。可以从四个方面进行内部营销。

1. 培训题目

精品课程一定要有一个富有感召力的名字。培训题目要能够让受众清楚地了解课程的核心主题，突出个人的创意和风格，吸引学员的眼球。可采用大标题和小标题的形式。大标题可以富于创意或艺术性，小标题则开宗明义，表明培训主题。这样既可以使学员对课程特色感兴趣，又能明晰培训主题，如"玩懂精益——在游戏中让精益颠覆你的思想""读懂新质生产力——在实践中融入新质生产力和新质培训力"。

2. 课程框架

课程框架要简明、清晰。太繁杂的课程框架不利于学员细致地了解培训课程。因此，课程框架的设计力求专业、简洁，可采用一定的专业排版来设计图纸，给学员最初的震撼，展示自身的特色。

3. 宣传手册及海报设计

宣传手册应包括课程总体介绍、课程框架、讲师简介、精彩内容片段、课程安排等。海报设计应注意主题清晰、框架简明、内容完整、视觉设计等。

4. 课程发布会

课程发布会目的是将课程库内的精品课程发布，扩大课程的影响力，激发学员的学习热情。培训部门可邀请关键人物参与发布会，现场可悬挂课程海报、横幅、易拉宝等宣传载体，对课程进行宣传。

（三）培训课程积分管理

为了调动课程开发人员更新维护课程的积极性，培训管理人员对评审入库的课程应该进行动态管理，可建立相应的培训课程积分管理制度。

成长激励兑现方式，可采用资源存折制，该资源存折可用于员工自我培训技能提高，但需通过培训部门运营实现。当课程授课达到一定学时，课程开发讲师可以获得一定成长激励，具体实现方式包括：

第一，参与优秀培训的名额。

第二，与专家沟通交流的机会。

第三，既定金额购买图书（购书方式由培训部门指定）。

第四，授课费用的阶梯性提升。

资源存折年度兑现一次，可累计使用，每次参与活动产生的费用从资源存折中扣除。

> 小贴士：课程推广的目的主要有两个：一是向讲师推广精品课程，也是讲师认证的过程；二是要将课程推广给内部客户，即目标学员及其上级等。

第四节　培训课程体系建设

培训课程体系建设——构建学习地图体系，是基于岗位知识图谱、能力发展路径和职业发展通道为主线设计的一系列学习活动。通过学习地图，员工可找到从一名基层新员工进入企业开始，直至成为企业管理者的学习发展路径。

（一）学习地图的类型

学习地图分为三个类型。

第一，整体型学习地图，是针对企业全体成员的学习地图。

第二，群体型学习地图，是针对企业中的关键群体，如核心管理层、后备干部、营销经理等的学习地图。

第三，关键岗位型学习地图，是当企业培训资源、培训费用有限时，有针对性地对企业的重点岗位、重点序列建立的学习地图。

（二）学习地图的构建

岗位职业发展路径 → 能力模型 → 学习内容/活动 → 学习地图

图 9-13　学习地图构建方法

构建学习地图体系，要通过企业战略解码构建业务关键能力项，基于岗位知识图谱，并据此评测和识别关键人才，实现人才培养与企业战略的有效链接。构建关键岗位型的学习地图包括三个步骤。

第一，基于企业战略和业务需要确定关键岗位。

第二，梳理关键岗位的工作任务。罗列出关键岗位典型人物的工作任务清单，确定典型工作任务。

第三，关键能力地图构建。分析每项典型工作所需要掌握的知识、法律法规、工作流程、关键技能等内容，形成对应的学习内容，并匹配相应的讲师资源，设计学习形式，形成最终的关键岗位学习地图。

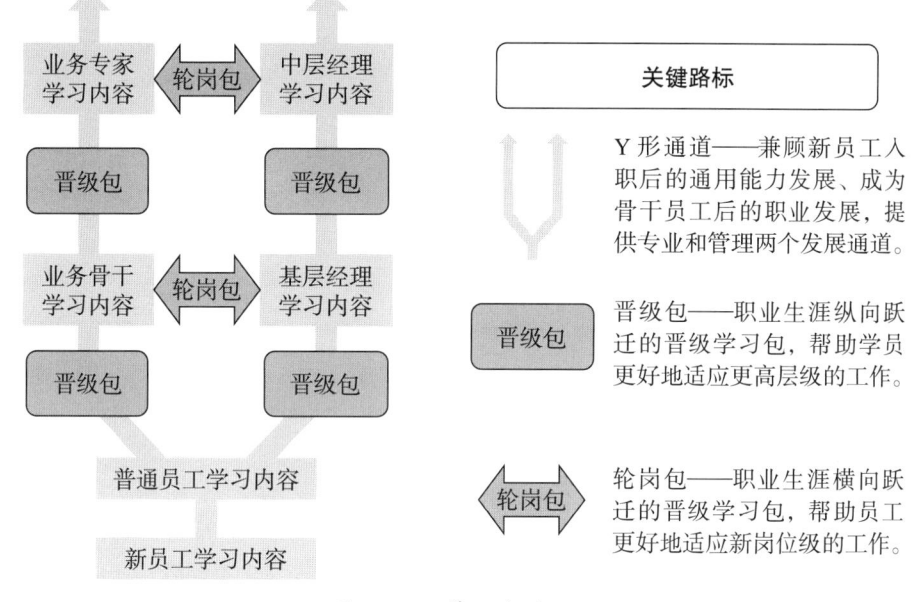

图 9-14　学习地图示例

第十章
内部讲师培养与管理

真正优秀的企业,在人才发展与能力建设上都有自己的生态链,都有创新与再生能力,都会形成自己的特色体系、文化价值观、管理能力等,而这些能力的形成就是我们所说的传承,把优秀的经验开发出来,讲授给企业员工,亦可以从内向型到外向型,向社会分享传播、赋能社会,这就需要企业自己的员工去讲授、分享,企业内部讲师可以较好地承担这一角色。

本章导读

- 怎样认识讲师培养的重要性
- 如何做好内部讲师选拔工作
- 企业内部讲师的培养怎么做
- 如何应用与评价好内部讲师
- 内部讲师激励包括哪些方面

一个优秀的企业一般都是学习型企业。而学习型企业的重要标志是自培能力。如果一个企业的培训全部需要聘请外面的老师来开展，那么这样的企业是缺少文化内涵和知识传承的。因此，企业内部讲师队伍的开发与培养对企业来讲非常重要。因为他们懂企业、知员工和内部知识短板等。

第一节　内部讲师的内涵

企业的内部讲师（国家称为"企业培训师"，在企业里，一般称作"内部培训师""内训师""培训师""认证的培训讲师"等）是企业因发展需要，以提升企业的业绩为目标，对内部有影响力的管理干部进行专业技能培训，使他们在企业内起到教练、老师、师傅、导师的作用，从而提高整体员工的业务素质和能力，更好地为客户服务，促进企业的业绩提升。内部讲师大部分是兼职讲师，是指在完成自身工作之外，承担着开发课程、培训教学等任务的员工。

"请进来""走出去""自己做"是目前企业培训的三种主要方式，"自己做"是培训部门建立内部讲师培训制度并培养企业内部讲师。由于企业培训需要一定的广度和深度，培训部门可以系统为内部讲师赋能，亦可以借力外部优质培训供应商培养其课程开发技巧及讲授技巧，可以有效地整合资源，挖掘管理人员的潜能，发挥各业务的专业人才的主观能动性，及时发现问题和解决问题，打造学习型组织。

第二节　内部讲师培养的重要性

一、企业之知识沉淀者

企业内部讲师作为企业自有的一支人才队伍，长期处在企业实际工作环境中，对企业内部的运作情况有着较深入和准确的把握，可以根据企业实际情况进行"量体裁衣"式的培训，更容易帮助受训者提出针对性强的解决问题的意见和方案，沉淀带有自身企业特色的课程；能够对内长期传播企业文化价值观、管理经验，同时还可大幅度降低外聘费用。内部讲师队伍的发展壮大，对企业发展能起到明显的促进作用。道同，方能志合。道，是管理之法则、规律。内部讲师成长于企业，了解企业的状况，他们基本上都是部门管理者和业务骨干，拥有极为丰富的管理和实践经验，这些经验都值得在企业内部加以沉淀、固化和分享，实现文化和知识的传承。培养内部讲师，就是要使其成为企业最佳实践经验的总结者、成功基因的复制者、企业与人才发展的助推者。内部讲师团队文化融入整个企业的学习文化中，有利于促进企业内部沟通，在企业中形成一种良好的学习型文化，推进企业文化建设。

二、知识之授业解惑者

业专，方能致胜。业，是专业之知识、技能。传道，即传承企业辉煌历程中积淀、凝练的管理思想、企业文化、发展之道、经营之道、管理之道。讲师授业，即讲师教授他人工作基本方法与技巧，提升员工胜任岗位的能力。部门管理者更应成为讲师，前GE（通用电气公司）董事长韦尔奇说过，"管理者就是培训者"。他曾亲自参与授课，每年达30次。在哈佛领导力培养哲学中，亦非常强调领导者任教。高层管理人员，通过讲授，不仅能宣导企业战略目标与经营理念，还能通过与员工的亲密接触，倾听一线员工的声音，更好地了解企业实际情况。辅导下属成长是管理者的一项重要职责，而登台授课正是培养下属的一种重要方式。

三、提高培训绩效

培训部门培养内部讲师，有助于提高培训绩效。在时间方面，内部讲师的培训时间可以随时协调，便于组织管理；在成本方面，使用内部讲师的成本（课酬）远低于外聘讲师，可以省去交通食宿费用等间接成本；在业务与价值方面，相对于外聘讲师来说，内部讲师更贴合企业的业务与实际需求，可以讲授内部业务发展迫切需要的课题，快速提升员工能力，从而提高个人和组织绩效。

四、搭建员工价值实现平台

内部讲师队伍的构建，为员工提供了实现价值的平台。正所谓"教学相长"，教是学的最好方式。担任内部讲师，不仅可以促进自身学习、提升自身能力和个人影响力、塑造职业形象，还可帮助他人成长。也就是说，内部讲师在展示与传播专业技能的同时，既发展他人，又成就自我，实现个人价值。

五、培育提升组织自培能力

内部讲师大多在企业内部有较长的工作时间，经验丰富，熟悉企业内部运作情况和外部经营环境，对学习者的情况十分了解。因而，他们在培训内容的设计、形式、案例和时间安排上更具有针对性，可帮助学员较快地将所学知识和技能运用到实际工作中去，确保培训课程的后续跟踪、监督、调整的有效性。

因此，培训部门进行内部讲师队伍培养与建设，是培养人才和能力建设的重要路径，也是拓宽人才职业发展路径的重要渠道。

> **小贴士**　真正优秀的"师者"，应做到"传道授业解惑"。这就要求内部讲师不仅要为学员提供一种答案、一种方向，更要"传道"，就是用自身魅力和影响力使学员接受企业"圣经"（如企业的企业文化），启迪学员的心智，使学员从优秀到卓越。

第三节　内部讲师的管理流程

内部讲师贴近企业战略、贴近业务、贴近员工。培训部门建设和培养一支专业强、技能精、授课好的优秀内部讲师人才队伍，培养与管理内部讲师队伍意义重大，关键在于要让他们掌握专业的课程开发与交付能力，让专家、管理者"会开发、能授课、讲好课"，需围绕选拔、培养、认证、应用、评价、激励六个维度全方面培养与管理。

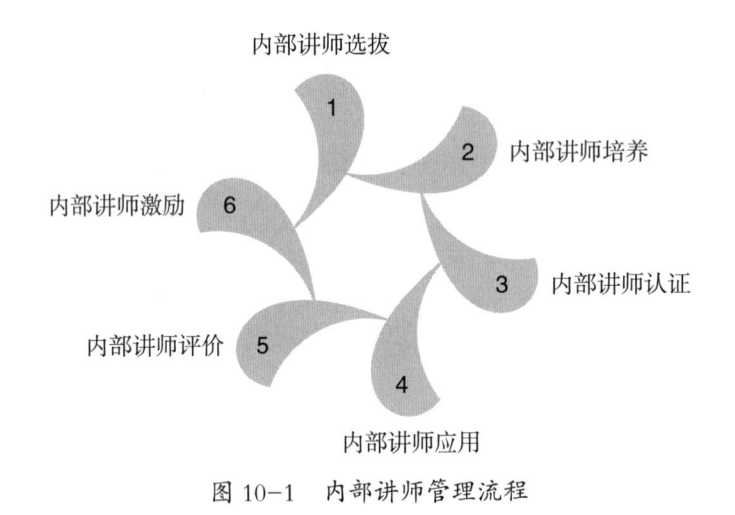

图 10-1　内部讲师管理流程

第四节　内部讲师的选拔

一、讲师培养需求

内部讲师与培训课程是密切相关的，讲师培养计划来源于年度培训计划中对内部课程的需求，培训部门需要根据内部课程数量的多少，计划培养相应数量的内部讲师。在盘点企业现有的内部讲师基础上，培训部门也需统计本年度开发讲师的数量、讲师培养的业务方向、培养时间和使用时间等。

表 10-1 讲师培养计划明细

序号	开发课程名称	对应课程大纲	开发完成时间	适用对象	课件开发讲师	讲师认证时间

二、内部讲师能力素质模型建设

培训部门对绩优内部讲师个人以及团队进行分析，提炼出内部讲师能力素质模型，为选拔内部讲师提供相应的标准和尺码。讲师能力素质模型包括表达力、研发力和内驱力三大能力。

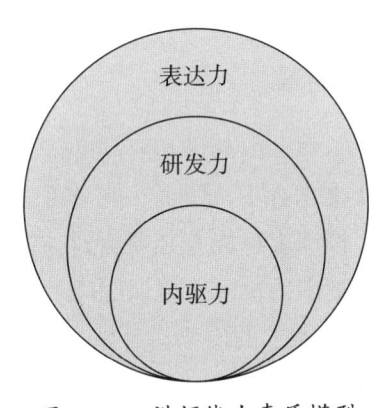

图 10-2 讲师能力素质模型

在讲师能力模型下，能力要素又可分为七个：

表 10-2 讲师能力模型下的能力要素

能力项	能力要素	能力说明
表达力	授课表达能力	讲师将课程呈现给学员的综合能力，包括讲师在课堂上的语言、行为、表情等综合表现，主要是指讲师演讲能力、教学方法应用、控场能力、应变能力、问题解决能力等
	讲师知识面	讲师应具备并灵活运用的教育学、心理学、组织行为学、文学、历史、经济、热点新闻以及企业知识、人力资源知识等知识面
	讲师综合素质	讲师在台上综合展现的素质，包括尊重学员、授课礼仪、讲师品德、个人魅力等讲师素质类的能力要求

续表

能力项	能力要素	能力说明
研发力	课程研发能力	课程需求分析、教案编写、PPT设计、案例编写等综合的课程研发能力
	工作经验与专业特长	讲师应具备丰富的管理、专业工作经验，拥有明显的专业特长，这些经验和特长是企业需要沉淀、传承的宝贵财富
	逻辑思维与学习力	讲师在课程研发过程中需要的逻辑思维能力和讲师持续的学习能力
内驱力	感恩分享与激情绽放	"感恩"的文化，讲师在企业多年的工作中拥有了知识和技能的沉淀，这些财富是企业所赐，要心怀感恩，反哺企业，参与内部课程开发和授课
		讲师应有强烈的分享意愿，热爱培训，以开放的心态与他人分享，真诚帮助他人成长进步
		讲师要富有激情，持续参与企业的授课活动，并用这种激情影响带动企业其他的讲师和学员

三、基于能力模型的选拔标准

做讲师不同于做普通岗位工作，内部讲师要高度认同企业文化，感恩企业，愿意并乐于分享企业文化。对企业文化有不认同者，能力再强，业绩再好，都不能让其做讲师。内部讲师的综合素质、授课表达能力必须达到一定水平，知识技能才能更有效地传播出去，才能为企业创造更多的价值。培训部门可根据讲师能力要素，对每个能力项设置权重，制定符合本企业需求的内部讲师选拔标准。例如，在甄选时间管理、团队合作这类课程的内部讲师时，要增加"表达力"这个能力要素的设置权重。在甄选本身专业性就较强的课程的内部讲师时，要将"专业能力"这个能力要素的权重设置高于其他能力项。

培训部门亦可根据所在岗位的等级或业务领域进行分级，各等级对应不同岗位等级及能力素质要求，来划分内部讲师任职条件或内部讲师选拔的标准等，更加有针对性地展开内部讲师选拔工作。每家企业根据实际情况，酌情编制其讲师任职条件或任职标准。

表 10-3 讲师任职条件

讲师级别	对应岗位等级及业务领域	授课领域从业经验	任职条件	
			专业资质	公共条件
特聘讲师	总监级/六级专业技术人员/特定专业领域专家	10年	具备本科及以上学历，对于本领域内复杂的、重大的问题，能够提出改革现有的程序/方法加以解决	1.以往学员满意度调研在85分以上 2.热爱培训管理与

续表

讲师级别	对应岗位等级及业务领域	授课领域从业经验	任职条件 专业资质	任职条件 公共条件
高级讲师	经理级／五级专业技术人员	8年	具备本科及以上学历，精通本专业领域全面的知识和技能，年度累计授课时数超过12小时	讲师工作 3.具有不断自我发展的意识与能力 4.具备较强的沟通与语言表达能力
中级讲师	主管级／四级专业技术人员	5年	具备本科及以上学历，精通本专业领域内两个及以上职能的知识和技能，年度累计授课时数超过12小时	
初级讲师	其他专业技术人员	3年	具备专科及以上学历，精通本岗位职能范围的知识和技能，年度累计授课时数超过12小时	

四、内部讲师的选拔方式

（一）自主申请

在内部讲师项目正式启动前，培训部门进行内部讲师项目的宣传造势，设计海报和项目图标，扩大内部讲师项目的影响力。同时，做好讲师队伍构建对组织发展和个人发展重要性的宣贯，鼓励员工积极参与自荐报名。要让他们认识到，担任讲师不仅可以全面提升自身能力，而且是成就个人职业生涯、向高层次职位晋升的有效途径。

（二）组织推荐

组织推荐是选拔讲师的重要方式之一，由所在单位推荐员工参加讲师的选拔，重点推荐三类人：一是在某岗位或某专业领域有丰富实战经验的主管或骨干员工，他们业务过硬、工作能力强、责任心强；二是企业中高层管理者，他们对企业有较深入的理解和把握，积累了较丰富的管理和专业经验；三是人力资源部门员工，他们对企业的文化、制度和流程比较熟悉，做培训有先天优势。

（三）定向邀请

培训部门可行动起来，向那些适合担任讲师的对象发出定向邀请，主动去发现那些表达能力强，在平常工作中有思路、有一定感染力的员工（如参加过企业的演讲比赛等活动），那些喜欢分享、在日常会议中踊跃发言、愿意向别人提出自己的想法和建议、分享自己成功经验的员工都可以引荐为讲师培养的对象。

五、内部讲师的选拔流程

（一）组织推荐/个人申请

符合选拔标准且有意成为企业内部讲师的员工，填写《内部讲师推荐（自荐）表》，描述个人的基本情况、工作业绩以及推荐（自荐）的理由。

表 10-4　内部讲师推荐（自荐）表

内部讲师推荐（自荐）表				
1. 课程基本信息				照片（请粘贴照片，便于后期相关证件的制作）
课程类别	□汉语授课　□英文授课			^
申请讲授课程				^
主要授课内容				^
2. 申请讲师级别：_____级　□续评　□晋级　□新评				
3. 讲师基本信息				
姓名		工号		
性别		年龄		
学历		英语等级		
单位		部门		
岗位层级		工作年限		
联系电话		本人邮箱		
直线经理		直线经理电话		
4. 工作经历				
序号	开始日期	截止日期	所在单位	岗位
1				
2				
5. 授课经历				
序号	开始日期	截止日期	讲授课程领域	讲授课程名称	课时
1					
2					
6. 推荐理由　　　　　　　　　　　　　　　　　　　　　　　　　　　　　　　员工本人确认：　　推荐部门/推荐人：　　　　　　　　　　　　　　　　　　　　　　　　　年　月　日				

（二）培训部门审核

培训部门按选拔标准进行确认，根据各部门的人员数量、申报水平、企业的培训需求等情况与申请人所在部门讨论，初步确定内部讲师培养名单。

（三）分级审批

培训部门审核后的内部讲师培养名单报送企业进行审批，主要是从企业各专业、部门等内部讲师人数分布均衡性，以及内部讲师潜质上把关，可由部门主管副总、总经理或董事长审批。

第五节　内部讲师的培养

依据讲师能力素质要求，整个讲师培养过程可视为产品的研发、生产制造与营销的过程，结合内部讲师角色定位，匹配差异化的培养内容。在"课程研发"阶段，内部讲师是一名培训信息的整合者、培训教材的开发者、发现问题并进行改善的解决者，企业需要为内部讲师提供课程开发技术或课程内容输入培训等。在"课堂授课"阶段，内部讲师作为一名掌握专业技能的执教者、工作态度的引导者，企业需要为讲师提供与学员互动技巧或促动技术等培训。在"理念营销"阶段，内部讲师是培训顾问，也是培训文化的塑造者，企业需要建立多样化的沟通交流平台，让内部讲师在平台上推广企业的培训理念。

一、内部讲师的分级培养

内部讲师可以分为初级、中级、高级、特聘讲师四个级别，针对不同级别的内部讲师应采用不同的培养模式和内容。

表 10-5　不同类别的讲师培养模式

讲师类别	授课差异	培养模式	重点培养内容
高级/特聘讲师	企业领导力课程 企业管理体系 企业理念与文化	"2+1"培养模式 分散、订单式外培塑造	统筹管理高级培训（2天） 课程定制强化（1天）
中级讲师	各专业高级课程 各专业前瞻性课程 通用管理能力课程	"2+1+1"培养模式 集中、示范培养	教学策略（2天） 企业案例开发（1天） 课程与讲师综合认证（1天）

续表

讲师类别	授课差异	培养模式	重点培养内容
初级讲师	各专业中、初级课程 通用职业化课程	"2+2+1+1"培养模式 集中、以厂区建班培养	授课表达技巧（2天） 课程研发能力（2天） 课件开发与定版（1天） 讲师试讲认证（1天）

备注："2+1"培养模式、"2+1+1"培养模式、"2+2+1+1"培养模式中的"2"和"1"是指"重点培养内容"对应的授课时长。

二、内部讲师的培养方式

（一）集中的TTT培训

TTT（Training the Trainer to Train）意为培训培训师，可以通过讲师的角色任职、流程技巧、气场形象、方式运用四个方面进行TTT授课技巧的培训。讲师培训的流程可以按照PDCA【Plan（计划）、Do（执行）、Check（检查）和Act（处理）】的管理模式进行管理，每家企业根据实际培训需求调研情况可定制TTT培训的内容和周期等。

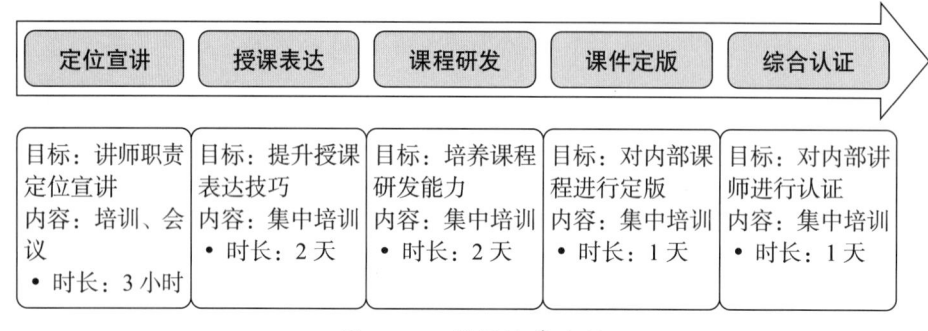

定位宣讲	授课表达	课程研发	课件定版	综合认证
目标：讲师职责定位宣讲 内容：培训、会议 • 时长：3小时	目标：提升授课表达技巧 内容：集中培训 • 时长：2天	目标：培养课程研发能力 内容：集中培训 • 时长：2天	目标：对内部课程进行定版 内容：集中培训 • 时长：1天	目标：对内部讲师进行认证 内容：集中培训 • 时长：1天

图10-3　讲师培养流程

在完成讲师职责宣讲后，首先，培训部门要对讲师授课技巧和课程开发能力进行培养，可通过组建课题小组的形式，选取一门课程予以开发，并贯穿培养过程始终。其次，授课老师、培训部门和业务部门可组建评审组共同对课程产出进行审核。最后，依据讲师能力素质要求对内部讲师进行综合认证，完成讲师培养项目。其他级别或类别讲师，可根据实际需要简化授课表达与课程开发两个基本技巧的培训内容与时长。

（二）讲师实践、观摩、自学

除了进行标准的TTT培训以外，培训部门还要为新的讲师创造更多的登台授课机会，让讲师们有足够的机会进行演练。为了树立讲师的自信和激发其对讲台的热爱，可以让初级讲师去讲一些开发完善的精品课程，由资深讲师进行一对一指导、传承，因为讲师的第一次登台亮相非常重要，这将决定他是否继续为人师。同时可以组织其他讲师对优秀的讲师课堂进行观摩学习，积累实战经验。除此之外，还可以组织讲师自学，发放一些较好的辅助教材，提升讲师的课程开发技巧和授课表达能力。

三、内部讲师培养的组织管理

在组建内部讲师团队之初，要明确其组织管理，为后续实施做好规划。

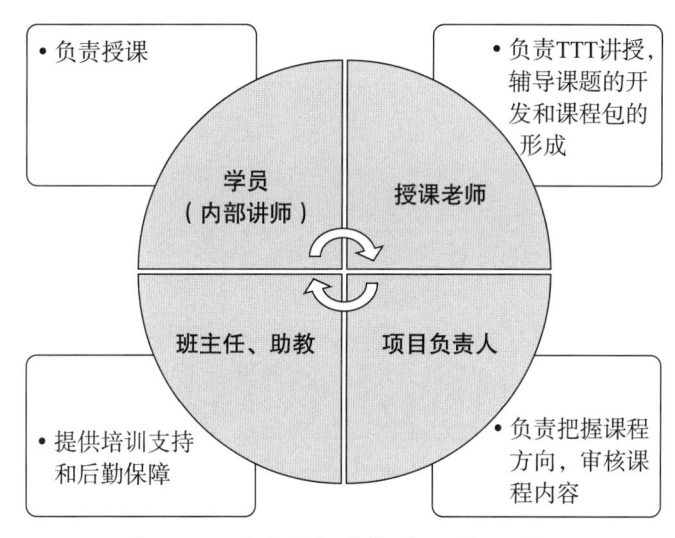

图 10-4　内部讲师培养项目的组织管理

内部讲师培养项目，依托五个方面的积极参与和配合：项目负责人、班主任、授课老师、学员（内部讲师）和助教。班主任、授课老师、学员和助教应该根据项目规定流程及时完成教学任务，确保教学质量，树立良好口碑。培训部门通过不断地总结工作，对培训方法、课程等提出改进的建议，不断完善和提升内部讲师培养项目的质量、深度和广度。同时，培训部门要把控内部讲师培养项目的所有项目干系人，平衡好企业高管、业务部门负责人、授课老师、参训学员等实际需求，最大化满足培训需求，为培训目标负责，才能有助于内部讲师培养项目成为企业内部或行业的培训品牌。

表 10-6　讲师培训项目工作职责

项目实施团队			岗位职责
岗　位	配　置	汇报关系	
项目负责人	1人	项目归口部门	与项目归口部门接口与沟通；领导班主任与项目团队确保项目一级文件输出；对培养项目质量负直接责任

续表

| 项目实施团队 ||| 岗位职责 |
岗 位	配 置	汇报关系	
班主任	1人	项目责任人/项目归口部门	与项目归口部门接口与沟通；会务落实、会场软/硬件保障 讲师沟通与调度；讲师课程质量监控，与业务部门就课程内容达成一致 班级秩序维护及学员督导；领导助教与考评等
授课老师	2人至3人	—	培训前，配合班主任督导学员预习、完成训前作业 培训中，负责课程讲授和答疑，课程评审 培训后，协助学员管理和后期服务
学员	原则上不超过35人	班主任	培训前，确定课程内容与雏形，完成其他训前作业 培训中，学习、考核合格即进入认证环节 培训后，在培训部门督导下，完成授课任务及课程开发任务
助教	1人至2人	班主任	辅助班主任及讲师督导学员 负责相关资料的影印及分发等事务 负责课程视频、照片拍摄及后期剪辑 负责项目总结初步制作 负责微信、微博等宣传工作

第六节　内部讲师的认证

一、认证委员会

一般来说，培训部门可以设置讲师认证委员会进行讲师认证工作，推动讲师管理工作专业化、规范化。讲师认证委员会至少包括培训部门负责人、企业高管（认证业务部门分管副总）、2名业务专家等。培训部门可根据拟认证讲师数量的多少、级别的不同，规定讲师认证的频次、通过率等。认证讲师的级别不同，其要求的标准也不尽相同，每家企业根据实际情况做相应调整。

表10-7　内部讲师认证标准

级别	讲师类别	讲师认证委员会	认证通过率	认证频次
三级	高级及以上讲师	5名评委，其中集团业务主管副总必须参加	80%	1年/次
二级	专项项目讲师中级讲师	5名评委，其中至少2名高级讲师和1名外部专业讲师	80%	根据讲师培养项目时间
一级	初级讲师	5名评委，其中至少2名中级讲师	85%	1年/次

二、认证流程

企业内部讲师通过严格选拔后获得认证,将更珍惜来之不易的认证讲师资格,并努力做好培训工作。讲师综合认证,除了对认证现场的讲师表现评定之外,还要加入讲师实际授课环节的表现评定,只有这样才能得出合理的评价结果,从而避免讲师认证如同演讲比赛一样流于形式,仅关注演讲口才而忽视授课活跃度高、培训效果好的讲师。合理讲师认证流程可概括为4P,具体是指需要通过日常学习表现关(Performance Daily)、呈现演示关(Presentation)、讲师认证(Pass)、实战验证关(Practice)。

(一)日常学习表现关

第一,完整度:初验收环节提报材料完整性。
第二,出勤率:培训过程中参训出勤。
第三,活跃度:能够及时完成老师布置的作业,课堂积极参与培训。

(二)呈现演示关

讲师认证试讲的时间一般不超过20分钟,10分钟至15分钟为宜,培训部门组织讲师认证委员会相关评委进行打分。

培训部门制定讲师认证标准或讲师认证评分维度、评分表等,综合评价内部讲师水平。每家企业可根据实际情况调整内部讲师认证评分标准。

第一,授课技能掌握程度:语言表达能力、沟通能力、培训实效性等。
第二,课程编制技能掌握程度:课程大纲编撰的逻辑性、PPT制作的美观性等。

表10-8 呈现演示关标准1

评定项目		内容	分值标准(分)	得分(分)
课程认证		课程认证得分	30	
现场教学表现	流程性展现	流程完整性	5	
		开场技巧	5	
		授课环节结构展现	5	
		结束课程技巧	5	
	授课表达力	口齿清晰	5	
		表达流畅	5	
		语句的展现具有生命力	5	
		表达内容的条理性	5	

续表

评定项目		内容	分值标准（分）	得分（分）
现场教学表现	肢体稳定度	眼神	2	
		面部表情	3	
		站姿	2	
		行走	2	
		手势	3	
		声音	3	
	互动性表现	互动手法应用	5	
		灵活应对现场异常	3	
		对时间的掌控度	4	
		教学工具的应用	3	
签字：				

表 10-9　呈现演示关标准 2

×× 单位讲师认证评分表					
选手姓名				评委	
一级评价指标	二级评价指标	权重	评估等级		单项评分
形象	仪容仪表	10 分	□优 10—10 分 □良 8—10 分 □中 6—8 分 □差 6 分以下		
	肢体语言	10 分	□优 10—10 分 □良 8—10 分 □中 6—8 分 □差 6 分以下		
演绎	语言表达	10 分	□优 10—10 分 □良 8—10 分 □中 6—8 分 □差 6 分以下		
	教学设计	10 分	□优 10—10 分 □良 8—10 分 □中 6—8 分 □差 6 分以下		
内容	适用程度	10 分	□优 10—10 分 □良 8—10 分 □中 6—8 分 □差 6 分以下		
	专业深度	10 分	□优 10—10 分 □良 8—10 分 □中 6—8 分 □差 6 分以下		
	逻辑结构	10 分	□优 10—10 分 □良 8—10 分 □中 6—8 分 □差 6 分以下		
	视觉呈现	10 分	□优 10—10 分 □良 8—10 分 □中 6—8 分 □差 6 分以下		
场控	提问反馈	10 分	□优 10—10 分 □良 8—10 分 □中 6—8 分 □差 6 分以下		
	场面把控	10 分	□优 10—10 分 □良 8—10 分 □中 6—8 分 □差 6 分以下		
综合评估	优点				
	需改进				
评审结果	总分：				

三、讲师认证

培训部门视情况每年定期统一组织讲师认证。申请认证的讲师需提前准备 10 分钟至 20 分钟的认证材料，核心内容体现授课方面的业绩；评审委员根据《讲师认证评分表》维度对学员进行综合评分，总分达 85 分以上，讲师通过认证进入职务聘任流程，分数未达标者进入讲师后备人才库，参加下一届的内部讲师培养与认证工作。

通过讲师认证委员会的评审后，培训部门需通过官方平台发布讲师的聘任文件，包含但不限于企业红头文件、正式通知等形式。一方面，规范讲师的级别，统一其他部门聘用某位讲师时的课酬标准；另一方面，让内部讲师"持证上岗"，这是对他们在专业领域的"老师"身份的认可，可以有效激发培训师的积极性和荣誉感。

培训部门可以通过以下两个途径进行讲师聘任：

一是常规认证：在认证工作结束后 1 个月内，发布正式的聘任文件。培训部门需建立内部讲师认证台账，备案讲师聘任信息，同时对内部讲师进行统一编号管理。内部讲师聘期为 2 年，聘期结束后需提出续聘或晋级申请。对于参与未通过认证的人员，可视企业实际情况，纳入内部讲师后备人才库、专业人才库等，下一届内部讲师认证优先参与认证流程。

二是破格晋级：原则上，内部讲师培养与认证工作，需逐级认证。若在对外活动中取得优秀奖及以上荣誉的各级内部讲师，在企业内部各类讲师比赛、讲师选拔活动中取得三等奖及以上荣誉的中、初级讲师，可申请破格晋级，以最大化牵引全员参与内部讲师培养与认证工作。

表 10-10　内部讲师台账

序号	讲师聘书编号	讲师姓名	职级	讲师级别	认证时间	讲师所在系统	认证课程	擅长领域

四、实战验证关

内部讲师认证后，被聘任为相应等级的内部讲师，不是结束，而是新的开始。企业培训部门需统一发布聘任内部讲师的整体授课计划，可依托总部各职能部门、各控股企业、直属企业、事业部等安排具体的授课时长任务，学员满意度平均成绩 85 分以上为合格。纳入讲师后备人才库的人员年度至少完成一次授课任务。

培训部门每年会盘点聘任讲师授课完成情况和学员满意度平均成绩，2 年都未完成者自动取消聘任讲师资格。

第七节　内部讲师的应用

从"实践中来"到"实践中去"。内部讲师的培养只是完成了第一步，更重要的是盘活现有聘任讲师、内部授课讲师，杜绝"僵尸"讲师。

一、授课准备

（一）讲师包装

在授课前，内部讲师需要进行资历、工作经验等相关信息的介绍，介绍模式采用"主讲课程＋工作履历＋授课成果＋授课风格"，可使用简单精练的句子，段落清晰，切忌以篇幅模式介绍，毫无重点。

（二）课程策划

1. 课程规划

对已培养的讲师单独进行近期及远期的课程规划，了解讲师性格特点，掌握讲师熟悉的知识领域，对讲师授课内容进行横向及纵向课程规划。近期课程以讲师所熟悉知识内容的广度为基础进行课程开发设计，横向规划；长期课程以讲师所研究知识内容的深度挖掘为基本点进行远景规划。

2. 宣传营销

在聘用内部讲师时，培训部门借用企业权威机构平台，在OA、数字化学习平台主页宣传栏上发布培训通知，有效利用宣传平台，使用海报、电子屏、易拉宝、宣传片、新闻等拓宽宣传途径，可以在企业微信公众号、视频号等推送消息，扩大培训影响力。

（三）授课执行

1. 课程的掌控

内部讲师在使用授课手法的同时，要营造积极的课堂气氛，根据现场学员需求，有能力的内部讲师可在课堂休息期间对课件进行微调。

2. 器械的使用

在内部讲师授课期间，有效地使用录音、录像，记录讲师授课过程。

（四）课后总结评估

1. 发放感谢信

对授课讲师及其直线领导发放感谢信，鼓励内部讲师继续努力，感谢内部讲师的领导对培训工作的关心和支持。

2. 发放课程改进意见

根据授课效果评价，总结内部讲师授课表现，提出需要改进点。

二、讲师授课任务

培训部门要与内部讲师所在部门及其直管领导协调沟通，在必要时给予帮助和监督，以保证内部讲师对培训工作的必要投入。

（一）授课安排

1. 点单式

内部讲师及其主打精品课程定期公布，各部门可根据工作需要进行点单式邀约培训，邀约双方时间由培训部门进行协调与安排。

2. 排课式

培训部门根据年度培训计划统一安排内部讲师的授课计划，包括公开课计划、跨单位授课计划、新员工入职培训计划，内部讲师有义务遵照执行，培训部门定期抽查、评估与跟踪。

3. 混合式

培训部门要把各个部门内部讲师的培训开发课程纳入整个培训计划中予以统筹安排。对于那些点单式邀约较多的课程，列入企业公开课计划，加以推广，扩大受训对象。

> **小贴士**　若企业足够大，可以让内部讲师跨单位交叉授课。这有利于最大化应用内部讲师，实现企业内部讲师的统一管理，促进资源共享，打破内部学习壁垒，营造无边界的学习分享氛围。

（二）讲师授课反馈

1. 流程示意图

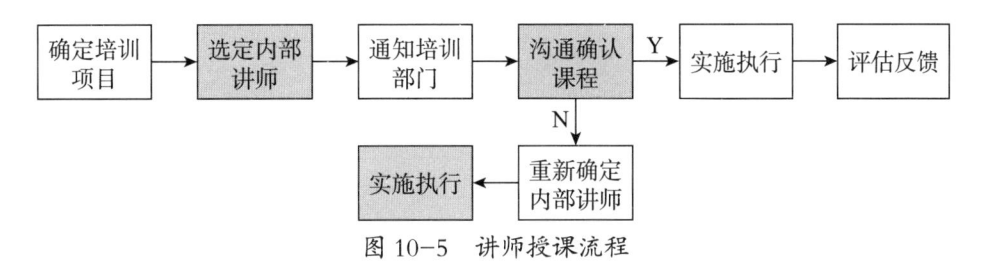

图 10-5　讲师授课流程

2. 反馈节点

第一，各单位根据培训项目的重要程度，需提前5天至20天通知内部讲师并沟通课程需求，填写申请授课审批单，如表10-11所示。

表10-11 申请授课审批单

申请授课审批单		
_____: _____单位很荣幸地邀请您为_____部门于____月____日在_____进行_____的培训。		
培训组织单位领导	签字：	
授课申请回执		
培训时间：_____年____月____日____时____分 培训课程： 培训所需设备： □投影仪　□电脑　□数字化学习平台　□白板及白板笔　□大白纸　□激光笔　□翻页器 □其他_____ 讲师课酬发放： □发放单位：_____ □课酬标准：_____元/小时		
受聘讲师直管领导	签字：	
受聘讲师所在单位培训负责人	签字：	

第二，内部讲师授课结束后，培训组织者填写讲师授课情况反馈表及培训满意度调查表、签到表等其他见证性材料，反馈给讲师及其所在单位人力资源部门，用于讲师课酬发放与后期管理。各单位也需在培训讲师使用台账记录讲师的授课情况。

表10-12 讲师授课情况反馈表

讲师授课情况反馈表
_____: 　　您辛苦了，真诚感谢您对培训工作的支持！   　　您于_____年____月____日为_____培训班讲授的课程，授课时数为_____小时，截至目前您在我单位累计授课时数为_____小时。教师酬金情况如下：   本次课程酬金：_____元

续表

针对您所讲授的课程我们进行了效果评估，评估结果如下：

调查问卷相关项目	标准得分	实际得分
合计：（满分 100 分）		
优点	需要改进和提高方面	

培训组织单位：　　　　年　　月　　日

表 10-13　培训讲师使用台账

单位培训讲师使用台账												
序号	讲师姓名	讲师所在单位	讲师级别	授课时间		课程名称	授课时长	授课对象单位	授课对象人员	授课人数	授课满意度	讲师课酬	备注
				月	日								

三、建立讲师库

培训部门要统一建立讲师库，科学、系统管理。培训部门需制定统一的内部讲师培养与认证管理制度、管理规范、讲师库管理细则等，明确每个等级的课酬标准、课程开发标准、试卷编制标准等，各控股企业、各直属企业、事业部等可参考制定自己的内部讲师管理规定，但标准不可超过总部标准。因此，培训部门的标准可"上行下效""一脉相传"，保障整个内部讲师培养与管理的效果，保持集团内部讲师培养与管理的品牌影响力等。

第八节　内部讲师的评价

对内部讲师进行评价，目的不仅在于让内部讲师认真准备，提高培训技巧，更在于帮助他们提高培训质量，这样不但有利于内部讲师在企业的职业发展，而且有利于提高企业内部培训的实际效果。讲师的授课任务和评价标准见表 10-14、表 10-15。

一、讲师年度评价结果应用

培训部门可以通过培训制度规定中高层管理者必须担任内部讲师，将为下属及其他同事授课作为管理者的岗位职责之一，同时将其培训工作情况纳入绩效考核的范畴，还可将担任内部讲师作为职位晋升的前提条件，从制度上保证中高层管理者必须担任内部讲师。

讲师授课情况应由讲师所在单位培训部门反馈至讲师直管领导，让其支持讲师授课，并送至干部考评责任单位作为讲师年度干部考评加分项。

表 10-14　不同级别的讲师授课任务

聘任级别	职　责	年授课时数（小时）	开发课程标准（门/年）
特聘讲师	主要承担中、高层干部培训任务	≥16	1
高级讲师	主要承担基层管理人员培训任务	≥20	1
中级讲师	主要承担基层骨干、普通员工培训任务	≥24	2
初级讲师	主要承担新员工、产业工人培训任务	≥32	2

表 10-15　讲师评价标准

考核项目	权重	考核说明
授课效果	30%	每次授课评估结果平均得分
授课时数	30%	以年度累计授课时数为依据，年授课时数全部完成即得满分，每缺少4小时扣2分，每超过4小时加1分，加分最高为10分
课程开发	20%	年度课程开发任务全部完成得满分，缺1门扣3分，超1门课且实际授课效果良好或优秀者可加3分，加分最高为6分
教案质量	20%	从教案的标准性、实用性、严谨性及提供教案的及时性四个方面进行考核，其中每一项占该项的25%
合理化建议		加分项：对培训工作提出合理化建议并被采纳后可加分，最高可加10分
备注		考核结果：85分以上为优秀，70—84分为良好，60—69分为合格，59分及以下为不合格

二、讲师的晋级、降级及退出

对内部讲师进行年度考核，第一年度考核结果优秀人员进入后备讲师库重点跟踪培养，并承担课程开发工作，次年参加企业统一组织的讲师认证或课程认证活动，经考评合格后晋级。授课任务较少、讲师技能有待提升的讲师，考核结果将不合格，需要予以降级，降级或自动退出的人员如果再次加入仍需参与培养与认证。管理者不履行内部讲师的职责也将面临降职。

第九节　内部讲师的激励

众所周知，很多内部讲师都是兼职的，这就对他们的体力和精力有更高的要求。因此，培训部门有必要采取一些措施来激发他们的积极性和主动性。

一、物质激励

（一）课酬激励

对于内部讲师，建立内部讲师的评级制度，将内部讲师按照讲课质量、培训时长、自身业绩、行政级别等分为初级讲师、中级讲师、高级讲师、特聘讲师，并授予资格证。每家企业根据实际情况设置认证级别，如金牌讲师、银牌讲师、铜牌讲师；一星讲师、二星讲师、三星讲师等。

每个讲师级别的待遇不同，通过逐级晋升讲师级别来达到激励其不断突破自我、开发新的培训内容的目的。培训课酬的发放，根据讲师的认证级别来定，并综合考虑培训的影响力，区分出跨部门授课和部门内授课的不同。同时，设置课程考核系数，以体现培训效果的差别。比如，课程评估为优秀的，乘以 1.1 系数；评估为良好的，乘以 1.0 系数；评估为一般的，乘以 0.8 系数；评估为较差的，不兑现授课费。

表 10-16　培训课酬标准

讲师级别	部门外授课（元/小时）	部门内授课（元/小时）
特聘讲师		
高级讲师		
中级讲师		
初级讲师		

> **小贴士**　内部讲师的激励，可以将内部讲师授课作为其绩效考核的一部分。要以授课质量、培训满意度来定培训课酬，避免同工同酬和以职务定课酬。

（二）团队活动、培训机会

为内部讲师组织团队活动、提供培训机会也是物质激励的措施。培训部门可以定期组织内部讲师的团队活动，安排旨在提高他们专业知识、课程开发与授课技巧的培训活动。

二、精神激励

合理的激励制度，不仅是物质激励，更重要的是讲师成就感和荣誉感的满足。

（一）建立内部讲师的职业发展通道

讲师的个人晋升与职业发展应成为讲师激励最主要的手段。企业可以建立制度，规定担任内部讲师并通过一定考核标准后直接享有内部晋升与职业发展的优先权。也就是说，内部讲师如果进入与本职相关的工作人才池，若有晋升职位，内部讲师享有优先权，这样有助于激发员工做内部讲师的驱动力。对企业而言，也缩短了选拔人才的时间，提高了选拔人才的效率和准确率。

（二）讲师的内部营销

内部讲师的内部营销，有助于激发内部讲师授课的热情。培训部门年度举行规模盛大的讲师培养班、讲师大赛等活动，深入活跃讲师团队文化氛围，通过企业高层和外部专家参与的讲师项目启动大会和讲师大赛，以及对项目成果、优秀讲师个人进行包装推广，开展优秀讲师巡讲活动，通过企业内部报纸媒介、专门针对企业内部讲师的微信公众号进行专题策划与撰写，让讲师有荣誉感，亦可通过视频号、社区平台、数字化学习平台等推介专属他们的宣传海报，录制介绍讲师从业履历的小视频。

同时，培训部门每年定期（如教师节）向讲师们发放荣誉或资格证书、节日贺卡等小礼品、祝福邮件、海报等。内部讲师的口碑营销可以使企业从高层到基层员工都能看到其快速成长、风采和成果，能帮助讲师搭建个人人脉、产生影响力，从而吸引更多人加入讲师队伍中。

▶ 典型案例　"金牌讲台"培训项目

讲师的内部营销，尤其针对优秀的内部讲师，会激起内部讲师授课的极大热情。某企业"金牌讲台"的培训项目，是自主打造的内部讲师品牌和课程研发平台。在项目启动时，不仅设计了标志，成立了金牌讲台俱乐部大会、讲师家园等组织，还设置了"十大优秀讲师"等奖项，设计了课件大赛、案例大赛等品牌化运作措施，从而不断提高内部讲师的影响力。对内部讲师开展"山海交流"(内部讲师在广东省内的沿海和山区之间交换授课)、"每月双金"(每个月向全企业推广两位优秀金牌讲台讲师及其课程)、"五个一工程"(内部管理层授课系列)等系列活动,实现全省资源的沉淀与交流,推动了"无边界"学习的常态化,打破了内部学习壁垒,最大化发挥讲师的价值和作用。

第十一章
培训供应商管理

笔者从事人力资源与培训工作多年,总有不同的培训机构业务人员打电话推销他们的产品与服务。在众多的供应商中如何去选择他的产品和服务为我们所用?这看似简单,其实是比较有学问的事情。好公司、好产品的企业不一定适合,不好的产品与服务,自己不想用,好不容易选好了,企业管理者又不想用……总之,就是一个"不容易"!如何做好供应商的选用管理?

本章导读

- 怎样理解和定义培训供应商
- 企业什么情况下选用供应商
- 企业从哪几个方面选供应商
- 培训供应商的五步管理流程
- 如何对供应商进行优化管理

一个企业的培养能力、培训资源也会随企业开始发展而发生变化。当人才培养能力、培训资源不能满足企业业务发展需求，企业借助外部资源来完成企业培训工作任务就显得非常重要。培训资源一般集中在培训咨询机构、高校等，培训部门如何选好、用好这些培训供应商，最大化培训资源利用率、最大化培训效果对培训管理非常重要。

第一节 培训供应商的定义

企业将自身培训相关工作委托给外部机构协作完成，并支付相应服务费用，被委托的机构即为培训供应商。培训供应商提供的产品就是培训服务，包括培训方案策划、讲师、课程、系统解决方案等。

表11-1 供应商分类方法（按性质分类）

序号	类型	说明	应用方向
1	培训+咨询类供应商	提供企业咨询服务，从咨询角度提出企业能力提升方案，同时提供培训服务的培训机构	企业战略式合作
2	专业性培训供应商	专注于某个专业领域内的培训机构，能够提供讲师、课程、培训方案	项目式合作
3	单项培训机构供应商	高校、研究机构、鉴定中心、认证部门等机构，在特定方向有专业特长与资质，满足企业个性化需求的机构	单项单人式合作

表11-2 供应商分类方法（按影响力分类）

序号	类型	说明	应用方向
1	全球知名培训供应商	服务于全球跨国企业的供应商，具备全球领先的培训方法、培训课程、培训讲师，能够提供国际化企业能力发展项目的咨询服务	企业战略转型、前沿咨询、重大项目培训等
2	国内知名培训供应商	服务于国内大型企业，在培训行业内有较高知名度，具备国内领先的培训方法、培训课程、培训讲师。具备一定的咨询能力，能够开发人才培养解决方案	企业重大项目、人才发展与能力提升项目等

续表

序号	类型	说明	应用方向
3	地方性培训供应商	本地化培训企业，主要服务于本地客户，具备成本和效率优势，能够提供课程、讲师服务	企业一般外培、外聘讲师培养项目，区域事业部重点培训项目等
4	企业性培训供应商	对外服务的企业人才发展中心等企业性质的培训机构，能够提供企业实践方面的特色课程	企业标杆学习等专项培训项目

第二节　培训供应商选用的前提

培训供应商凭借其专业性，成为企业内部培训能力、培训资源的重要补充。当企业培训面临以下情况时可考虑选用培训供应商。

一、培训能力不足

当企业需要某种培训服务，而自身又不能在培训资源或培训能力上得到保证，需选用外部培训供应商资源。

二、追求更高效率

当从外部组织或个人处获得某种培训服务的效率更高时，企业倾向于选用外部培训资源。

三、追求更高质量

当外部组织或个人提供的培训服务具有更佳的品质时，企业倾向于外部培训资源。

四、追求投入产出比

当从外部组织或个人获得某种培训服务性价比更高时，企业倾向于选取外部培训资源。

五、推动组织能力提升

企业在自身能力建设受阻，不能满足企业战略发展的能力需求时，需及时引进供应商帮助其转型升级。

第三节　培训供应商体系的设计

一、系统性原则

外部培训供应商的管理遵循系统性原则。供应商的规划、分类、筛选、使用、评估分级、动态管理，都有一系列的管理标准来管理规范。

二、动态性原则

外部培训供应商需要进行周期性的动态管理，包括各种评估标准的动态调整，供应商入库、出库、分类、分级的动态调整。

三、强制性原则

必须使用资源库内的培训供应商资源，任何组织和个人不得自行选择资源库外的机构，如果必须使用库外资源，应按流程对新资源进行筛选、评估，达到入库标准后方可使用。

四、招投标原则

企业应建立招投标管理制度，对培训项目的供应商从供应商体系中通过招标最终选用。

第四节　培训供应商的管理流程

培训供应商管理的业务及流程，主要包括五方面内容，如图11-1所示。

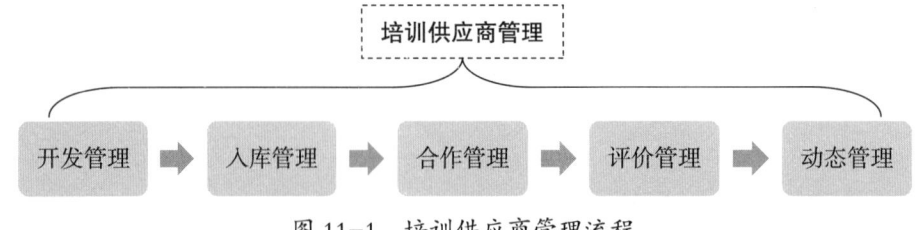

培训供应商管理：开发管理 → 入库管理 → 合作管理 → 评价管理 → 动态管理

图11-1　培训供应商管理流程

一、培训供应商开发管理

培训供应商开发管理主要包括制订供应商开发计划，按计划寻找供应商资源，组织相关管理人员对供应商进行评审，经评审通过后进入供应商资源库几个环节，如图 11-2 所示。

1. 制订计划 ➡ 2. 寻找资源 ➡ 3. 洽谈评价 ➡ 4. 预备入库

图 11-2　培训供应商开发流程

（一）制订供应商开发计划

每年在制订下一年度的培训计划时，制订企业培训供应商资源开发计划。各部门按照计划要求对培训供应商库进行评估。根据评估提出开发、调整、补充计划。

（二）寻找优秀供应商资源渠道

对供应商信息进行收集，培训管理人员通过索要资料、面谈、实地考察、试听公开课推介会、咨询其合作过的客户等方式收集目标供应商的信息，核实能力信息及适用性，信息收集方式包括以下几种。

第一，参加培训供应商大会：培训行业协会经常会组织供应商年度推介大会，各大型培训企业均会参展，通过供应商大会可以广泛收集目标领域的课程、讲师、平台、培训解决方案等资源，此方式可以作为新培训供应商信息收集的平台。

第二，试听公开课推介会：各培训企业为了展示企业讲师、课程等培训实力，往往会选择企业品牌化的资源，开展公开课试听，邀请各企业培训管理人员参与体验，通过这种方式可以了解到目标资源细节，评估是否有其他可引进的资源。

第三，与培训同行沟通：与培训同行的沟通也是寻找优质供应商资源的重要方式，借助培训沙龙、培训交流会等机会，与其他企业培训人员进行交流，从第三方的角度，听取他们对培训供应商的评价，并从中筛选适合自己的供应商。

第四，向其服务过的客户咨询：通过对其已服务过的客户进行访谈交流等，综合评判其在产品、师资、价格、服务支持等方面的情况。

> **小贴士**　服务客户咨询非常重要，对供应商曾经的服务客户进行回访咨询能够全面了解供应商以往培训能力、服务水平及效果，是对供应商能力水平的客观评价，能够有效指导企业对供应商选择的评估判断。

（三）收集供应商能力信息

当我们初次跟供应商电话沟通时，可以初步了解供应商的相关信息维度，以初步判断是否大致符合企业培训需求，便于判断是否还要持续跟进、深度挖掘培训契合度。

培训部门初步接触培训供应商，可以从几个维度关注，如培训供应商的名称、资质、擅长领域（含数字化学习平台、线上课程、线下课程）、合作讲师情况（代表讲师、独有签约讲师、合作讲师等）、合作企业、承办项目、取得荣誉、目前企业需求课程是否可以匹配等，通过供应商提供的材料初步判断是否符合培训需求。

表 11-3　供应商信息整理表

序号	供应商名称	擅长领域	课程清单	课程大纲	代表讲师	合作企业	承办项目	联系方式

擅长领域和代表讲师可以看出供应商的实力。培训部门一般会选择在本行业中具有丰富实战经验的讲师进行合作，课程清单、课程大纲可以看出是否符合业务部门的培训需求；对于合作企业和承办项目，与同行业合作越多的供应商、与知名企业合作越多的供应商，越有吸引力。

（四）评估供应商能力

1. 如何评估供应商的能力特点

通过访问供应商或邀约供应商上门，与供应商进行面谈交流，详细了解供应商的能力与资源状况，应用以下四点发现供应商能力特点。

（1）听介绍

听取供应商自我介绍，从他们的企业发展历史、企业规模、产品类别、师资课程等方面进行初步判断，建立对供应商的基本概念和认识。

（2）看案例

重点了解供应商培训解决方案的设计能力，通过对供应商以往经典案例的详细介绍，评价供应商能力水平。

（3）剖能力

在了解以上情况的基础上，向供应商提供企业培训需求，听取供应商对企业培训需求的剖析和理解，初步了解供应商是否具备满足本企业需求的能力。

（4）询资源

进一步了解培训供应商资源的情况，主要包括咨询顾问、讲师配备、费用标准等方面，是否符合企业要求。

2. 培训供应商的评估标准

选择培训服务供应商需要建立标准，形成供应商评估的指标体系。以下是常用的评估维度。

（1）品牌与知名度

通常情况下，企业选择供应商时，会关注那些在业界经营时间久、口碑良好的供应商。他们一般在该领域有一定美誉度，有较大的客户群及相关的实战经验。这些国内外知名的咨询、培训类企业，会给企业带来很多先进的技术和行业领先的培训经验。

（2）规模与实力

供应商企业规模在一般情况下也会为企业所看重，培训服务行业作为教育行业的一个分支，与整个企业经营管理实践发展密不可分，一些新兴的企业由于专业领域优势，也会被企业选用。

（3）讲师团队

培训讲师的口碑是企业关注的焦点。如果培训讲师有为一些知名企业服务过的经历，基本上可认为他具备了理论与实践相结合的资历。对于知识理论要求高的课程也可以请高校的理论专家，他们对前沿理论研究具有权威性。高校汇聚了很多先进企业、专家的资源，管理、实践、总结、提炼方面的培训也可请这些高校专家。一些小的服务供应商"拼凑"的培训师团队，存在讲师专业水平不高、管理经验匮乏，仅凭口才表达跑江湖的"游医"的问题，这些情况应识别并尽力规避。

（4）课程体系

培训供应商某个专业领域优势的体现，往往反映在它们的课程体系，特别是版权课程上。一些供应商即使规模较小，但在某个方面很专业，也会吸引企业的目光。关键是供应商对企业的真正需要能够诠释和转化，设计符合企业需要的方案和课程。随着移动互联网的发展，培训供应商数智化学习平台的开发能力，也是企业重要考虑的因素之一。

（5）服务能力

企业与培训供应商合作后，最重要的是后期的项目运作、课程实施落地。在培训计划实施过程中，培训供应商是否能提供专业的团队来保障企业培训项目工作，关系到项目的质量及成败。好的培训供应商不仅能够在培训实施中保证项目的质量和效果，还可以提供后续的跟踪服务，参与企业后续的培训成果的转化工作，并为下一步工作提供指导。这些供应商才是企业长期合作的战略伙伴。

（6）价格因素

不同培训服务供应商的项目报价会有很大的差异，需要找出其报价差异的真正原因，从供应商的综合能力、规模、经验以及培训需求真正相吻合等方面进行综合评价。

（7）客户评价

培训供应商曾经服务过的客户对该供应商培训能力和服务水平的评价，也可以作为企业选择供应商时的重要参考依据。

表 11-4 供应商资质评估表

供应商名称		企业性质		成立时间	
企业地点		联系人		联系电话	
关键业务领域				注册资本	
评估栏					
培训部门与业务部门评价	评估内容	评估说明	5 4 3 2 1			
	企业知名度、品牌与影响力	企业口碑					
	企业规模与实力	企业整体实力					
	讲师能力	讲师队伍、知名度、实力					
	课程体系与课程专业度	课程体系完整性与专业度					
	服务团队素质和能力	培训服务人员的能力水平					
	价格因素	价格与市场比较如何					
	客户反馈与评价	其客户对他们的评价如何					
评估结论	合格 不合格	评估人：				
人力资源部	结论：合格 不合格 建议：□入库 □待定 □不入库				

二、培训供应商入库管理

（一）培训供应商的分类入库

1. 培训供应商的分类目的

企业可根据以上几个通用的培训供应商评价维度，结合企业需求，进行企业内部供应商管理的标准设计。通过标准化的评价，对供应商进行分类管理，以便企业有侧重地选择适合的供应商提供服务，提高培训的针对性和有效性。

2. 各类供应商分类定义

A 类供应商——战略伙伴型：供应商能力卓越，所擅长领域及拥有的先进技术方法，能有效支撑企业培训人才核心竞争力。该类供应商与企业发展的业务、职能战略具有相关性。

B 类供应商——项目合作型：供应商具有知名客户，项目经验丰富，能有效满足现阶段企业各支人才队伍培养需求以及相关专业领域的能力提升。该类供应商在培训内容、技术服务上重要性较高。

C 类供应商——课程提供型：供应商提供的课程，能较好地满足现阶段企业培训需求。该类供应商是对企业发展重要性较低的零散课程、师资，可以通过竞价方式降低总体培训成本。

表 11-5 供应商的分类标准

	合作定位	合作形态	供应商义务	服务产品与领域	开发选用策略	开发责任单位
A类（战略伙伴型）	中长期合作定位，基于公司战略要求，针对人才培养体系及重点项目进行的技术性合作，满足公司未来中长期人才发展需求	项目性合作（框架性合作协议/项目咨询服务）	在合作期内除了协议内容之外，技术型供应商： • 参与公司各类人才培养开发工作 • 就行业形势、人才管理技术等方面提供义务咨询	核心人才培养体系搭建，培训资源体系建议等	培训项目洽谈及建议方式选用	培训部门/人才发展中心
B类（项目合作型）	中短期合作定位，满足现阶段各类人才及专业领域需求，针对集团年度或跨年计划进行的项目性合作，满足公司中短期人才发展需求	项目性合作（框架性合作协议/项目合作协议）	在合作期内除了协议内容之外，项目型供应商： • 参与公司各类人才培训项目策划及评估工作 • 应提供给公司更多的师资优惠政策	各类人才重点培训项目，培训项目需求调查，课程设计及效果评估	培训项目洽谈及建议方式选用	公司各单位
C类（课程提供型）	年度合作定位，培训体系中自有师资队伍讲授范围之外管理及专业课程、标杆企业专家类，满足当前公司业务实践需求	劳务性合作（聘用合同/劳务费支付方式）	在合作期内除了协议内容之外，课程型供应商： • 公司各单位的课程同步开发工作 • 应提供给公司更多的师资优惠政策	提供满足各支人才队伍培训需求的课程、讲师	多家产品价格竞争方式选用	公司各单位

3. 外部培训供应商的分类标准

培训部门从供应商基本情况、讲师情况、成功案例三个方面进行打分，分值在 90 分以上的为 A 类供应商，分值在 80 分至 89 分的为 B 类供应商，分值在 70 分至 79 分的为 C 类供应商。分值低于 70 分的不得进入供应商资源库。

表 11-6 培训供应商评分标准

评价项目		说　　明	分值标准（分）	分值评价
培训供应商基本情况	供应商资质	资质越好（咨询行业背景、国际化背景、行业知名度、美誉度等），分数越高	10	
	擅长领域	擅长领域越多，运行时间越长，分数越高	10	

续表

评价项目		说　　明	分值标准（分）	分值评价
培训供应商基本情况	课程体系	课程体系的丰富性越好，分数越高；课程开展时间越长，说明课程越成熟，相应分数应该越高	10	
	流程设计	是否有课前分析，课后效果评估以及培训后跟进	10	
	专业服务团队	专业服务团队人数越多，提供的服务越专业，分数越高	5	
讲师情况	课程研发团队	课程研发团队人数越多，资质越强，分数越高	5	
	讲师团队	专职讲师越多越好，专职兼职讲师比越高，相应分数越高	10	
	金牌讲师	金牌讲师数量越多，业内口碑越好；头衔及以往经验越多，相应分数越高	5	
成功案例	服务客户	客户数量越多，500强企业越多，分数越高	5	
	客户相关性及项目质量	制造行业客户越多，分数越高；参与项目质量及数量越多，分数越高	5	
	客户回访情况	如果不能配合做客户回访，该分数为零；客户回访反馈越好，分数越高	5	
试听反馈		反馈越好，分数越高	10	
费用		费用越低，分数越高（只在合作时参考，不做入库限制）	10	
总分			100	

（二）培训供应商资源库开发

组织相关人员或单位对拟选的培训供应商进行评估并分类，将评估结果进行汇总统计，如出现不同评估人对同一供应商评估结果差异较大的情况，培训部门组织评估人进行讨论，经评估审批后的供应商进入资源库并由整个企业共同使用。

表11-7　培训供应商入库台账

序号	供应商名称	供应商级别	入库时间	可提供产品与服务	服务类别（通用类/管理类/研发类/营销类……）	擅长领域	联系人	职务	手机号码	办公电话	邮箱

三、培训供应商合作管理

（一）入库供应商合作会谈

经批准进入企业培训供应商资源库的供应商要与相关部门面谈并签订合作意向书。合作意向会谈要点如下。

1. 合作内容

合作的形式及专业领域。

2. 合作流程

合作的流程及方式，以及对培训课程试听后按效果议价等。

3. 价格保证

按课时计算的课程单价费用，培训供应商承诺提供给企业的相关课程培训是所有客户提供的市场最优价格或其他价格，否则培训供应商应退还差价部分或由企业在应支付培训供应商的服务费用中予以扣除。

4. 服务承诺

合作过程中培训供应商提供的服务项目和内容，包括课程资料提供、培训场地准备、培训现场其他服务以及其他相关项目。

5. 增值服务

年度合作达到一定规模后，培训供应商应提供的增值服务，如赠送课时、咨询服务、课程资料等。

6. 保密义务

未经允许，不得擅自将企业相关秘密培训课程或培训项目信息对外传播和外用。

7. 维护企业美誉度

供应商在任何场合不得散播不利于企业的信息，在进行相关课程培训时，不能随意对企业的企业文化及其他制度进行评价。

（二）按需求从库内选用

外部培训供应商入库并不代表立即合作或使用，只有在有培训课程或项目需求时，相关课程或项目负责人才会到外部培训供应商库中进行选择。

（三）按需求补充供应商

培训部门依据具体培训计划，在培训供应商资源库中进行课程和讲师资源的匹配。若现有供应商中暂无合适的资源，则按照培训供应商甄选标准寻找外围供应商资源，按流程纳入资源库后再进行使用。

（四）供应商招标投标管理

1. 明确招标需求

管理部门根据培训项目需求，把相关信息发布给库内的供应商并组织招标的前期准备工作。

2. 邀约企业投标

受到邀请的供应商根据要求将相关课程信息及讲师简介、培训费用、合作方案等信息在规定时间内制订方案并报送。

3. 评标公示结果

组织招标会议并评标，培训部门根据供应商提供的信息进行汇总、分析，综合比较培训方案质量、讲师水平、价格等，对招标中标的结果进行公布。

表 11-8　培训课程招标书

一、课程基本情况介绍
1. 课程名称：
2. 培训时间：×× 年 ×× 月 ×× 日　上午/下午
3. 授课时长：× 小时
4. 培训对象：单位部门岗位层次/级别，共 × 人
5. 培训地点：
6. 培训预算（含授课费、差旅费、教材费）：
二、培训课程需求
1. 课程背景介绍：什么情况下组织的培训，为解决什么问题，是单独组织的培训还是系列课程中的一门课程，或者穿插在 ×× 主题大会中的培训。
2. 培训目标：采用什么样的培训方式，为哪类单位/人员进行什么内容培训，提高培训学员哪方面业务与技能水平，或补足能力短板。
3. 课程内容需求要点：结合内训需求，明确课程内容的纲要、讲授重点、案例分析或答疑等需求。
4. 讲师需求：具体提出对讲师的从业年限、行业背景、主讲课程、授课风格等要求。
三、竞标说明
1. 时间要求：× 年 × 月 × 日前将以下材料反馈至联系人处，具体竞标结果在 × 日内反馈
2. 提交材料：需提交 2 名至 3 名备选讲师资料
A. 讲师简介（需附照片）　B. 讲师视频资料　C. 课程大纲及 PPT 讲义
D.《课程推荐书》（需签字）
3. 联系方式：联系人：×××　电话：×××

表 11-9　供应商课程推荐书

××企业：

我企业提供以下课程与讲师供贵企业选择采购：

课　程	姓　名	简要介绍 （专业、授课风格匹配情况）	推荐理由 （是否现场试听或提供授课视频）	报价 （含授课费、差旅费、讲义费）
课程 1	讲师 1			
	讲师 2			
课程 2	讲师 1			
	讲师 2			

我企业对所推荐讲师已认真审核，在讲师授课领域、讲师背景、授课风格及合作经历等方面与需求课程较为匹配，详细资料请参考附件。

表 11-10　外采课程评估表

培训课程		培训对象		培训时间		费用预算				
培训目标										
供应商所提供服务比较（项目式培训建议 3 家以上）										
供应商名称	资质类别	往期合作评级	讲师姓名	讲师简介	服务费用	付款方式	服务内容	优势	劣势	整体建议
批准				审核				编制		

（五）供应商培训合同的签订

招标结果公布并确认无问题的供应商，双方履行合同签订程序，合同审批手续完成后方可组织实施培训项目。

表 11-11　培训合作协议范本

培训合作协议
委托单位（甲方）：　　　　地址： 承接单位（乙方）：　　　　地址： 　鉴于乙方是经过合法登记、具有培训资格的法人，有能力提供相关的专业培训；

续表

甲方需要为其特定群体提供某些方面的专业培训；

现甲乙双方经过友好协商，就乙方为甲方提供相关培训事宜达成如下一致意见。

一、培训内容

本次培训内容为×人员开设，以课程体系展开，接受培训人数×人，最多不超过×人，培训课程体系包括：

二、培训时间与地点

2.1 培训时间安排：

培训总体安排在×年×月×日，培训时间为×，共计×小时。具体授课安排是×。具体事宜由双方协调决定。

2.2 培训地点：甲方指定。

三、费用及支付

3.1 培训费用：

基于本合同中乙方提供的培训服务，甲方应支付的培训费用总计为×元；

该培训费用包括×费、×费、×费等本次培训所需的费用。

3.2 支付方式：电子汇款、现金或支票形式。

当每个阶段培训完成后十个工作日内甲方向乙方支付当次合同款。

开户行：××× 　　　　　户名：××× 　　　　　账号：××××

四、乙方的义务

4.1 乙方应保证本合同项下的培训由乙方的资深培训师承担，未经双方书面一致同意，不得变更。

4.2 乙方负责课前需求的沟通与调研，并根据需求设计课程。

4.3 乙方负责甲方项目筹备阶段宣导、学员选拔的咨询建议。

4.4 乙方负责提供合同内所授课程课件作为项目运作资料。

4.5 乙方负责课后出具课程总结报告书。

4.6 乙方承担培训讲师住宿和交通费用。

五、甲方的义务

5.1 由甲方负责本合同所指的培训的课室、培训所用教学设备等。

5.2 由甲方自行提供一名工作人员协调培训期间的会务事宜。

5.3 由甲方负责乙方培训讲师和助教的午餐安排。

六、违约责任

双方在本合同生效后出现以下情况时，违约一方需要向另一方支付相当于本合同全部培训费用15%的违约金：

6.1 未经甲方书面同意，乙方单方面更改培训师的。

6.2 未经甲方书面同意，乙方单方面变更培训时间的。

6.3 甲方未经乙方书面同意，单方面变更培训时间的。

6.4 甲方未经乙方书面同意，单方面取消本培训合同的。

七、知识版权

7.1 甲方不得利用本合同所定的培训进行经营和谋利活动。

7.2 本合同所定培训中使用的讲义、资料等文本均属乙方版权所有，仅限于甲方参加培训的人员培

续表

训期间学习及课后复习使用。未经乙方书面授权许可，甲方不得利用讲义、资料等进行营利性活动。

7.3 培训期间甲方未经许可不得进行现场录音及录像。

八、附则

8.1 甲乙双方因本合同引起或在履行本合同中出现任何争议时，应通过友好协商的方式予以解决。经协商未能解决的，通过甲方所在地人民法院诉讼解决。

8.2 甲乙双方同意此合同的所有内容，并以签字盖章确认。

8.3 此合同一式两份，甲乙双方各持一份，经双方法定代表人或授权代表签字盖章后生效，具有同等法律效力。

九、廉洁自律条款

9.1 乙方声明并保证因签订或履行本合同而提供给甲方的任何信息、材料是真实、完整、正确、合法、有效的，没有提供虚假材料、伪造证章。

9.2 乙方保证，乙方及其人员不向甲方人员或其亲属直接或间接允诺、给付任何贿赂或其他不正当利益，包括但不限于回扣、佣金、有价证券、实物、银行卡、存折、房屋装修、车辆购置或使用、不当出工出力、出资旅游、生日婚礼宴请、不当馈赠、不当招待或其他形式的好处。

9.3 乙方声明并保证甲方人员没有借由本合同的签订或履行直接或间接投资乙方或持有乙方的股权，且声明并保证没有借由本合同的签订或履行而使甲方的人员或其亲属到乙方任职或担任顾问。

9.4 若乙方发现甲方人员有任何形式的索贿受贿行为，乙方应向甲方举报（来信、来访地址）。对举报属实和严格遵守廉洁自律条款的乙方，在同等条件下甲方可优先考虑与乙方继续合作。

9.5 乙方声明在双方业务往来期间及合作终止后三年内不对甲方同类业务人员，包括但不限于董事、经理、职员等采取任何手段使其离开甲方到乙方或乙方关联企业工作或任职。若出现该类情况，则属乙方违约及侵犯甲方合法权益的行为。

甲方：	乙方：
盖章/签字：	盖章/签字：
日期：　　　年　　月　　日	日期：　　　年　　月　　日

四、培训供应商评价管理

（一）培训供应商多维评价

培训需求部门和外部培训供应商根据合同约定的内容准备培训资源并组织人员实施培训。在培训活动实施的过程中及项目结束后，对项目执行情况进行打分，依据打分结果对供应商评级。

表 11-12　供应商评价打分表

序号	评估项目	评估人	分值（满分）	评分标准说明	
				最低分	最高分
1	学员满意度	学员	20	满意度<17	满意度≥17

续表

序号	评估项目	评估人	分值（满分）	评分标准说明 最低分	评分标准说明 最高分
2	课前需求调研深度	项目经理	5	不做课前调研	通过各种方式对不同对象的深入沟通，了解实际业务对培训的特定需求
3	培训方案质量	项目经理	10	仅提供标准模板的培训方案	根据课前需求调研设计定制的方案，包括内容和案例的设计等
4	讲师风格、能力、技巧	项目经理	15	专业能力较差，缺乏授课技巧，授课死板	能在授课过程中充分显现和分享个人在专业上的丰富经验，且有丰富的授课技巧与经验，受学员欢迎
5	协助组织培训实施能力	项目经理	5	无协助组织人员	协助组织工作专业，人员充足，且能给予合理建议并实施
6	合同/方案执行力度	项目经理	10	无特殊情况下违背合同/方案的实施方法、时间、讲师人选等	完全按照合同规定实施，执行水准专业，操作灵活，能够处理突发情况，按计划实施
7	售后服务满意度	项目经理	10	无任何课后的反馈与追踪	提供及时主动有价值的课后反馈与学员追踪服务
8	培训风险控制	项目经理	5	无任何训前风险提醒与控制措施	预测培训风险，并提前告知措施
9	供应商忠诚度	项目经理	10	不能优先满足培训需求	优先满足企业培训需求并且积极提升培训质量
10	培训效果评估结果	项目经理	10	培训后没有效果	有三级以上效果评估且结果优秀

（二）培训供应商分级评价

1. 培训供应商分级目的

通过培训供应商在实际合作过程中表现出来的能力水平甄别培训供应商的合作质量，建立优质供应商资源库，剔除劣质供应商，为以后的合作选择提供参考依据。

2. 培训供应商分级原则

培训供应商分为三星、二星、一星三个级别。三星为最高，即合作质量最高的供应商。分级主要参考项目评估结果。有多次合作的供应商年度级别定为每次合作分数的平均值。

3. 培训供应商分级标准

每次培训项目后的评估结果90分以上为三星，80分至89分为二星，70分至79分为一星，70分以下为无星，即劣质供应商。若课程内容、讲师或者支持工作出现重大问题，致使培训工作中止或者无法继续进行，给受训学员造成直接损失的，在打分基础上降两个星级。如课程内容、讲师或者支持工作出现问题，影响培训的效果和培训工作顺利开展，可以采取必要的补救措施进行补救，但没有致使培训工作中止的，在打分基础上降一个星级。

（三）培训供应商评级周期

每次培训项目结束后一周内，所在单位的培训组织者完成评估，A 类供应商的评估结果反馈至培训部门，B 类及 C 类供应商的评估结果计入统计表。每年年底对整年的合作供应商进行整体评估，评定年度级别，并将所有评估结果反馈至培训部门。如出现不同评估方对同一供应商评估结果不一致的情况，则由培训部门出面组织评估方进行讨论，得出一致的结论。培训供应商评级结果应用表如表 11-13。

表 11-13　培训供应商评级结果应用表

供应商贡献度	升降级标准	后续合作建议
核心供应商	连续 3 年评定为三星	保持战略性长期合作
关键供应商	连续 2 年评定为二星	保持长期合作
一般供应商	连续 1 年评定为一星	保留供应商核心业务领域的合作，取消其他领域的合作
劣质供应商	合作一次评定为无星或连续两次评定为一星	淘汰
外围供应商	入库后一年内没有合作	年度重审资质标准

第十二章
职工教育经费管理

职工教育经费，企业需要全过程管理，涵盖政策管理（国家法规、列支范围等）、预算管理、决算管理、过程管理、审计与合规管理等，其有效投入使用可以最大化支撑企业战略与人才发展目标。

本章导读

- 职工教育经费的管理要素有哪些
- 企业如何定好用好职工教育经费
- 如何掌握职工教育经费预算方法
- 如何做好职工教育经费五大管理

培训行业是否繁荣，这与企业的经营情况好坏密切相关。企业在经营过程中，首要解决的是生存与发展问题。企业经营不好，能力不行，可以通过招人、培育人的方式解决。如果企业发工资都困难，何来钱去组织培训？培训后能否立即解决问题，这是企业开展培训工作的重要因素。评价一个企业对培训工作重视度的指标之一可看其是否舍得"投入"，即投入职工教育经费、投入时间、投入精力等。对职工教育经费的投入，除国家规定的指导性政策外，企业对职工教育经费的管理非常重要。如何做好职工教育经费政策管理、预算管理、过程评价、决算管理、审计与合规等全方位的管理，也是企业非常关心的课题，培训部门应该确保职工教育经费管理有效和投入效益最大化，助力企业战略解码、业务发展和人才培养目标达成。

第一节　职工教育经费的定义

"职工教育经费"，也称为"培训经费"或"培训费用"，是指企业按工资总额的一定比例提取用于职工教育的一项费用，是企业为职工学习岗位技能和提高自身素质水平而支付的费用。职工教育经费可以用于上岗和转岗培训、各类岗位适应性培训、岗位培训、职业技术等级培训、高技能人才培训、企业组织的职工外送培训、职工参加的职业技能鉴定、购置教学设备与设施等。

管理职工教育经费可以了解和掌握各部门职工教育经费的提取和使用情况，可以提高经费使用效益，保障企业员工培训工作的顺利进行。

第二节　职工教育经费业务架构

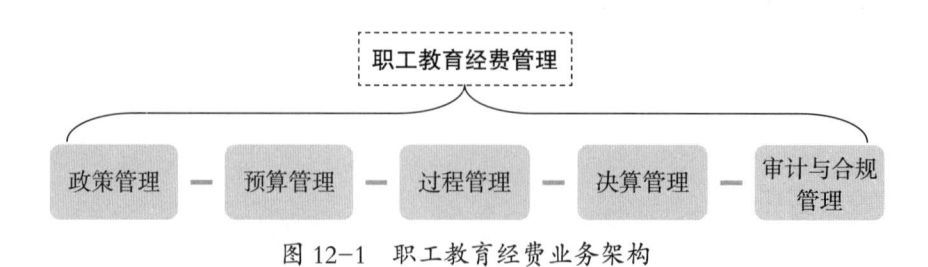

图 12-1　职工教育经费业务架构

第三节 职工教育经费政策管理

一、国家对职工教育经费的规定

财政部、中华全国总工会、国家发展改革委、教育部、科技部、国防科工委、人事部、劳动保障部、国资委、国家税务总局、全国工商联关于印发《关于企业职工教育经费提取与使用管理的意见》的通知（财建〔2006〕317号），以下简称为《意见》，相关规定如下：

1. 计提比例和基数

《意见》要求：切实执行《国务院关于大力推进职业教育改革与发展的决定》（国发〔2002〕16号）中关于"一般企业按照职工工资总额的1.5%足额提取教育培训经费，从业人员技术要求高、培训任务重、经济效益较好的企业，可按2.5%提取，列入成本开支"的规定，足额提取职工教育经费。按照国家统计局《关于工资总额组成的规定》（国家统计局1990年第1号令），工资总额由计时工资、计件工资、奖金、津贴和补贴、加班加点工资、特殊情况下支付的工资六个部分组成。企业应按规定提取职工教育经费，并按照计税工资总额和税法规定提取比例的标准在企业所得税税前扣除。当年结余可结转到下一年度继续使用。企业的职工教育经费提取、列支与使用必须严格遵守国家有关财务会计和税收制度的规定。

2. 列支范围

《意见》对企业职工教育经费列支范围作出了详细规定，明确了购置教学设备与设施费用，职工岗位自学成才奖励费用可在职工教育经费中列支；企业职工参加社会上的学历教育以及个人为取得学位而参加的在职教育，所需费用应由个人承担，不能挤占企业的职工教育经费；企业高层管理人员计划境外培训和考察，其一次性单项支出较高的费用应从其他管理费用中支出，避免挤占企业的职工教育培训经费开支；企业购置教学设备与设施在职工教育经费中列支等。

3. 税收方面规定

根据《财政部、税务总局关于企业职工教育经费税前扣除政策的通知》（财税〔2018〕51号，自2018年1月1日起执行）的规定，企业发生的职工教育经费支出，不超过工资薪金总额8%的部分，准予在计算企业所得税应纳税所得额时扣除；超过部分，准予在以后纳税年度结转扣除。

4. 结转规定

《中华人民共和国企业所得税法实施条例》第四十二条规定："除国务院财政、税务主管部门另有规定外，企业发生的职工教育经费支出，不超过工资薪金总额2.5%的部分，准予扣除；超过部分，准予在以后纳税年度结转扣除。"《国家税务总局关于企业所得税若干税务事项衔接问题的通知》（国税函〔2009〕98号）"五、关于以前年度职工教育经费余额的处理"规定："对于在2008年以前已经计提但尚未使用的职工教育经费余额，2008年及以后新发生的职工教育经费应先从余额中冲减。仍有余额的，留在以后年度继续使用。"

二、企业对职工教育经费的规定

在国家政策规定范围内，企业可根据本单位实际情况进行内部制度的设计，坚持在企业预算范围内尽可能利用计提职工教育经费节省税费支出的政策，具体可以从以下三个方面来开展。

（一）企业职工教育经费计提比例的确定

各企业在符合国家政策规定的基础上，可自行规定本企业职工教育经费计提比例，主要参考依据包括：

第一，近三年职工教育经费支出总额与工资总额占比情况。

第二，企业业务发展带来的培训需求变化。

第三，企业人员数量变化及未来的人才发展目标等。

（二）企业职工教育经费计提基数的确定

企业职工教育经费的计提基数是税前工资总额，根据《国家统计局关于工资总额组成的规定》第四条的规定，工资总额由计时工资、计件工资、奖金、津贴和补贴、加班加点工资、特殊情况下支付的工资六个部分组成，其中应特别注意企业因使用劳务派遣人员而支付的工资等相关费用不能作为本单位职工教育经费的计提基数。

（三）列支范围

根据《关于企业职工教育经费提取与使用管理的意见》（财建〔2006〕317号）的内容，国家对职工教育经费列支内容规定相对比较宽泛，只要是与企业职工教育培训相关的项目，一般均可列支，范围包括：

第一，上岗和转岗培训。

第二，各类岗位适应性培训。

第三，岗位培训、职业技术等级培训、高技能人才培训。

第四，专业技术人员继续教育。

第五，特种作业人员培训。

第六，企业组织的职工外送培训的经费支出。

第七，职工参加的职业技能鉴定、职业资格认证等经费支出。

第八，购置教学设备与设施。

第九，职工岗位自学成才奖励费用；

第十，职工教育培训管理费用；

第十一，有关职工教育的其他开支。

小贴士　职工教育经费列支范围的大小取决于企业职工教育经费实际支出的多少，为了尽可能利用职工教育经费政策，需合理规划企业内部职工教育经费统计和列支口径。

第四节　职工教育经费预算管理

一、预算编制的时间

职工教育经费预算编制工作启动一般在每年的第四季度，此项工作应与人力资源年度计划、培训计划编制工作同步进行，一般经过三个月左右的需求调查与预算编制评审，培训部门应于12月底前完成职工教育经费预算编制工作，并随年度培训计划下发。

二、预算编制的方法

（一）按计提总额分解预算法

以职工教育经费计提总额作为参考，按照企业管控模式、法人主体、业务发展阶段、员工培训的特点来预算企业和下级单位预算比例及费用余额。

（二）按人头费用标准预算法

依据不同人员层次及数量、不同部门类型，参考往年数据确定人均职工教育经费额度，加权得出部门预算总额度，在本额度范围内由部门进行培训计划及预算的最终制订。

（三）按人员类别计提预算法

按照人员类别，如管理人员、专业技术人员、国内营销人员、技能工人、海外营销人员等进行划分，再结合企业业务特点和培训关注重点确定各类人员经费投入比例，作为培训预算编制的参照，比如企业处在制造业要重点向一线操作技能工人倾斜，企业处在IT互联网行业要重点向技术开发人员倾斜等。

（四）按参考线预算法

企业根据历年职工教育经费决算结果，制定各类人员、培训项目的预算参考线，各部门按照此参考线进行经费预算。例如，企业根据历年经验规定中基层管理人员外聘讲师培训单天费用不超过 1.5 万元，中层管理人员外聘讲师培训单天费用不超过 2 万元，新入职技能工人外聘讲师培训单天费用不超过 1 万元等。

（五）按培训内容重要度逐级评审法

根据各部门提报项目重要度，按照业务发展重点、新业务、培训对象紧急程度等因素进行预算，对于重要度低，培训预算投入较高的项目进行预算调减。

三、预算编制

（一）职工教育经费预算编制的流程

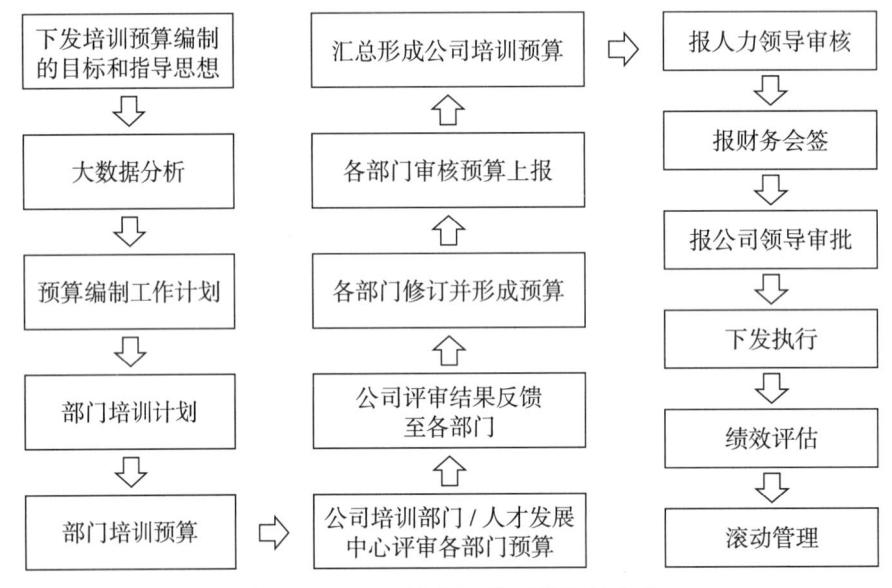

图 12-2 职工教育经费预算编制流程

（二）职工教育经费预算相关表单模板

企业可以按照职工教育经费预算分单位、分人员类别、分培训项目预算的管理原则进行编制。

第一，分单位预算汇总模板，主要用于企业对不同下级单位职工教育经费预算的管理，通过汇总评审分析确定哪些单位应加强，哪些单位应弱化，如表 12-1 所示。

表 12-1　职工教育经费预算表（按单位）

单位	当年经费情况		下一年经费预算		差异分析						备注
^	年度计提经费（元）	年度实际发生	年度计提经费（元）	年度经费预算（元）	计提经费同比		预算经费同比		下一年预算与当年实际比		^
^	^	^	^	^	差值	差幅（%）	差值	差幅（%）	差值	差幅（%）	^
单位1											
单位2											
……											
合计											

第二，分人员类别预算模板，主要用于企业对不同类别人员职工教育经费预算的管理，通过汇总评审分析，重点明确哪个层级的人员是下一年重点加强培训的对象，如表12-2所示。

表 12-2　职工教育经费预算表（按人员类别）

人员类别（分层次）		当年经费实际发生情况			下一年经费预算情况			差异分析			备注
^		年度总额（元）	年人均额（元）	占总量比（%）	年度总额（元）	年人均额（元）	占总量比（%）	年度总额（元）	年人均额（元）	占总量比（%）	^
管理人员	高层										
^	中层										
^	基层										
^	小计										
营销人员	高层										
^	中层										
^	基层										
^	小计										
专业技术人员	专家										
^	高级专员										
^	专员及以下										
^	小计										

续表

人员类别 (分层次)	当年经费实际发生情况			下一年经费预算情况			差异分析			备注
	年度总额（元）	年人均额（元）	占总量比（%）	年度总额（元）	年人均额（元）	占总量比（%）	年度总额（元）	年人均额（元）	占总量比（%）	
技能人员 高级技师										
技师										
技工										
小计										
合计										

备注：不同企业根据实际情况来识别其人员分类。

第三，分培训项目预算模板，主要用于企业对不同项目职工教育经费预算的管理，通过汇总评审分析，明确哪些项目是下一年重点培训的项目和企业未来人才发展与知识技术创新的重点，如表12-3所示。

表12-3　职工教育经费预算表（按培训项目）

培训项目	项目类型	主要内容概述	培训对象	参加人数（人）	预算金额（元）	人均费用（元）	实施单位	备注
项目1								
项目2								
……								
合计								

表12-1、12-2、12-3是职工教育经费的最基本、最重要的预算表单模板，通过有效表单模板设计，可把职工教育经费使用方向很好地预算出来，表12-1按单位/业务来预算，这样既明确了经费预算总量情况，又兼顾到了单位/业务的经费预算情况；表12-2通过对比不同人员类别的职工教育经费预算，反映了各类人员职工教育经费投入情况，凸显经费重点投入了哪类人员的培训；表12-3按项目预算金额大小进行排序，明确通过哪些重点项目来推进年度培训工作。

为了便于汇总评审，培训部门要求各下级单位应按照企业统一要求的表单模板进行预算编制。每家企业可视实际情况进行调整与细化，如预算表单模板表12-2可以按人员系统（营销、研发、制造、人力、财务等）进行人员细分预算等，细化各维度预算数据，更好生成基于数据测算的预算计划。

（三）职工教育经费预算的评审

各级预算单位按照企业的预算编制原则、流程、目标，组织编制完成本单位年度职工教育经费预算并进行逐级评审后报企业培训部门（总部），企业总部依据费用总量通过控制、投入业务人群比例、项目重要度等维度对各级单位经费预算进行系统评审，最终形成企业培训预算初稿，与财务部门进行沟通评审后，形成职工教育经费预算提交企业级会议评审，经评审通过后下发各下级单位执行。

第五节　职工教育经费过程管理

一、分类管理

（一）费用类别

职工教育经费按照费用类别，一般可分为直接费用和间接费用两类。

表 12-4　职工教育经费列支费用表

序号	费用类型	费用名称	说明	备注
1	直接费用	授课费	内部、外部讲师的授课费用	
		场地费	培训实施场地的租用费用	
		培训器材、教材费	培训实施必需的培训器材、道具、培训教材印刷费用	
		课程开发费	培训课程开发设计费用	
		鉴定、认证、取证费	职业技能鉴定、职业资格认证、特种工取证等经费支出	
		教育仪器、设备费	主要是指购置一般教学器具、仪器、图书等费用	
2	间接费用	食宿费	培训项目实施过程中学员、讲师的食宿费	
		差旅费	培训项目实施过程中学员、讲师的差旅费	
		其他费用	其他与培训项目实施相关的间接费用	

（二）列支口径

按专用列支口径可分为以下两种方式：

第一，列支范围为直接费用和间接费用。适用于职工教育经费不能充分使用的企业，如果该企业计提范围内的职工教育经费不能够被充分使用，应当选择大口径管理的方式，将培训间接费用纳入职工教育经费列支的范围，充分使用计提额度。

第二，列支范围为直接费用。适用于职工教育经费使用较为充分的企业，如果本企业计提范围内的职工教育经费已经得到充分使用，应选择小口径管理的方式，主要满足企业培训直接费用的列支，间接费用（比如培训附加的差旅费、食宿费）也可从企业行政费用、招待费用中列支。

二、分级管理

一般规模较大的企业或集团化的企业，应该采用分级管理的模式"1+N"，"1"代表总部、"N"代表各控股企业、直属企业、子企业、事业部等。职工教育经费管理应该采用"1+N"模式的分级管理，"1"总部牵头制定统一的职工教育经费管理制度，"N"按照实际情况，差异化制定自身职工教育经费管理制度，但是不可违背总部的职工教育经费管理制度总原则和标准，最大化保持集团总部的管理可以"上行下效"，最大化保持职工教育经费的高效管理、合规使用等。

三、过程管控

（一）定期职工教育经费统计分析

每家企业实际情况不同，可约定月度、季度滚动编制当期培训总结含职工教育经费决算和下期培训计划含职工教育经费预算，各单位定期（月度、季度等）编制并提报培训计划及专用预算，月度或季度职工教育经费必须控制在预算范围内，因特殊情况须追加预算的，需单独申请，报培训部门审核批准后方可执行；各单位培训部门必须建立职工教育经费台账，每月末或季度末将培训实际发生的情况提报给培训部门。

半年度或年度末，培训部门要统一进行职工教育经费的决算分析，对比年度教育经费预算等，按照人才培养项目、人员类别等分拆、监控管理，测算年度职工教育经费使用情况，一般不超年度职工教育经费预算审批额度，不可超过年度职工教育经费计提额度。

（二）职工教育经费预算的调整

各部门预算一经批准，应严格执行，原则上不可超出职工教育经费审批额度，特殊情况下可以进行相应的调整，并严格按照流程进行报批：

第一，年度培训计划调整。

第二，组织机构变化调整。

第三，人员定编计划发生重大调整。

第四，企业业务发展需要培训项目增减变化。

第五，国家相关部门或上级主管单位临时安排必要培训项目等。

第六节 职工教育经费决算管理

职工教育经费决算管理是重要一环，对职工教育经费使用情况进行决算分析，能够有效地指导下一年职工教育经费预算制订，总结上年度职工教育经费预算管理中存在的问题和偏差，在制订下一年职工教育经费预算时就能及时进行修正。

一、职工教育经费决算分析模板

为了更好地分析职工教育经费的使用情况，培训部门会制定职工教育经费决算管理表单模板，企业可据实际情况调整，可以分单位、分项目、分人员类别、分部门等分析决算情况，更好地为下一年度职工教育经费预算编制提供数据支撑。

表 12-5 职工教育经费决算表（按单位）

单位	上年经费情况	当年经费情况				差异分析				备注
	205上年经费结余情况	年度计提经费（元）	年度经费预算（元）	年度实际发生（元）	当年经费结余情况（元）	实际发生与计提经费比		实际发生与预算经费比		
						余额（元）	差幅（%）	余额（元）	差幅（%）	
单位1										
单位2										
……										
合计										

表 12-6 职工教育经费决算表（按人员类别）

人员类别（分层次）		职工教育经费预算（元）	实际发生（元）	差异		占总费用比例（%）	原因说明
				余额（元）	差幅（%）		
管理干部	高层						
	中层						
	基层						
	小计						

续表

人员类别（分层次）		职工教育经费预算（元）	实际发生（元）	差异		占总费用比例（%）	原因说明
^^^	^^^	^^^	^^^	余额（元）	差幅（%）	^^^	^^^
营销业务人员	高层						
^^^	中层						
^^^	基层						
^^^	小计						
专业技术人员	专家						
^^^	高级专员						
^^^	专员及以下						
^^^	小计						
技能工人	高级技师						
^^^	技师						
^^^	技工						
^^^	小计						
合计							

表 12-7　职工教育经费决算表（按培训项目）

培训项目	职工教育经费预算（元）	实际发生（元）	节余情况		原因说明
^^^	^^^	^^^	余额（元）	差幅（%）	^^^
项目1					
项目2					
……					
合计					

二、年度职工教育经费决算

职工教育经费对年度职工教育经费使用情况进行分析，主要从职工教育经费政策执行情况、职工教育经费决算分类使用情况和经费管理存在问题及解决办法等方面开展分析。

表 12-8　年度职工教育经费决算分析表

序号	内容	说明
1	职工教育经费政策执行情况	各单位是否严格按照国家、企业政策规定执行职工教育经费管理

续表

序号	内容		说明
2	职工教育经费决算	分部门	从各部门角度进行决算分析，分析各部门职工教育经费使用情况
3		分人群	从企业各类别各层次人员角度进行决算分析，分析各类人员使用费用占比情况，是否按照预算计划执行
4		分项目	从企业重点培训项目的角度进行决算分析，分析各重点项目完成情况及经费使用情况，是否按照预算控制
5	经费管理存在问题及解决办法		经费管理过程中存在的问题及解决措施

三、职工教育经费效果评估

制订职工教育经费季度、年度决算后，要进行职工教育经费使用情况分析，从预算完成率、各单位使用情况、培训对象类别、投入度等方面进行分析，综合评价培训费用的使用效果。

四、决算结果确认应用

（一）下一年职工教育经费预算制订依据

依据本年度统计决算结果，分析各类人员预算参考线等是否需要调整，分析供应商分级管理中培训单价等方面，为下一年预算制订提供参考依据。

（二）各单位培训投入产出分析依据

职工教育经费的成本分析是投入产出分析的重要内容，只有将经费投入与后期培训效果进行对比，才能全面评价培训项目、培训讲师、培训课程、培训供应商的使用效果。

第七节　职工教育经费审计与合规管理

企业每年对职工教育经费使用情况进行审计，审计重点是列支职工教育经费范围、审批流程、审批标准是否超出国家政策范围、是否符合企业职工教育经费管理制度等，做到合规管理。

一、审总量

企业按照各下级单位总量控制比例进行审计，重点审核各下级单位是否超出总量使用职工教育经费，如有未经审批的总量超出情形的作为审计不符合项，进行详细情况审查并追究相关人员责任，限期整改。

二、审项目

企业按照各单位培训计划进行逐项抽查审计，确保各项经费均在项目预算范围内发生，如存在项目未经审批或先培后批等情形的，列入审计不符合项，进行详细情况审查并追究相关人员责任，限期整改。

三、审价格

企业按照培训供应商库管理制度，审计是否有超出协议价格的情况，如有培训价格超出协议价格的项目，列入审计不符合项，进行详细情况审查并追究相关人员责任，限期整改。

四、审流程

企业主要是针对职工教育经费的管理流程、审批权限，评估其是否越权，是否合规，是否符合管理制度。

五、审供应商

企业按照培训供应商管理制度，审供应商信息，查培训项目使用的供应商是否来自供应商库，如有未按规定而使用库外供应商的，将清查并整改。

六、审效果

企业按照培训项目设计的目标，对培训项目结果进行评审，评审达到的培训效果是否符合项目预期要求。

七、审合规

职工教育经费的列支范围、支出标准是否符合国家政策、中央八项规定、企业制度规定等。若是集团化企业、央企、国企，还需要审计是否符合巡视整改、审计等相关规定。

审计结果汇总后，培训部门编制审计报告，发送至各单位征询意见，三个工作日内无异议的企业，统一报企业相关领导审批后下发各单位。审批结果下发后，要求各单位制订整改计划，逐级报批后由企业批准并监督各单位整改计划执行情况。

职工教育经费管理是一个系统工程。培训部门既要明晰国家政策法规，又要具有体系化管理思维，还要结合企业实际情况"拿来"总结和"取其精华"应用实战经验，发挥其内在价值，形成适合企业发展的职工教育经费管理体系，真正帮助企业提升职工的岗位技能、综合能力、核心竞争力等，提升整体组织效能。

第十三章
培训技术方法

当今时代新能源汽车发展迅猛，渗透率快速提升，但不同的品牌充电和续航还存在差异。为什么不同厂商、不同产品之间会有差异？关键在技术。技术先进的充电时间少，反之则多。这是客户选择买车时重点考虑的内容之一。培训亦是如此，培训工作掌握了好的技术方法，并应用到不同的场景之中，学习的吸收就快，学员就会"跑得快"，就能在实际工作中充分应用。

本章导读

- 如何认识员工学习与企业培训
- 怎样全面认识企业培训技术方法
- 如何找到适合企业员工的培训方法
- 传统方法和新方法如何有机结合

当企业确定培训需求，制订实施计划时，根据不同的培训内容，采用不同的培训技术方法，其培训的效果及产生的作用是不同的。有效而实用的培训技术方法，助力培训取得良好效果，反之则事倍功半。如何了解并掌握培训技术方法，并有效地应用到不同的培训项目中去，这对培训管理者来说非常重要。

第一节 企业培训的发展趋势

互联网、人工智能、数智化时代接踵而来，极大地颠覆了传统行业花了几十年甚至几百年时间建立起的游戏规则，许多行业面临着游戏规则的调整和重新洗牌，企业培训与员工发展也有了较明显的变化，体现出鲜明的发展趋势，如图 13-1 所示。

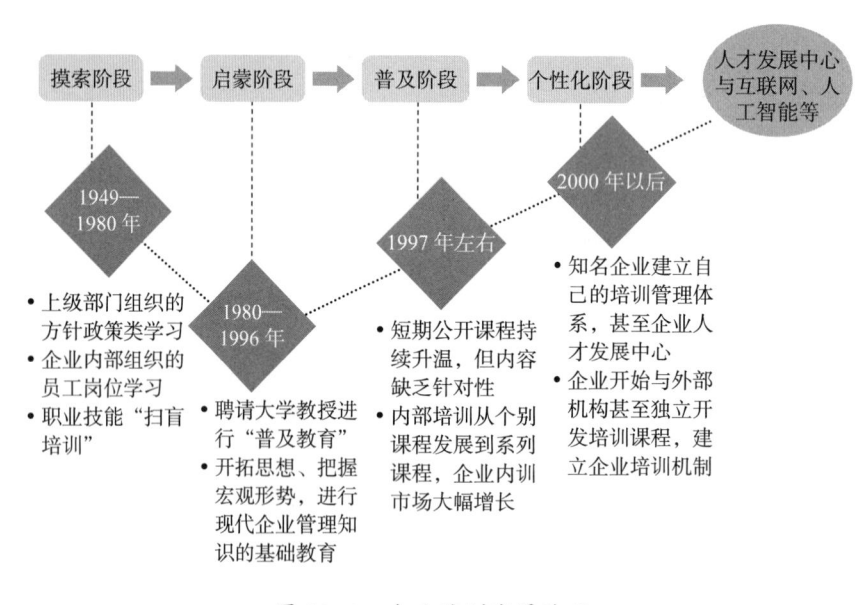

图 13-1 企业培训发展阶段

一、突出系统化培训，重视思维塑造

系统化培训主要体现在两方面，一是知识体系系统化，二是培训项目系统化。

（一）知识体系系统化

在企业培训发展的启蒙阶段与普及阶段，多数企业借助外力进行企业培训，因此存在盲目选择、"药不医病"的情况，而企业发展到今天正逐渐走向成熟，越来越多的企业摆脱了盲目接受的培训方式，已经不会停留在"见一个爱一个""给一个吃一个"的阶段。企业培训计划的制订与学习地图的设计更加注重知识点之间的内在逻辑，重视知识架构的完善与整合运用知识的能力。

（二）培训项目系统化

由于自主人才的培养需求不断加大，企业更注重员工学习项目与职业发展路径的匹配。对培养项目的规划与设计，横向来讲，从对某一课程的重视转变到对整个学习项目的关注；纵向来讲，更重视学习项目的可持续发展。

一直以来，企业培训主要侧重于技术与方法层面的培训，因为技术与方法层面的培训简单、易上手，培训效果立竿见影，随学随用，因此培训传授者与接受者皆大欢喜。但是如果只重视技术与方法的培训，忽略了思维与内涵的培养，最终会发现，无论企业进行多少培训，经营思维仍然没有发生质的改变。因此，思维与文化的塑造变得越发重要。即便时代变迁，新纳入的组织成员也能传承企业文化，延续管理精髓，塑造出既有企业特质，又能不断创新的思维模式。

二、非正式性学习日益增多，学习内容趋向探索性

在过去，企业学习者所接触的往往是正式的教育和培训，诸如企业组织的集中内训、外出参加的公开课以及EMBA（高级管理人员工商管理硕士）、MBA（工商管理硕士）等自主学习，而现在企业学习者的正式学习比重不断下降，非正式学习比重反而在上升，诸如通过微信朋友圈分享文章、视频号内容等方式学习，学习的时间和内容更加灵活和碎片化。

过去所学习的内容往往在知识和技能方面会多一些，而且相对比较成熟，比如各管理流派的理论观点及实践；但随着互联网经济的集中爆发，企业学习者不得不学习一些正在发生的，甚至需要为一些即将发生的业务储备知识，所学新技术新思路方面的相对变多，而这些正在或者即将发生的内容，有很多尚未来得及总结提炼形成规范的、体系化的知识，学习内容的不确定性在增加。

三、应用型学习逐渐替代储备型学习

过去的培训更多的是储备式的培训，讲究的是先培训学习到位，再满足业务需要，往往是规范的、系统的人才培养流程，通常是"先买票再上车"的按部就班的流程；而现在的学习往往因为岗位业务的拉动，经常会出现"先上车再买票"的特殊情况，而这种特殊情况越来越常见，因为企业的业务都是新的，没有成熟的理论和行业最佳实践指导，

在工作中遇到问题后靠的就是快速学习和反应。

总体来看，以上企业培训趋势相辅相成，目标是支撑企业持续发展，适应时代变化对企业的要求。

第二节 培训技术方法的介绍

目前培训界的技术方法层出不穷，紧跟数智化时代的特点，将培训技术方法分为传统与新兴两部分，如表 13-1 所示。

一、传统培训方法

表 13-1 培训技术方法介绍

序号	培训方法	特点	操作要点	适用范围	适用对象	场地要求
1	讲授法	1.对新知识的讲授系统、全面，重难点突出 2.可以同时对许多人进行培训，经济高效 3.讲师可随时掌握并控制学习进度	应保留适当的时间让培训师与学员进行沟通，用问答方式获取学员对讲授内容的反馈	适用于讲授概念性、常识性与通用技能类知识，如企业文化、组织架构、Excel使用技巧等	校招新员工、社招新员工等	可容纳多人的教室、多功能厅，应配备专业的教学设备
2	操作示范法	1.对操作理论与技术规范进行讲授并进行标准化的操作示范 2.学员需反复模仿练习，熟悉操作流程与规范 3.需要达到运用自如的程度	培训者在现场作指导，应随时纠正操作中的错误动作	适用于专业技能训练，多应用于职前实务训练，比如较机械性的工种	技能操作岗位人员	工作现场或培训道场，应有相应的安全防护措施
3	参观学习	1.针对某一特殊环境或事件组织学员实地考察和了解 2.整个学习氛围较轻松，易激发学员对实际问题的关注 3.可加强学员与外界的联系	应提前联系并确定参观主题与地点，准备详细的行程表、地图、内容介绍等	适用于不易在课堂上直接讲述，需要实地观察学习的议题	不同层次的学员均可选择	事先沟通确定好的场地，应有相关指示语与安全标识

续表

序号	培训方法	特　点	操作要点	适用范围	适用对象	场地要求
4	跨界学习	1.跨越自己日常工作的边界，向外界学习并寻求多元素交叉的知识 2.能够提供学习思路，整合学习资源，打开视野，激发灵感	1.应对学习流程进行科学的设计，包括学习主题的确定、学习资源的开发、学习材料的准备 2.学习过程注重专家间的交流、标杆考察、内部研讨 3.注重"向外学习"与"向内转化"	适用于对行业有深刻认识和丰富实践经验的学习者	中高层管理技术人员或业务骨干	不局限于室内学习，可以是多元化的
5	问题讨论法	1.对某一专题进行深入探讨，目的在于解决某些复杂的问题 2.注重观点的交换，能促进学员间的交流 3.对问题的探讨具有一定的深度，能帮助学员通过讨论加强对知识点的运用	1.主持人应善于激发学员踊跃发言，引导学员自由发挥想象力，增加群体参与性 2.控制好讨论会的气氛，防止讨论偏离主题 3.通过分阶段对讨论意见进行归纳小结，逐步引导学员对讨论结果达成比较统一的认识	适用于处理较复杂的管理问题	中层以上管理技术人员	可进行分组讨论的教室，场地不宜过大
6	案例研讨法	1.用集体讨论的方式进行培训，侧重培养受训人员对问题的分析判断及解决能力 2.分析特定案例，集思广益，共享集体的经验，有助于将受训收益应用在未来实际业务中，建立一个有系统的思考模式 3.帮助受训者拓宽管理思路	案例讨论可按以下步骤开展：发生什么问题、问题因何引起、如何解决问题、今后采取什么对策	适用于训练决策能力，帮助受训者学习如何在紧急状况下处理各类事件	中层以上管理技术人员	一般的培训教室即可

续表

序号	培训方法	特　点	操作要点	适用范围	适用对象	场地要求
7	在岗培训（On the Job Training, OJT）	1. 在具体工作中，双方一边示范讲解、一边实践学习；有不明之处可以当场询问、补充、纠正，还可以在互动中发现以往工作操作中的不足、不合理之处，共同改善 2. OJT的长处在于，可以在工作中进行培训，两不耽误，双方都不必另外投入时间、精力和费用，还能使培训和实际工作密切联系，形成教与学的互动	OJT必须建立在提前作出计划与目标的基础之上，同时还需严格选择教学导师，否则工作量大时会影响学习效果	适用于知识、技能、工作方法类等需要在工作中学习的内容	各类企业员工	随着工作的变换而变换
8	工作轮换法	工作轮换法是一种在职培训的方法，是指让受训者在预定的时期内变换工作岗位，使其获得不同岗位的工作经验；现在很多企业采用工作轮换方式则是为培养新进入企业的年轻管理人员或有管理潜力的未来管理人员	在为员工安排工作轮换时，要考虑培训对象的个人能力以及他的需要、兴趣、态度和职业偏爱，从而选择合适其的工作	适用于需快速了解不同岗位工作内容的人员，包括新员工和高潜力员工	高潜力员工或直线管理者	随着工作的变换而变换
9	行动学习法	1. 通过行动来学习，即通过让受训者参与一些实际工作项目，或解决一些实际问题 2. 行动学习主要由集中的专题研讨会和分散的实地活动构成，通过一段时间的训练，参与者的领导能力和解决问题能力得以提高，组织的战略和策略问题得以解决	行动学习主要用于解决战略与运营问题，应当高质量地解决企业的实际问题	适用于解决企业中的实际问题	中高层人员或职业经理人	不局限于封闭的教室，可与实际工作充分结合

续表

序号	培训方法	特　　点	操作要点	适用范围	适用对象	场地要求
10	角色扮演	1. 是一种模拟训练方法，一些受训人员扮演某种训练任务的角色，去体验所扮演角色的感受与行为，以发现并改进自己原先职位上的工作态度与行为表现 2. 其他受训人员则要求在一边仔细观察，对角色扮演者的表现用"观察记录表"方式，对其姿势、手势、表情和语言表达等项目进行评估 3. 观察者与扮演者应轮流互换，使所有受训者都有机会参加模拟训练	由于培养的精细化，职位扮演对培训项目的设计功底要求较高，学员会因刻意模仿角色而失去自身的真实特征，影响效果评估的真实性和可控性	适用于改善人际关系的训练中	中基层人员	空间大小适中，可进行场地布置的培训教室
11	沙盘模拟	1. 学员可以在贴近实际的运营环境内体验，在体验中学习 2. 沙盘类课程的一大特点就是允许学员犯错误，发现优势和不足，调整方向和速度 3. 沙盘模拟训练运用形象直观的沙盘教具，融入市场变数，全真模拟企业运营过程，培养学员如何在变化多端的经营环境里，面对众多竞争对手，正确制定企业的决策，达到实现企业战略目标的能力	通过模拟学习，在今后的工作中，注意思考部分工作在企业整体运作中的位置和影响，站在全局的角度思考具体工作的方向	适用于运营层面遇到跨部门沟通问题的情形	基层员工或中高层管理者	场地应满足项目设计的要求，提供足够的教具摆放空间

续表

序号	培训方法	特　点	操作要点	适用范围	适用对象	场地要求
12	游戏培训法	1.学员在游戏的决策过程中会面临更多切合实际的管理矛盾 2.受训人员需运用有关的管理理论、决策力与判断力对游戏中所设置的种种遭遇进行分析研究，采取必要的有效办法去解决问题，以争取游戏的胜利 3.容易调动学员的积极性，更利于知识的迁移	游戏培训法对课程开发与设计要求较高，设计时应注意避免将现实情况过分简单化，同时应避免形式大于内容	适用于企业中较高层次且管理经验丰富的管理者	所有员工	场地应满足项目设计的要求，提供足够的道具摆放空间
13	拓展训练	体验式培训是传播一种观念，一种精神，是以体能活动为导引，以心理挑战为重点，以人格完善为目的的一种培训方式，体验式培训以短期培训为主，基本在户外进行	在体力拓展的同时，培训师还要在整个过程中进行有目的的引导，使学员将观念付诸行动，达到改善自己、完善团队的目的	适用于团队训练或者新理念等内容的培训	组织与团队	具有安全防护措施的开阔的室外场地或野外等地

二、新兴培训方法

在数智化时代，市场出现了很多新兴培训技术和方法，如在线学习、移动学习、翻转课堂、慕课、案例与经验萃取、绩效改进、行动学习、AI+培训等，笔者摘选与简述部分培训方法。

（一）移动学习（M-learning）

移动学习是指在终身学习的思想指导下，利用现代通信终端，如手机、PDA[①]等设备（通常不包括具备无线上网功能的笔记本电脑）进行远程学习。

M-learning的优势表现在以下几个方面：

---

① Personal Digital Assistant，掌上电脑。

1. 移动化

无论是在出差路上，还是在机场车站；无论是等候间歇，还是片断时间，随时随地，打开智能手机和平板电脑登录企业移动学习平台，都可以方便地浏览最新资讯、阅读新书、学习课程。

2. 碎片化

通过对学习内容或者学习时间进行分割，使学员对学习内容进行碎片化的学习，在分割学习内容后，每个碎片的学习时间变得更可控，提高了学员掌握学习时间的灵活度；在分割学习内容后，学员可重点学习对自己更有帮助或启发的那部分内容；由于单个碎片内容的学习时间较短，保障了学习兴趣，对于知识的吸收率会有所提升。

3. 学习资源的免费

依靠互联网强大的技术支持，实现在线资源的同步共享与免费共享。

4. 学习方式灵活

学习方式不再局限于固定的时间、地点、场合，而是以便捷的移动电子设备为依托，随时随地采用学习者偏爱的方式进行。

5. 学习内容定制化

根据企业需要，移动学习开发商可以为企业提供定制终端方案，在基础平台大模块的前提下，为企业专门制作整体 UI[①] 设计、上传企业资讯、企业定制课程等，满足企业推广品牌、传播企业文化、专业化员工培训的需要。

移动学习依赖于 App、小程序等工具与技术，提高了学习的即时性和便捷性，充分满足了学习者的个性化需求，而移动学习的课件开发与技术门槛，也需充分把握以下要点。

（1）"长与短"——周期增长与课时缩短

M-learning 学习借助移动平台和微信平台等功能，可以增加学员的学习周期与时长，缩短单次学习时间，内容"微"化，充分体现出碎片化学习在时间上的便捷性与即时性。

（2）"高与低"——提高效率与降低成本

由于移动学习所提供的学习内容和采用的学习手段，满足了个性化需求，因此大大提高了学习的效率，而移动平台对授课教师、培训项目等及时评估，降低了培训成本。

（3）"大与小"——数据增大与工具变小

依托于数智化时代丰富的信息资源，各行各业的数据在一夜间飞速增长，逐渐占领了大大小小的移动设备，而如此浩瀚的数据海洋，全凭手掌大小的手机或电子设备实现了随时随地学习的可能。

---

① User Interface，用户界面。

（4）"快与慢"——快速迭代与缓慢遗忘

移动互联网的出现，加快了人们接受知识的速度和进度，而移动互联平台实现了知识的储存和重复学习，又使学习的遗忘曲线减缓。

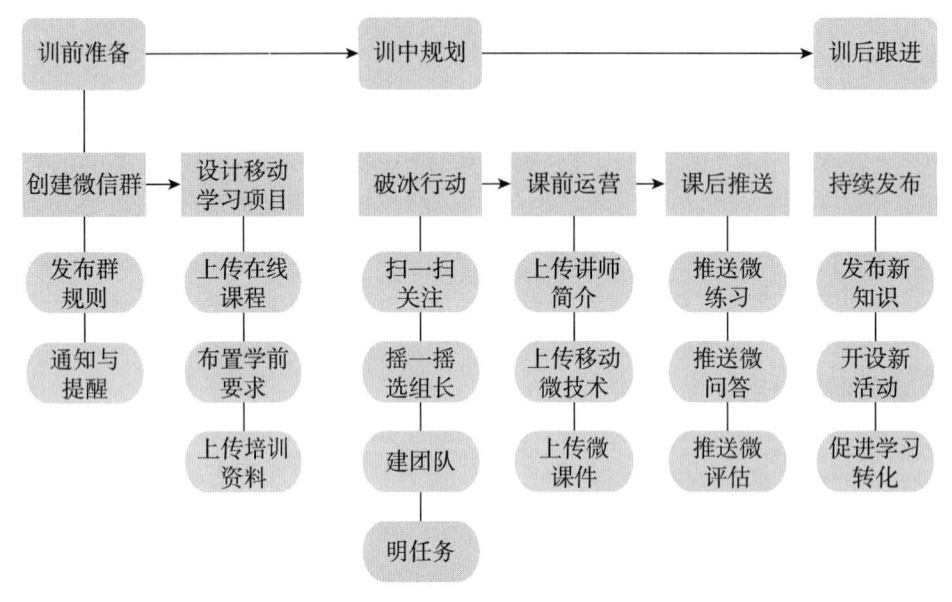

```
训前准备 ──────────────→ 训中规划 ──────────────→ 训后跟进
   │                        │                        │
   ├─创建微信群  设计移动    ├─破冰行动  课前运营      ├─课后推送  持续发布
   │    │      学习项目     │    │        │         │    │         │
   │  发布群   上传在线     │  扫一扫   上传讲师     │  推送微    发布新
   │  规则     课程         │  关注     简介         │  练习      知识
   │    │        │         │    │        │         │    │         │
   │  通知与   布置学前     │  摇一摇   上传移动     │  推送微    开设新
   │  提醒     要求         │  选组长   微技术       │  问答      活动
   │            │          │    │        │         │    │         │
   │          上传培训     │   建团队   上传微      │  推送微    促进学习
   │          资料         │    │       课件       │  评估      转化
   │                       │   明任务
```

图 13-2　移动学习项目实施流程

（二）MOOC

MOOC（Massive Open Online Courses）中文翻译为"慕课"。MOOC是一种在线教育形式，任何人都能免费注册使用，它有与线下课程类似的作业评估体系和考核方式，成功实现了一种高端的知识交换。

MOOC是信息技术、网络技术与优质教育的结合，通过这个平台将教育资源送到世界的各个角落。它不仅提供免费的优质资源，还提供完整的学习体验，展示了与现行高等教育体制结合的种种可能。MOOC的价值在于它的网络课堂可以让每个人都能免费获取来自名牌大学的资源，可以在任何地方，用任何设备进行学习，也为企业员工学习提供了一种新方式。

（三）新技术 + 培训

随着技术不断更新与迭代，数智化的发展更为迅猛。数智化时代，我们每个人都要与时俱进，去学习最先进的技术及理念，尤其是作为培训管理者，要尝试、探索和学习数智化 + 培训，让更多先进的技术为培训业务所用，不断提升组织的学习效率，溢出最大化的学习价值。

第三节　培训方法选择及应用

培训的技术与方法五花八门，既有知识类的学习，又有技能的培养与态度的转变，随着数智化时代的到来，员工对学习与发展的需求也与以往大有不同，因此对培训方法的甄别与选用是至关重要的，只有找对好的方法，培训才能真正变得高效有价值。培训方法的选择主要遵循以下三种原则。

一、根据课程内容进行选择

第一，知识培训涉及理论和原理、概念和术语、产品和服务、规章制度等的介绍，知识培训可以促进学员对实际学习理论的掌握并扩大其知识面。

第二，技能培训涉及生产与服务的实际工作和操作能力。这类培训要求学员自己动手实践并能够及时发现不正确或不规范的做法，以便及时更正。

第三，态度培训涉及观念和意识的改变，以及言行和心态的改变。

表 13-2　培训内容与培训方法

培训内容	培训方法
知识	讲授互动、小组讨论、视听法、辩论、演示法、参观法
技能	模拟演练、角色扮演、视听法、师带徒、测评培训法
态度	拓展训练、教练技术、角色扮演、角色反串、游戏、小组讨论

二、根据培训对象进行选择

第一，选择培训方法除了要考虑培训对象的成熟度，还应考虑到他们的职位要求和所承担的具体职责。

表 13-3　培训对象与培训方法

职位层次	工作性质	培训方法
基层人员	负责一线的具体操作，工作性质要求其接受的培训内容具体且实操性强	讲授互动、模拟演练、师带徒
中基层管理者	在一线负责管理工作，工作性质要求其接受如何与一线工作人员和上层管理者进行有效沟通的培训	讲授互动、案例分析、角色扮演

续表

职位层次	工作性质	培训方法
中高层管理者	负责组织的计划、控制、决策和领导工作，工作性质要求其接受新观念和新理念，制订战略和应对环境变化等培训	了解行业最新动态的讲授法和激发新思想的研讨法，以及激发创新思维的拓展培训法

第二，针对培训对象的成熟度和在组织中的职位进行说明。

第一区的学员成熟度高，表现为学习意愿和学习能力都高。

第二区为高低区，表现为学员有学习能力却无学习意愿。

第三区为低高区，表现为学员有学习意愿却无学习能力。

第四区的学员成熟度低，表现为学习意愿和学习能力都低。

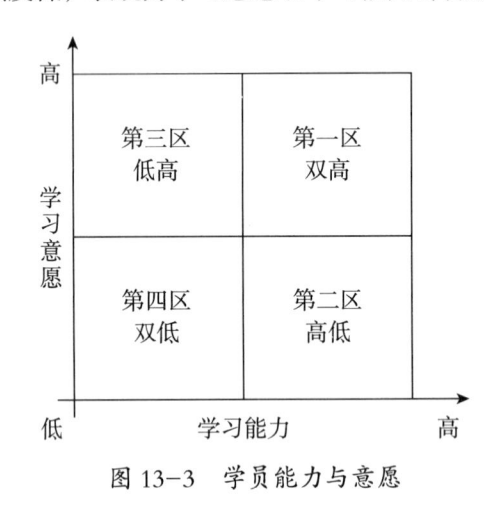

图 13-3　学员能力与意愿

表 13-4　学习意愿与培训方法

成熟度	学员行为特点	培训方法
双高区	自信心强，自主、自控能力强，喜欢比较宽松的管理方式和更多的自由发挥空间	小组讨论、案例分析
双低区	缺乏能力又不愿承担责任，需要具体明确的教导和指导	讲授互动、提问法
高低区	有学习能力但缺乏学习意愿，加强沟通，调动其学习积极性	案例分析、角色扮演、游戏法
低高区	缺乏学习能力应提供支持和帮助，一方面选择合适的培训方法，另一方面帮助其掌握学习方法	讲授互动、师带徒、模拟演练

三、根据组织形式进行选择

第一,50人以上比较适合讲授法。如果采用小组讨论等培训方法,人数众多是不合适的。

第二,培训时间短可以选择讲授法、模拟演练。培训时间长,可以进行实习、小组讨论、案例分析、角色扮演、游戏等。

第三,培训场地大可多用互动性的方法,如角色扮演、游戏法等;场地小则用沙盘演练、小组讨论等。

小贴士　　不只是传统方法,新的培训方法也是层出不穷,但是如何将这些新方法、老方法有机融合,运用自如,需要在实践中不断摸索,通过总结和举一反三真正掌握。

第十四章 管理人才培养

　　管理能把一些杂乱无序的事情，通过 PDCA 循环闭环起来，通过任务分配、调动员工积极性，把事做起来，管理员工的心境、营造好的工作氛围、激励好各类员工，把员工的能力发挥出来等。这些都是作为一个管理者应该做的事，只有把这些做到位，他才算一个称职的管理者。因此，管理者掌握管理技能，成功胜岗，这是企业最为关心的事情。

本章导读

- 企业管理者在组织中的定位及作用
- 领导力模型是培训课程开发的基础
- 绩效评估结果是培训需求关键输入
- 循环"放电影"式培训提高培训效果
- 企业文化与核心价值培训不可忽视
- 如何让管理者支持、重视培训是关键

在数字经济时代与数智化时代下，全球经济格局、经济增长模式、全球化人才标准、领导者角色和工作内容都发生了根本性的改变，企业正从生产驱动型成长、创新驱动型成长发展到领导力驱动型成长。企业要想获得成功，就必须在各个领导层级拥有出色的管理者。因此，领导梯队的建立、管理者的储备、领导力的发展被全球先进企业提升到了战略高度。随着智能化的加速发展，管理者年轻化、人才高流动性、后备人才发展不足、人才梯队断层等问题困扰着企业，因此，培养出色的管理者成为企业人才发展工作的重中之重。

第一节　管理人才的定义

一、什么是管理者

管理者，是指在组织中行使管理职能、指挥或协调他人完成具体任务的人，其工作绩效的好坏直接关系着组织的发展。根据管理职能定位的不同，管理者可以分为高层管理者、中层管理者和基层管理者。

二、管理者培训需求

培训目的是提升能力，并最终改善绩效，因此管理者的培养需要从管理者的素质能力评价说起。

与专业人员不同，管理者需要在引领业务发展的同时做好管理工作，如培养与发展员工、带领团队达成组织绩效、不断追求卓越创新等。因此，他们必须有高度的文化认同，具有正确的价值观和道德操守，这些是作为管理者最根本的条件。同时，他们还要具备一定的专业能力，这样才能准确对业务进行把握和决策。更重要的是作为管理者，他们必须具备管理者的管理能力（领导力），这是他们胜任的根本，否则就成为专业技术人员。因此，管理者的培训要以领导力为主题来进行。

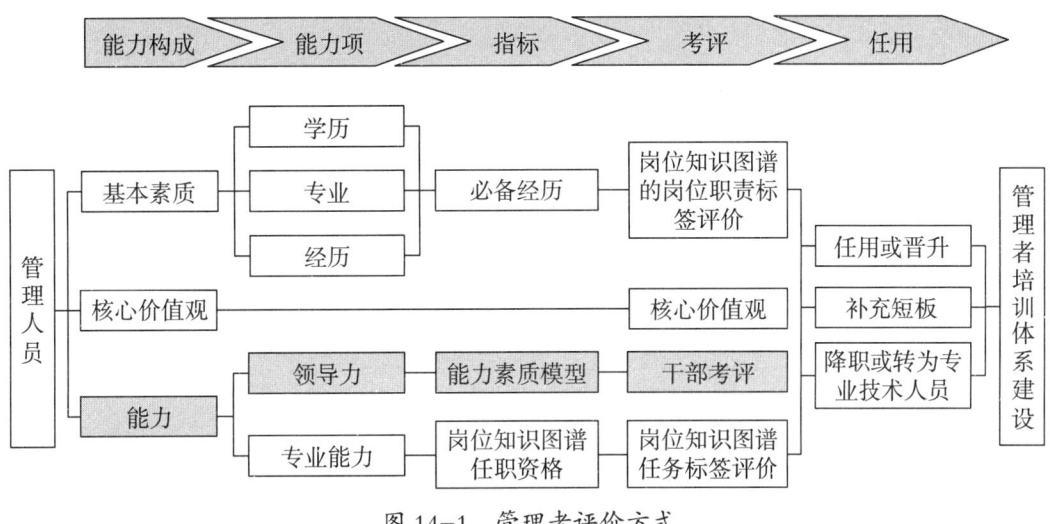

图 14-1　管理者评价方式

管理者的评价方式是基于岗位知识图谱、任职资格标准而定。管理者的任用既要考察基本素质、核心价值观，又要考察专业能力与领导力。经过一系列的评价，管理者大致有三条通道：晋升、留任、降职或转为专业通道。对于留任、晋升均要进行相应的领导力培训。

（一）基本素质

管理者基本素质包含学历、专业、经历三方面，这三方面构成了管理者评价的必备条件。其中，学历、专业需要通过个人学习来提升完成，而经历需要通过个人和组织共同完成。

（二）核心价值观

管理者核心价值观是员工成为管理者的必要条件。企业通过多种方式对价值观进行培训宣传引导，员工需要进行价值观的自我认同与提升。如果员工个人价值观与企业价值观不同，这样的员工就不应该成为管理者。

（三）能力与绩效

管理者能力分为专业能力和管理能力。作为管理者，其能力需要满足战略、业务、岗位的要求，并且可以通过岗位知识图谱、岗位任职资格、领导能力素质模型等进行认证评价。如果能力和绩效有差距，就必须进行培训提升或转岗。

> **小贴士**　很多企业对管理者的培训集中在领导力的培训上，实际上，价值观的塑造和核心文化的植入更加重要。不符合企业核心价值要求的管理者不可能成为一个符合企业要求的管理者。管理者的文化理念和价值观符合企业要求是成为合格管理者的必要条件之一。

第二节　领导力的管理体系

领导力的培训和提升需要依托领导力管理体系。领导力管理体系并不是单一的要素和某一流程的环节，它本身就是一套完善的管理流程，包含众多要素，根据企业的战略目标、人才管理体系框架及标杆企业领导力管理实践共同建立。领导力管理体系可以依据 CARD 模型建立，即建标准—找差距—搭体系—促成长四个环节进行。

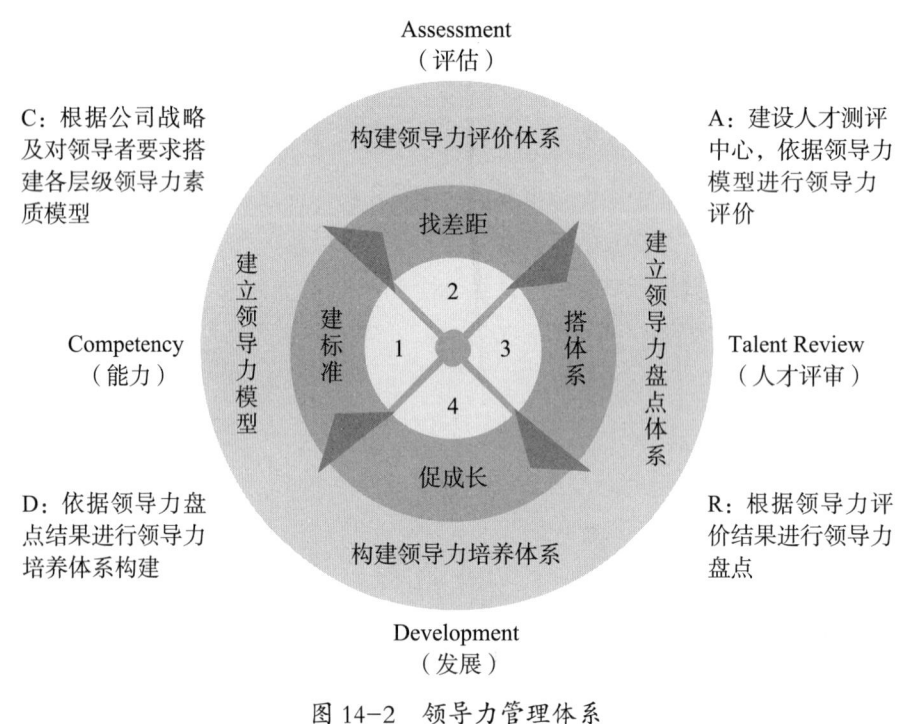

Assessment
（评估）

C：根据公司战略及对领导者要求搭建各层级领导力素质模型

构建领导力评价体系

A：建设人才测评中心，依据领导力模型进行领导力评价

建立领导力模型

找差距

建立领导力盘点体系

Competency
（能力）

建标准　2　搭体系
　　1　　3
促成长　4

Talent Review
（人才评审）

D：依据领导力盘点结果进行领导力培养体系构建

构建领导力培养体系

R：根据领导力评价结果进行领导力盘点

Development
（发展）

图 14-2　领导力管理体系

一、建立领导力层次标准

领导力管理体系中的标准就是企业对管理者的要求，这种要求呈现方式不一，可以是企业的领导力模型，也可以是通过文件分析和问卷访谈得出的领导者培训需求。

领导力模型亦可理解为领导者的岗位知识图谱、任职资格模型。如果没有领导力模型，也可以通过行业内的领导力模型或者战略解读、高层领导访谈等了解企业对于管理者的标准。总之，标准是领导力培训的基础，标准的建立有很多种方式。

（一）建立管理者成长路径

根据拉姆·查兰的领导力发展通道理论，管理者从普通员工到首席执行官的领导力发展共经历六个阶段，每个发展阶段的领导者的工作理念、时间分配、领导技能有所区分，如图 14-3 所示。企业可根据不同阶段管理职能划分管理者层次，并设置各层次培训重点。

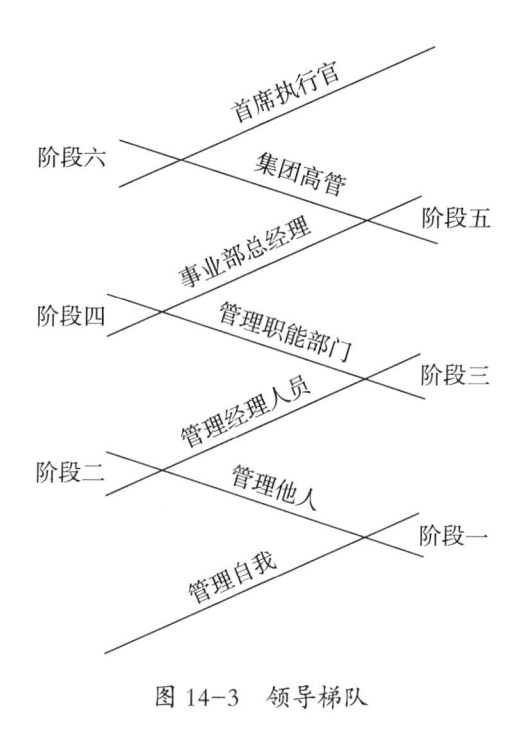

图 14-3 领导梯队

（阶段一：管理自我；阶段二：管理他人；阶段三：管理经理人员；阶段四：管理职能部门；阶段五：事业部总经理；阶段六：集团高管、首席执行官）

（二）战略性目标与能力要求

不同企业有不同的领导力能力素质模型，培训部门根据领导力能力素质模型构建管理者领导力培养体系，再通过建立制度和流程，将业务发展、人才需求盘点与人才发展紧密联系，让组织的人才清楚地知道其发展路径、资源和流程，有计划地帮助人才成长。同时，通过识别企业战略重点、核心组织能力、岗位知识图谱标签、关键岗位任务等要素，构建领导力学习地图，建立人才盘点与继任者规划的良性运作，为企业源源不断地输出优秀人才。

（三）不同职位层次能力需求

管理者在不同发展升迁阶段中，每个层级的管理者都需要经历三个时期：新任期、成长期、成熟期，在每个时期，管理者面临的挑战不同，培训的重点应有所侧重。

在新任期，管理者需要快速"转身"，由于新的岗位往往要求他用新的理念、新的思维对待新的工作，其挑战是最大的，此时需要他能够快速掌握新岗位的必备技能，建立新的人际关系，并得到初步认可；在成长期，管理者已经基本适应了新岗位的要求,这个阶段他已经能掌握必备技能,此时要培训他更加熟练地应用复杂的管理技能,以便胜岗并持续提升业绩,此阶段的工作重心是如何尽快地转型并取得成绩;在成熟期,这个时期管理者已经对岗位的要求驾轻就熟,此时需要设计具有挑战性的项目来考察、培训他们是否能胜任更高岗位。

二、对照标准找差距

领导力评价,是指基于企业个性化的领导力标准,对各层级的管理者进行针对性测评的过程。领导力评价的目的,在于让管理者发现自己的不足之处并设法提升能力。领导力评价的对象既可以是个人也可以是团队。

第一,个人评价:对某个个体进行领导力水平评价。

第二,团队评价:对某个团队进行整体领导力水平评价。

领导力的评价方式种类很多,常见的方式有以下四种,如图14-4所示。

领导力评价的四种工具

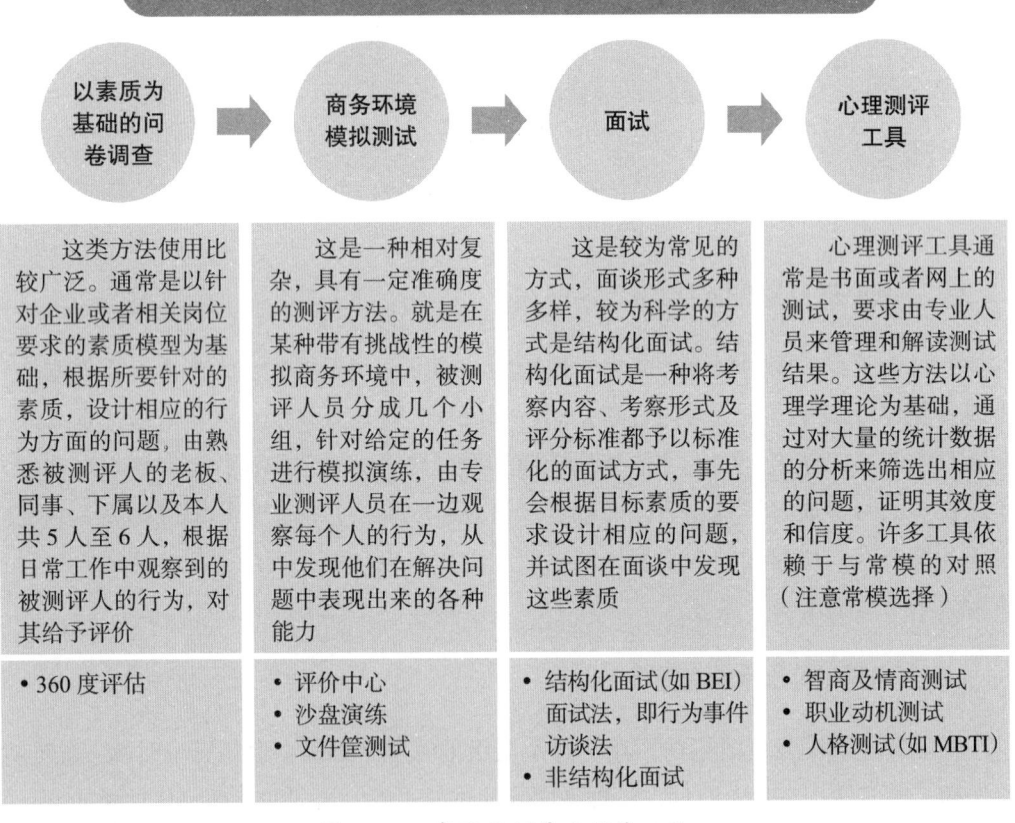

以素质为基础的问卷调查 → 商务环境模拟测试 → 面试 → 心理测评工具

以素质为基础的问卷调查	商务环境模拟测试	面试	心理测评工具
这类方法使用比较广泛。通常是以针对企业或者相关岗位要求的素质模型为基础,根据所要针对的素质,设计相应的行为方面的问题,由熟悉被测评人的老板、同事、下属以及本人共5人至6人,根据日常工作中观察到的被测评人的行为,对其给予评价	这是一种相对复杂,具有一定准确度的测评方法。就是在某种带有挑战性的模拟商务环境中,被测评人员分成几个小组,针对给定的任务进行模拟演练,由专业测评人员在一边观察每个人的行为,从中发现他们在解决问题中表现出来的各种能力	这是较为常见的方式,面谈形式多种多样,较为科学的方式是结构化面试。结构化面试是一种将考察内容、考察形式及评分标准都予以标准化的面试方式,事先会根据目标素质的要求设计相应的问题,并试图在面谈中发现这些素质	心理测评工具通常是书面或者网上的测试,要求由专业人员来管理和解读测试结果。这些方法以心理学理论为基础,通过对大量的统计数据的分析来筛选出相应的问题,证明其效度和信度。许多工具依赖于与常模的对照(注意常模选择)
• 360度评估	• 评价中心 • 沙盘演练 • 文件筐测试	• 结构化面试(如BEI)面试法,即行为事件访谈法 • 非结构化面试	• 智商及情商测试 • 职业动机测试 • 人格测试(如MBTI)

图14-4 常见的领导力评价工具

在使用领导力测评工具的时候,需要注意以下问题。

第一，工具选择：测评工具的选择需要根据用途、保密性等多方面进行考量，如高度保密性的评价就不能采用 360 度评估的方式进行。

第二，测评敏感性：有些测评结果没有好坏之分，但是，有些工具的测评结果有好坏之分，这种差异化的结果具有很高的敏感性。

第三，专业解读：严肃的测评工具，要求施测者接受严格训练，以便准确解读测评报告，避免误导。

第四，避免盲目：所有的测评工具产生的结果都不能完全信赖，要结合实际工作中的判断进行应用。

三、搭建管理者培养体系

领导力结果盘点是人才盘点的重要组成部分，直接关系后期是否对其作为管理者进行培训。对评价结果的分析，是人员调整和实施培训的重要依据。其核心就是识别出哪些是能够培训的，哪些是不能够培训、需要其他手段进行调整岗位的。在这一过程中会产生两种培训需求：针对现有层级的培训需求和针对上一层级（后备培训）的需求，如图 14-5 所示。

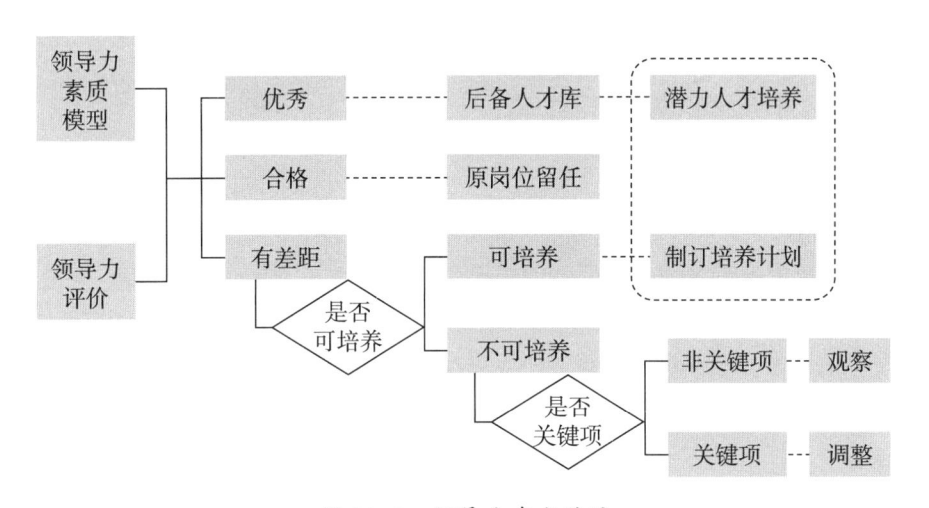

图 14-5　领导力盘点结果

从图 14-5 可以看出领导力盘点的结果有三种，优秀、合格、有差距。对优秀人员可以纳入后备人才库，作为未来人员晋升的储备，这一群体可以培训他们上一层级对应的能力，设计高潜力人才培训项目；合格人员则维持现职位；有差距人员需要识别差距项是否可以培训，可以培训则制定培训项目。

四、基于培训促进人才发展

经过前面的流程，企业可以识别出哪些人员需要培训，培训的重点是什么，此时就可以进行领导力培训项目的设计。不同层次的管理者，其培训侧重点是不同的，管理者的培训必须根据人员的特点进行内容设计和形式设计，不能一种方式培训到底。一般而言，从基层管理者到高层管理者，培训内容应从基础领导力到组织领导力转变，从知识性的培训向思维、理念性的内容转变，培训形式从正式学习到非正式学习转变。越是高层领导者越是需要对业务挑战、全球视野等方面的能力进行提升。

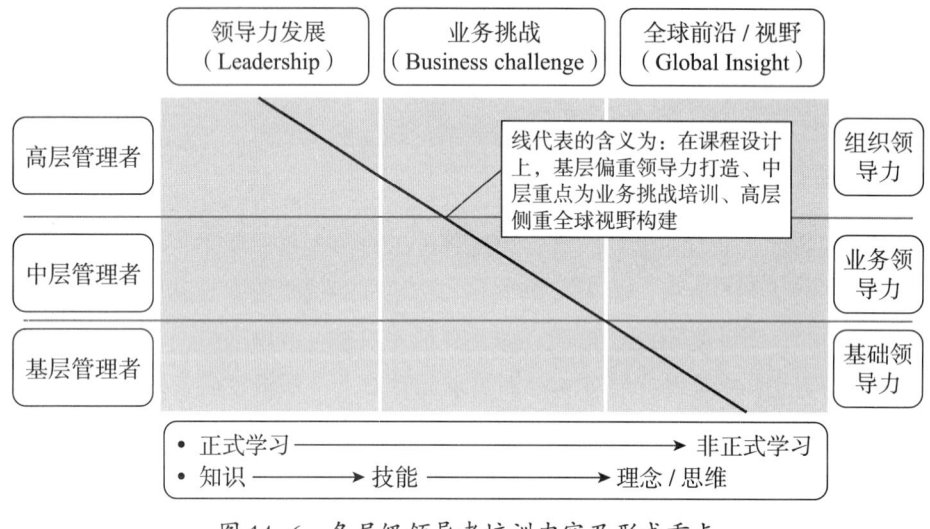

图 14-6　各层级领导者培训内容及形式重点

在培训组织方面，培训部门采用形式多样的培养方式。

（一）"善假于物"

培训部门深度挖掘各层级领导者的需求，可借助外力，参加行业沙龙、论坛、直播、标杆调研、参访学习等多种形式达成培训目标；亦可整合内部资源，定制领导者培养项目，采用线上与线下混合培养模式，达成培训目标。

（二）统一组织整体培训

对于潜力人才培训，由于他们已经满足了本层级能力的需要，不存在明显短板项，培训的内容是上一层级的领导力要素，因此不需要再进行项目内容的细分，而是按照企业要求的重要程度设计课程，所有后备人才均可进行相同培训，这是较为简单的组织方式，明显区别于循环"放电影"式的培训形式。

（三）循环"放电影"式培训

循环"放电影"式的培训主要应用在管理者的短板能力提升及通用能力提升方面。根据业务需要、领导力盘点结果及实际情况对管理者短板能力进行排序，确定培训顺序，根据课程优先级别集中滚动培训的原则安排培训的优先顺序：重要课程优先、人员集中缺失能力的课程优先。课程循环开课，保证所有人都可以依据自己的能力急需和时间来参加培训，这种形式与电影院放映形式相近，可以形象地称为循环"放电影"式培训。例如，一个企业的能力排序结果如下：目标计划—项目管理—问题解决，根据人员分布及能力项设计培训项目时间，如表 14-1 所示。

表 14-1 "放电影"式培训设计时间及编排示例

能力优先级	能力项	需培训人数	课程	1月	2月	3月	4月	5月	6月	7月	8月	9月	10月	11月	12月
一级	目标计划	115	《如何建立有效的工作目标》			√		√		√	√				
		60	《PDCA 计划管理》				√		√		√				
二级	项目管理	40	《项目管理》		√						√			√	
	问题解决	20	《水平思考》	√									√		√

对于一个标准的培训体系来说，要建立标准的课程体系、讲师体系、组织管理体系以及认证体系，根据培训层级的不同采用不同的方式。

> **小贴士**　领导力培训体系不是单一的培训体系，而是一套完整的从需求到发展的管理体系。需求就是领导力标准，这是培训的前提，需求越符合企业的战略和发展，培训效果越显著。领导力的盘点是整个体系中很重要的一个环节。领导力可以培训，但不是所有的领导力都能够培训，对于确实不适合成为管理者的人才，专业技术通道才是其最好的选择。

第三节　领导力的培养实践

一、基层管理者培训

（一）基层管理者的定义

基层管理者是指在企业生产、销售、研发等第一线生产经营活动中执行管理职能的管理者，主要协调和解决员工工作中遇到的具体问题，是整个管理系统的基础。这类人员与企业不同层次人员之间的工作关系，如图 14-7 所示。

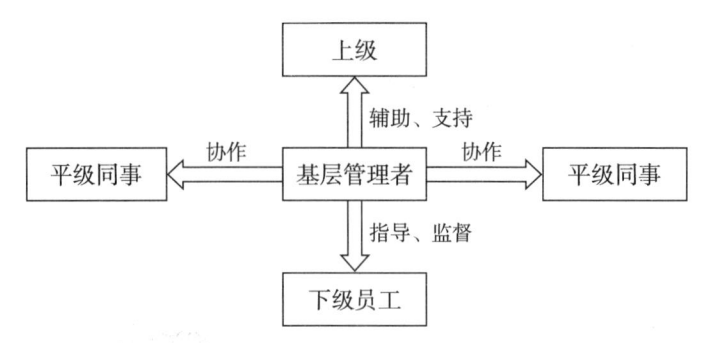

图 14-7 基层管理者与不同层次人员之间的工作关系

（二）基层管理者培训设计

除了依据领导力模型进行课程内容的设计，还可以通过调研问卷进行个人需求收集。其中问卷的设计要围绕企业对管理者的能力要求进行，不能过于发散，另外对评价的描述项应尽量细致，便于管理者对自己的行为表现进行识别。

表 14-2 基层人员培训需求分析表

评价指标	定义	等级/分值（分）	评价标准	自我评价打分（分）
系统思考	理解企业战略，关注并分析相关产业发展趋势，结合本部门，用整体全局的思维方式设定工作目标	优秀（14—20）	能够全面把握问题，抓住问题的关键，清晰地判断解决问题的方向和原则，并据此设定工作目标	
		合格（8—13）	能够理解企业战略，关注产业发展趋势，设定目标时，考虑到问题的主要方面	
		有差距（1—7）	考虑问题时，只能抓住局部的问题点	
分析决策	收集解决问题所需信息，对信息进行深入分析，提出多种解决方案，评估各种方案利弊，勇于行使职位赋予的权力，敢于承担责任和风险	优秀（14—20）	能在有效收集分析信息的基础上，及时提出最佳的问题解决方案，并为此承担责任	
		合格（8—13）	能够清晰地理解复杂情况，作出较为准确的判断与有针对性的决策	
		有差距（1—7）	对信息的综合思考能力较弱，思路不清晰，或仅凭经验来处理	
客户导向	准确定义服务客户，深刻理解客户需求，采取恰当的行动提高客户满意度	优秀（14—20）	从客户利益或价值的角度出发，设身处地地为客户着想，成果超出客户的期望	
		合格（8—13）	主动关注客户深层次、真正的需求，并将其转化为自己的工作标准	
		有差距（1—7）	较少关注客户需求，不能从客户角度考虑问题	

续表

评价指标	定　义	等级/分值（分）	评价标准	自我评价打分（分）
协调沟通	本着双赢理念，积极坦诚地与相关人员进行沟通，准确判断其需求并积极协调推动，从而实现整体协同推进	优秀（7—10）	积极坦诚沟通，有效调动各方参与者的积极性，在兼顾各方利益的基础上共同合作、实现双赢	
		合格（4—6）	能够主动沟通、调动资源，通过借助上级力量或其他力量确保工作的继续开展	
		有差距（1—3）	在遇到问题时，不能积极地与相关人员沟通，难以达成一致意见	
项目推进	对项目内容进行系统分解，明确分工安排和时间节点，推动项目进程并监督完成情况	优秀（7—10）	全面控制项目关键点和风险点，整合各方资源，并在过程中监督计划实施情况，出色地完成项目	
		合格（4—6）	系统分解项目、明确分工，按照时间节点推动项目，以达到项目预期	
		有差距（1—3）	较少跟进和推动项目开展，欠缺分配工作、指导部署的方法	
培养他人	有培养他人的意愿，并在实际工作中能结合团队成员特点和岗位情况，设定提升计划，有步骤地帮助其成长	优秀（7—10）	为下属创造发展机会，安排恰当的岗位角色或因材施教的具体工作任务，促进个人的学习与发展	
		合格（4—6）	关注下属成长，主动为下属争取各种培训及发展机会，包括正式培训及各种实践	
		有差距（1—3）	不善于培养下属，很少给员工发挥能力的机会	
团队凝聚	明确目标，建立规则，激励团队，保证团队有序、高效、融洽、向上的工作秩序	优秀（7—10）	能分析团队成员的差异，在团队中营造积极向上的工作氛围，强化团队成员的沟通与协作	
		合格（4—6）	能够树立团队目标，制定规章制度，激励员工，高效工作	
		有差距（1—3）	不能做好激励工作，团队的凝聚力较差	

培训部门收集有效需求并进行分析后，就可以依据培训需求进行内容和形式的设计。每一项需求对应相应的课程，缺什么补什么，参考如表14-3所示。

表14-3　基层管理者课程内容示例

能力项	课　程	学习目标
培养他人	辅导下属	认识到辅导是一个持续、双向的过程，只要有需要或时机合适，就可以进行辅导 实施一个由四个步骤组成的流程来准备和引导有效的辅导会谈 运用多种辅导技巧来主持辅导会谈 为被辅导者提供持续支持和从始至终的帮助 强化自身的辅导技能

续表

能力项	课程	学习目标
团队凝聚	团队管理	明确目标，建立规则 取信团队成员，建立和谐融洽的关系 激励团队，保证团队工作有序、高效
沟通协调	向上管理	学习如何与上司建立合作关系，使其更好地完成日程计划 学习如何使其团队、个人的目标与组织、部门的目标保持一致
沟通协调	说服他人	唤起听众的逻辑意识，并与他们进行情绪沟通 消除针对自己观点的反对意见 使用说服"触发点"，即对受众决定是否支持自己的想法有所启发的心理捷径 促使听众支持自己的建议
系统思考	创新思维	深刻理解商业创新的特点，在团队中对创新形成共识 亲身体验科学的创新流程，掌握创新的具体方法和工具 学会识别创新的能力，了解自己的创新优势和短板 将创新转化为生产力而不是空洞的口号，让创新为企业创造实际收益
项目推进	问题分析与解决	学习和掌握解决问题模型 掌握解决问题模型中的几个模块的处理流程 将方法应用于自身工作情形，解决实际问题

有了培训的内容后，培训部门就要考虑培训的形式。企业员工不同于学校学生，考虑到成人学习特点，不能采用单一的培训形式。

培训部门可采用数字化学习平台等形式，让学员自学相关知识点，并结合实际工作找出问题，在课程上针对问题进行讨论，得出建议及计划；也可采用翻转课堂、行动学习、案例与经验萃取、绩效改进等多种培训方式，最大化提升学员学习兴趣、达到良好学习效果。同时，"翻转课堂"的方式在管理者的培训过程中，尤其是基层管理者的培训中，可以大量使用。

基于这种方法，可以将上述培训内容进行拆分和设计，示例如下：

表 14-4 某企业培训整体安排设计

项目流程	培训项目	时间安排	课程名称	培训形式
×月×日—×月×日	第一次在线学习	3周	成为管理者 设定目标 时间管理 处理沟通难题	翻转课堂 案例萃取 数字化学习平台
×月×日—×月×日	第一次面授课程	2天	新经理成长引擎 管理协作	经验萃取

续表

项目流程	培训项目	时间安排	课程名称	培训形式
×月×日—×月×日	第二次在线学习	3周	培养员工 向上管理 教练式辅导 管理团队	行动学习
×月×日—×月×日	第二次面授课程	2天	管理绩效	绩效改进

（三）基层管理者培训评估

根据培训效果评估理论，培训评估可以在三个维度进行。

第一，反应评估可以采用调查问卷的形式。

第二，内容评估可以采用考试、课题汇报、案例研讨等形式，如表14-5所示。

表14-5　课题汇报示例

题目选择：
课题1：如何营造团队氛围，调动团队中员工的积极性？ 课题2：如何更好地进行跨部门协作与沟通？ 课题3：如何更好地处理与上级的关系？
要求： 1.制作课件，结项汇报进行呈现汇报。 2.课件内容包括： 理论部分，占汇报课件内容的30%，要求结合面授课程及在线课程内容，呈现解决此问题的理论依据； 案例部分，占汇报课件内容的50%，要求学员结合所学理论，列举工作中的类似案例及处理过程，按照理论整理相关步骤； 总结与心得，占汇报课件内容的20%，要求学员结合理论及案例，总结对本课题处理的经验和心得。 3.每小组的汇报时间为20分钟：15分钟汇报，5分钟点评及提问，重点讲述案例及心得部分。 4.汇报与呈现形式不限。

第三，行为及结果评估，是评估环节中最为困难的部分，企业根据自己的实际情况来进行这两级评估。行为改变评估主要是衡量培训是否给基层员工的行为带来了改变。评价培训的效果应该看基层员工在接受培训后其工作行为发生了哪些良性的、可观察到的变化，这种变化越大，说明培训效果越好，如表14-6所示。

表 14-6 训后调查表

前言：亲爱的同学，20××年×—×月，您参加了企业组织的基层管理者培训项目，恭喜您通过一系列学习验收圆满毕业！培训结束三个月了，您所学到的知识在工作中应用情况如何呢？本问卷旨在调查大家在训后对培训内容的应用情况，便于企业调整相关培训课程重点设置。

问卷共分为两部分，预计花费您 10 分钟至 15 分钟时间，请您耐心作答。本调研结果仅本项目分析培训效果使用，绝不用作其他用途。请您按照自己的实际情况填写，感谢您的配合！

单位：　　　　　　姓名：　　　　　　职务：

第一部分　知识应用情况						
课程	要点回顾	应用情况				
^	^	经常使用	次/月	偶尔使用	次/月	从未使用
新经理成长引擎	1. 重视在团队内部营造信任与尊重的和谐氛围					
^	2. 团队成员能力评估方法和工具					
^	3. 有效沟通"五流程"					
^	4. 通过他人获得反馈的技巧					
管理团队	1. 诊断团队的工作模式的技巧和方法					
^	2. 辅导下属的意识和技巧					
^	3. 改变团队氛围的方法					
管理协作	1. 双赢思维工具：OBBSAM[①]					
^	2.《了解上级》工作表					
^	3. 运用协作技巧支持上级工作					
管理绩效	1. 阐明预期并设定绩效目标					
^	2. 与下属沟通绩效目标的步骤及沟通重点					
^	3. 绩效辅导的步骤和原则，并对不同员工实行针对性的辅导					
^	4. 员工能力评估的技巧（态度、知识、能力、潜力）					
^	5. 绩效面谈的步骤方法					
第二部分　效果转化情况							
1. 请列举 1 个至 2 个您应用基层管理者培训项目所学知识或技能，解决工作问题的关键事例或取得的成果，请详述描述。							

[①] OBBSAM 是一个模型，用于强化伙伴关系。这个模型包括五个部分：成果（Outcome）、收益（Benefit）、障碍（Barrier）、支持（Support）和衡量（Measurement）。

续表

2. 您觉得通过应用基层管理者培训项目所学的知识、技能，对您个人及下属团队的绩效指标产生了哪些积极影响？请在相应的位置画"√"。 ①与培训前相比，个人工作效率有所提升（　），表现为： ②与培训前相比，个人绩效结果有所提升（　），表现为： ③与培训前相比，您的工作积极性有所提升（　），表现为： ④与培训前相比，部门的工作效率有所提升（　），表现为： ⑤与培训前相比，部门绩效有所提升（　），表现为： ⑥与培训前相比，部门氛围有所改善，更加团结、协作（　），表现为： ⑦与培训前相比，部门员工工作积极性有所提升（　），表现为： ⑧与培训前相比，团队员工流失率有所降低（　），降低了约（　）% ⑨通过培训，您比以前更加重视管理工作（　），表现为： ⑩其他
3. 如果您在工作中还没有应用到所学的管理知识、技能，您觉得是什么原因导致的？存在的困难或者问题是什么？ ①课程内容和我的工作关联性不大 ②我没有机会去应用 ③我对课程内容的理解程度还不足以应用 ④得不到辅导和反馈，害怕应用不当 ⑤我有其他更好的方法 ⑥其他原因
4. 如果您的上级要参加企业组织的类似培训项目，您的态度是： ①强力推荐。原因是： ②一般推荐。原因是： ③不推荐。原因是：
5. 如果您的上级已经参加过基层管理者培训项目，与培训前相比，您认为他有哪些改变？请分条罗列。

二、中层管理者培训

（一）中层管理者的定义

中层管理者，通常是指处于高层管理者和基层管理者之间的一个或者若干个中间层次的管理者，是企业管理团队的中坚力量，起着承上启下的作用，对上下级之间信息沟通负有重要的责任。

对中层管理者的培训要使其明确企业的经营目标和经营方针，使企业的宗旨、使命、价值观和企业文化能够正确而顺利地传达，为其提供胜任未来工作所必需的经验、知识和技能，使其适应不断变化的环境并解决所面对的问题，提升企业的整体管理水平。

（二）中层管理者培训设计

中层管理者的需求分析除了和基层管理者相似的部分以外，更强调对业务的契合度。因此，在分析个人需求的基础上，还应该进行业务分析和行为访谈。

表14-7　岗位培训需求调查表

姓　　名		所属部门及岗位	
职　　务		日　　期	
一、工作任务			
主要工作任务	重要程度	执行难度	工作绩效标准
二、岗位任职者个人能力状况			
岗位任职者个人所具备的知识和技能		岗位任职资格所要求的知识和技能	
备注： 工作任务一栏（重要程度的评定依据：0——一般，1——比较重要，2——重要，3——非常重要） （执行难度的评定依据：0——几乎没有任何困难，1——一般，2——可承受，3——较难）			

表14-8　中层管理者访谈提纲

访谈提纲
1.请用2—3分钟简单概述您的职业发展经历与目前工作的关键职责（若身兼数职，还需了解时间分配、工作重要性排序）。您工作中的汇报关系如何？有哪些主要挑战？您的绩效的衡量指标有哪些？
2.谈谈近两年内发生在工作中的事件，您亲自参与的、在过程中感到特别成功／挫败的一件事。 （首先请概述事情的前因后果、主要内容，描述您个人参与的关键点或印象深刻的时候、当时实际做了什么事情、说过什么话、有过的想法以及感受；重点描述您个人在该事件中的工作和作用，为什么对您个人来说是让您感到成功／挫败的？）
3.您认为，哪些能力或素质是做好当前岗位所必须具有的？请结合具体事例进行说明。

另外，在每年基于岗位知识图谱梳理职能职责、任职资格标准梳理、干部考评过程中，员工对自己的岗位要求、工作情况的汇报和述职也是其培训需求来源的一个方面。

在培训需求分析的基础上，在确定对中层管理者的培训时应侧重于提高他们的管理能力和业务能力，并结合晋升目标来考虑。

基于上述培训目标，培训部门在确定中层管理者培训课程的内容时要注意以下两个侧重点。

第一，提高其管理能力、组织协作能力和战略承接能力的技巧。

第二，要考虑未来企业战略的需要，培训中层人员商业敏感度等高层管理潜力，参考表14-9所示。

表14-9 中层管理者培训内容

培训要素	主要内容
前瞻思维（承接战略）	1. 业务定位及管理 2. 如何制订业务实施计划 3. 业务计划的根据与调整 4. 业务计划的评估与实施
构建运营（优化组织）	1. 组织的概念 2. 流程的作用 3. 优化组织、再造流程的方法 4. 组织有效性评估
沟通协作（跨部门协作）	1. 意义及重要性 2. 跨部门沟通方式 3. 沟通误区 4. 解决方法及注意事项 5. 资源分配与整合
资源整合	1. 资源的概念及本质 2. 资源的调配与争取 3. 如何最大限度调动资源达成目标
学习发展	1. 审视人力资源管理活动的价值及方向 2. 人才管理平台的搭建及调整 3. 激励下属，提供学习平台
创新改善	1. 创新的意义 2. 创新的来源及方法 3. 创新管理

续表

培训要素	主要内容
商业敏感度	1. 了解企业大局观，理解企业财务、运营和战略之间的关系 2. 理解影响企业利润的关键因素 3. 理解企业产品和服务的价值 4. 学习运用各类财务报表和关键指标分析企业问题
持续学习	学习本专业以外的业务相关知识

中层管理者仍然可以采用"翻转课堂"、行动学习、案例与经验萃取、绩效改进、数字化学习平台等，同时，由于他们所处的层级和地位高于基层管理者，了解的信息以及在企业的重要程度都与基层管理者不同，可以不局限于课堂教学，灵活运用多种培训方式。

1. 集中培训

集中培训是提高中层管理者理论水平的一种最常用的方法，可以在相对较短的时间内传递大量的信息，针对性比较强。

这种培训大多采用短期学习班、专题讨论会、外部标杆学习、参访学习等形式，时间都不是很长，主要学习管理的基本原理以及理论方面的一些新进展、新研究成果，或就一些问题在理论上加以探讨。

为了尽可能地把理论与实际相结合，提高学员解决实际问题的能力，培训部门可以在学员学习理论的基础上，把一些管理实践中经常遇到的并需要及时处理的问题编写成若干有针对性的具体问题，放在一个抽取箱里，由学员自抽自答、自由讨论、互相启发和补充，从而提高其理论水平和解决实际问题的能力。

2. 轮岗

轮岗的具体操作方式是，将中层管理者从一个岗位转换到另一个岗位上，以后再根据需要进行调岗，以使其全面了解企业相关业务，获得不同的工作经验，为将来在较高层次上任职做准备。

3. 专题研讨

围绕企业年度重点推进项目进行课题设计和集中专题研讨，培训部门集思广益产生下一步行动计划和方针，并在这一过程中实现团队组建能力、人员分析能力的提升。

4. 案例研究

案例研究、案例与经验萃取是指讲师提供一些经典案例中的经验或日常工作中的经验分享，中层管理者之间相互讨论案例与经验中出现的问题，并给出自己的解决方案；讲师主持整个过程，对所有的解决方案给出评价并进行个别指导、改进的一种培训方法。通过案例经验研究与萃取等学习，可提高中层管理者发现问题、分析问题及解决问题的能力。

5. 导师辅导

导师辅导是给每个中层管理者指定一个高层管理者作导师，导师有责任定期提供辅导和支持，对中层管理者实际工作中出现的问题进行解决。

（三）中层管理者培训评估

中层管理者的培训评估仍然可以采用基层管理者的评估方式，即反应评估如问卷等，内容评估如课题答辩、内容测试等，行为评估如问卷调查等；另外，中层管理者还可以采用360度评估方式进行行为评估，采用问卷、民主生活会等形式进行上级、同级、下级的360度评估。评估的问卷与需求调研问卷类似，需要注意的是，360度评估也是主管评价的一种，各层级评价都有一定的局限性，评估结果应用中要注意以下问题。

表14-10 评估优缺点

考核主体	优 点	缺 点
上 司	具有目标导向明确、了解业务内容、受考核者个人主观影响明显等特点	往往带着个人喜好来评分
同 事	彼此间一起工作时间长，相互了解多，评价比较客观，有利于增强小组协调团结性	有时候个别人会故意贬低被考核者
本 人	通常会降低自我防卫意识，从而了解自己的不足，进而愿意加强、补充自己尚待开发或不足之处，可以提高员工的自我管理意识	一般人对自己的考核结果都高于其他人
下 属	可以使高层管理者对组织的管理风格进行诊断，获得来自下属的反馈信息	有个别故意贬低被考核者的现象
客 户	可以获得来自组织外部的信息从而保证较为公正的考核结果	在实际运用时往往不太容易获得客户的支持

三、高层管理者培训

（一）高层管理者的角色定位

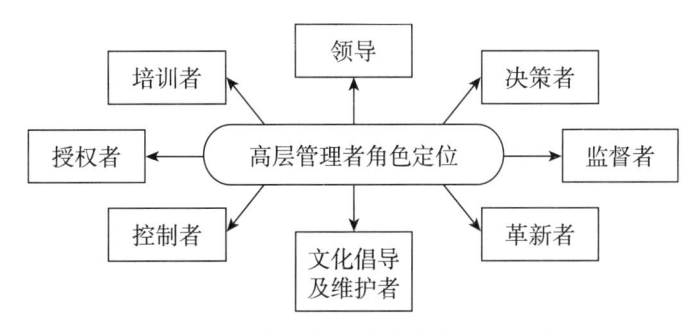

图14-8 高层管理者角色定位与分析

（二）高层管理者培训设计

高层管理者的培训分析还应该对高层管理者的领导进行访谈，了解他们所处层次及差距，访谈内容如表 14-11 所示。

表 14-11　高层管理者访谈表

能力要求	能力要素	程度						
^	^	掌握（熟练运用）		熟悉内涵		了解内容		知道即可	
^	^	人员群体	现有程度	人员群体	现有程度	人员群体	现有程度	人员群体	现有程度
战略与绩效	战略思考（全球视野）								
^	把握业务新机遇（变革创新）								
^	企业治理								
^	风险管理								
^	组织效能								
产品创造	产品规划及管理								
^	项目管理及推进								
^	OTD（On-Time Delivery，及时交付率）								
^	精益制造/质量管理								
^	分销管理/体验营销								
制度与企业文化	企业文化建设								
^	职业经理人精神								
^	流程再造								
服务支持	财务管理								
^	人力资源管理（团队建设、培养下属）								
^	服务标准与服务意识								
^	法律法规认证								
^	安全生产								
互联网（IT）	互联网思维与数字经济思维								
^	互联网品牌管理								
^	物联网产品与服务								

续表

能力要求	能力要素	程度							
		掌握（熟练运用）		熟悉内涵		了解内容		知道即可	
		人员群体	现有程度	人员群体	现有程度	人员群体	现有程度	人员群体	现有程度
互联网（IT）	AI+转型与创新								
	AI+营销管理								
	AI+商业模式								
其他	直播技巧及团队管理								
	新质生产力及创新业务形态								
	社交媒体渠道管理								

高层管理者是企业的核心人员，是企业战略的制订者，因此对他们的培训主要聚焦于企业运营管理方面和人才梯队建设方面。

表14-12　高层管理者培训内容

培训要素	主要内容
战略思考（全球视野）	1. 了解全球经济形势及行业动态 2. 战略分析方法与战略实施模型 3. 国际化管理实践 4. 战略选择与调整
把握业务新机遇（变革创新）	1. 如何发现业务机遇，怎样寻找创新点 2. 创新的方法及实践 3. 培养创新思维
风险管理	1. 风险类型与识别 2. 不同风险的分析及应对方式 3. 风险管理的模型框架介绍 4. 风险处理案例实践
培育下属（构建人才梯队）	1. 领导梯队理论 2. 如何搭建领导梯队 3. 继任者计划 4. 关注他人成功

续表

培训要素	主要内容
整合资源	1. 资源的定义及类型 2. 资源整合的意义 3. 发现新的资源配置方式，创造最大价值 4. 最佳管理实践
达成伙伴关系（客户导向）	1. 明确业务定位 2. 业务实现战略路径 3. 客户识别与协作达成组织目标
持续学习	1. 全球最新理论介绍 2. 行业先进标杆经验分享 3. 系统理论知识学习
理性决策	1. 决策的定义及分类 2. 各种决策模式解析 3. 决策模式的选择 4. 思考角度及注意问题
培育下属（激发参与）	1. 发展组织能力，推动战略实施 2. 将企业战略融入人力资源管理行动 3. 发展员工能力 4. 培养所需人才，确保持续增长 5. 塑造员工思维模式，获取商业成功 6. 改进员工治理方式

高层管理者掌握企业最多信息，具有企业决策权，同时业务更繁忙，更难以采取集中培训的形式进行知识内容的培训，因此，需要更多地采用非正式培训形式进行，主要包含以下几种。

1. 轮岗

轮岗是企业培训高层人员的重要方式，也是高层管理者进一步晋升的必要过程。高层管理者在这个过程中了解相关业务、了解上下游环节，提升"定方向、搭班子、带队伍"的能力。

2. 行动学习

行动学习以解决问题为最终目标，在这一过程中通过群策群力的方式设计行动计划，通过不断行动和反思调整计划、提升个人能力。行动学习包含六个要素：一个真实的问题、一个行动学习小组、一位行动学习教练、提问与倾听、采取行动以及学习。其中，行动学习小组的成员要有权利进行决策并能够采取行动。因此，虽然行动学习也可以应用在中基层人员的培训中，但是一般在高层管理者培训中，才能够取得最大效果。

3. 订单培训

对于高层管理者来讲，集中授课的需求其实大大降低，每一位高管的需求都不同，因此可以根据企业战略和业务需要制定选课单，由高层管理者自行选择培训形式。比如，参加高级研修班、研讨会、报告会，或者接受MBA教育，参加行业的标杆学习、参访学习、高质量沙龙与论坛、高水准的直播访谈类学习等。

> **小贴士**　不论是培训项目的设计还是培训的组织实施，都必须考虑不同人员层次的特点。层次越高，与战略结合越紧密，越需要培训前沿视野和全球化思维，培训结果对企业影响越大。培训形式必须与培训内容相结合，随着人员层次的提高，越需要采用非正式学习的形式。总而言之，培训项目要因人而异、因地制宜。

第四节　管理人才培养中应注意的问题

培训部门在项目设计过程中，要特别注意的是领导力课程有其特殊性。专业课程大多是技能加强类培训或者是新理念、新方法传播，是在实际工作需要的基础上进行的培训，培训后直接应用，培训效果也较为容易检验。领导力的培训更多是通过改变意识从而改变行为，这一过程本身就较难实现，而管理行为的改变对实际工作的促进作用更加难以衡量。因此在管理培训项目的设计过程中，以下两个环节是最需要研究和突破的。

培训部门通过培训模式的创新加强理念应用及转化。例如，在培训项目设计中，除了常规性线上课程学习、集中培训课程，还可以包含情景模拟、行动计划落实、主题研讨、参访学习等混合多样性活动，帮助学员将理念方法转化为实际行动。在培训结束后，通过行为跟踪反馈表，访谈各级相关人员，收集绩效结果进行培训后期行为改变及收益提升评估，在持续观察收集的基础上进行下一步培训的提升改进。

管理者的培训应该由企业统一管理。究其原因，主要因为管理者作为企业战略管理者、传递者，有重大的理念引导作用，所以管理者在企业文化、管理理念、管理方式等方面应该与企业保持高度的一致性，尽量减少个人的主观发挥，因此为保证理念传导的一致性，必须统一管理。

在培训体系完善的企业内，内外部课程与讲师甄选、线上和线下选择、培训技术方法选用等需要进行统一规划，但是可以充分发挥各二级组织的作用，在具体实际操作中单独实施。

▶ 典型案例　管理者培训最佳实践案例——新晋升管理者培训项目

领导力发展通道理论认为，新晋管理者在上任初期面临管理角色认知、管理方法和工具运用、跨部门协作、资源整合等方面的挑战，迫切需要角色转换、工作方法和管理能力的培训。尤其对于汽车行业来说，大多数管理者来自理工科专业，缺乏管理学相关的专业背景。因此，对新提拔领导职务的管理者设计专项培训项目尤为重要。"新晋升管理者培训项目"旨在帮助新晋升管理者快速适应新角色，顺利完成从技术到管理、从业务主管向团队引领者的转变。

一、项目设计理念

理念一：基于"7-2-1"学习理论的混合培训方式

成人学习"7-2-1"理论认为，员工的知识70%从工作实践中获得，即"干中学"，主要包括在岗实践、碎片化学习、行动学习等方式；20%从人际关系学习中获得，即通过与他人的交流探讨获取知识，主要包括建立学友圈交流、学习沙龙、辅导反馈等方式；10%通过正式培训学习获得，即通过培训课堂学习、考试、书籍阅读、亲身执教等方式获取知识。

为了有效促进学员对培训内容的吸收，新晋升管理者培训项目采用混合式培训形式，以在线学习、线下面授课程为主，辅以线下主题研讨、管理类书籍扩展阅读与分享、管理工具在岗实践应用、管理知识推送等，学以致用，以用促学。

理念二："翻转课堂"设计理念与实践

"翻转课堂"将基础理论层面的知识和技能移出课堂，放到学员参加正式课堂培训之前，学员通过E-learning平台、数字化学习平台、书籍、理论知识手册等教学手段提前完成自我学习，课堂时间得以极大地释放。课堂更加关注学员的学习体验，讲师更多地通过组织课堂演练、案例讨论、角色扮演、游戏活动等生动的教学方式启发学员，学员参与性非常强，以学员为中心的体验式教学效果惊人。

新晋升管理者培训项目在项目设计中运用"翻转课堂"理念，学习活动以线上课程为主线，面授学习、书籍阅读、知识促动、管理工具在岗实践应用、主题研讨都是为线上知识的深化和应用服务。在线学习依托E-learning平台、数字化学习平台，为学员搭配12门在线学习课程，分为两个阶段完成学习。面授课程为线上课程的知识串讲和研讨应用，同时结合线上课程的管理工具布置课下作业。在结项环节，抽取线上课程衍生的管理课题，让学员进行分组讨论，并以汇报的形式集中呈现。

二、项目精益化操作流程

新聘任管理者培训项目分为启动会、在线学习、面授学习、书籍阅读、管理工具在岗实践、管理课题汇报、结项考试、毕业典礼等培训环节，项目培训周期为2个月。各环节具体操作流程如图14-9所示：

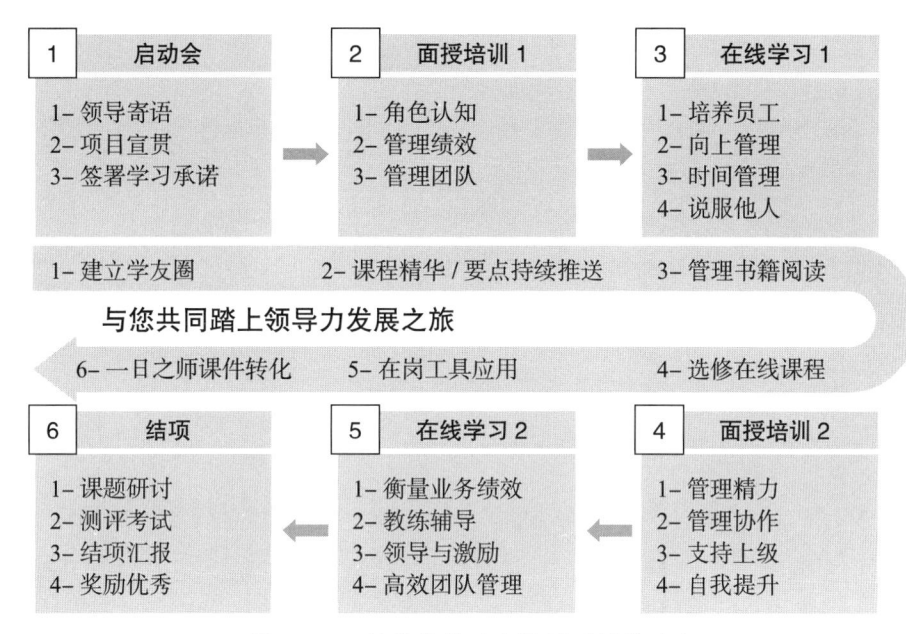

```
┌─────────────────┐      ┌─────────────────┐      ┌─────────────────┐
│ 1   启动会       │      │ 2   面授培训 1   │      │ 3   在线学习 1   │
│ 1- 领导寄语      │  →   │ 1- 角色认知      │  →   │ 1- 培养员工      │
│ 2- 项目宣贯      │      │ 2- 管理绩效      │      │ 2- 向上管理      │
│ 3- 签署学习承诺  │      │ 3- 管理团队      │      │ 3- 时间管理      │
│                 │      │                 │      │ 4- 说服他人      │
└─────────────────┘      └─────────────────┘      └─────────────────┘
```

1- 建立学友圈　　　　2- 课程精华/要点持续推送　　　3- 管理书籍阅读

与您共同踏上领导力发展之旅

6- 一日之师课件转化　　5- 在岗工具应用　　　4- 选修在线课程

```
┌─────────────────┐      ┌─────────────────┐      ┌─────────────────┐
│ 6   结项         │      │ 5   在线学习 2   │      │ 4   面授培训 2   │
│ 1- 课题研讨      │  ←   │ 1- 衡量业务绩效  │  ←   │ 1- 管理精力      │
│ 2- 测评考试      │      │ 2- 教练辅导      │      │ 2- 管理协作      │
│ 3- 结项汇报      │      │ 3- 领导与激励    │      │ 3- 支持上级      │
│ 4- 奖励优秀      │      │ 4- 高效团队管理  │      │ 4- 自我提升      │
└─────────────────┘      └─────────────────┘      └─────────────────┘
```

图 14-9　新晋升管理者培训项操作流程

三、混合式培训项目设计及实施中应注意的问题

作为混合式培训项目，新聘任管理者培训项目在 2 个月的培训周期内融合了 8 个学习流程，学习任务较为繁重，且对培训管理者的素质要求较高，这说明企业在设计混合式培训项目的时候，要注意在以下问题中着重思考。

首先，混合式培训项目要求培训项目有严密的教学逻辑设计。课堂之外的学习内容与课堂上的体验式教学内容要紧密相关，理论知识自学是面授课堂的基础，面授课堂又是理论知识自学的升华，面授要求讲师或者教练结合理论知识点组织反思、训练和讨论，前后内容一定不能割裂开来。企业培训管理者不仅需要设计好这些教学内容，也要选择好体验课的讲师，讲师必须十分熟悉学员的自学内容，也要掌握课堂促动技术。

其次，混合式培训项目需要企业拥有一定的教学资源和教学手段。帮助学员完成课堂之前的学习，要借助企业的 E-learning 学习平台、数字化学习平台、视频课程录制系统等比较先进的教学资源。面授讲师要综合运用视频教学、角色扮演、促动技术、游戏教学等多种教学手段。

最后，企业需要管理好各阶段学习过程。混合式培训学习项目更多地交给学员自己掌握，学习周期变长，影响培训效果的不确定因素增多，因此需要做好学习过程的精益化管理。一方面督促学员按时完成学习任务、反馈学习作业完成情况，确保学习进度；另一方面及时纠正讲师和学员在学习过程中出现的问题，确保教学能按设定的目标进行。

总之，企业在设计混合式培训项目的时候只有做好学习项目的设计、学习资源的搭建和学习过程的管理，才能使混合培训项目得以良好运转，取得良好的培训效果。

第十五章
专业技术人才培养

　　如何让一名员工热爱专业、沉醉于专业领域之中，这需要多方因素，如企业对专业技术的文化，是否重视专业队伍建设，尊重专业技术的专业性，是否有持续在专业技术方面的投入，项目的多少及含量、激励机制等。只有为专业人才营造一个受尊重、有事做、有挑战、有成长、有激励的环境，这样的专业技术人才才会在企业长期工作、终身工作，否则企业的培训工作做得越好，人才成长越快、流失率就越高。企业要发展，人才发展是必然，如何做好人才的培养、培训工作非常重要！

本章导读

- 如何让专业人才发展通道更具吸引力
- 培训课件的重要输入是任职资格标准
- 培训计划来源于专业能力和绩效差异
- 如何让培训与技术创新有机结合起来

企业的技术进步与创新靠的是人才，特别是掌握各种先进技术方法的专业技术人才。培训部门从专业技术人员的职业发展路径、岗位知识图谱、任职资格、绩效改进等多维度设计专业技术人员系统性的培养，不断地进行技术改进、创造发展、综合能力提升等，是非常重要的。

第一节　专业技术人才的定义

专业技术人才是指具有一定的专业知识或专门技能，并进行创造性劳动，对企业的发展做出重大贡献的人，是人力资源中能力和素质较高的劳动者，他们分布在各业务部门，从事着各相关领域的技术工作，如研发人员、质量人员、工艺人员、注册会计师、经济师、社会工作师、注册安全工程师等。

第二节　专业技术人才职业发展通道及能力要求

一、专业技术人才的职业发展通道

职业发展通道一般是指企业为员工搭建的基于岗位知识图谱、任职资格标准、职业发展路径等成长通道。职业发展通道可以让员工了解自身未来的发展方向并为之努力。一个完整的职业发展通道体系主要包括通道的设置，通道内部层级的划分，各层级职数或比例控制，各层级的任职资格标准确定，职业发展路径管理等几个方面的内容。不同企业中，专业技术人才发展通道的表现形式各不相同，根本却是一致的，就是基于不同层级的职位要素，对应人员不同发展能力的要求，从基层到高层的规范性路径。因此，企业基于岗位知识图谱的能力要求是这条路径的核心，企业需要建立这个标准。

二、专业技术人才的岗位标准要求

不同的岗位具有不同的要求，包含但不限于岗位知识图谱、任职资格标准、岗位任职要求等，一般而言，这个要求可以包含两部分：能力要求和技能要求。能力要求是指适用于企业全体员工的工作胜任能力，它是企业文化的表现，是企业对员工行为的要求，体现企业的行为方式，是抽象的能力要素和价值观要素。技能要求是指工作需要的技术方法，是技能要素，可以分为通用技能和专业技能；针对每个岗位的需求制定的各项标准就是专业技术人员的能力要求，也可以成为专业技术人员的任职资格体系。

三、专业技术人才的任职资格体系

企业的职位体系是指企业内部所有不同领域的职位按照所属关系和等级关系形成的职位组合，包括职位层级、职位等级和职衔等要素。而企业任职资格体系就是针对职位体系中每一个职位要求建立的能力评价标准。职位要求可以通过需求调研表来设计，如表 15-1 所示。

表 15-1 职位标准能力需求调研

任职资格		基本职责描述		培养周期	必备知识技能要求			
专业名称	等级	职责	衡量标准		必备知识要求		必备经历要求		
					具备本岗位工作需要的专业知识	具备相近专业领域的一般知识	参考必备经历岗位	从事时间	关键成功经验
研发	一级								
营销	二级								
质量	三级								
人力	四级								
……	……								

企业经过调研最终形成任职资格标准能力汇总，如表 15-2 所示。

表 15-2 任职资格标准能力汇总

职位名称	任职资格序列	任职资格等级	必备知识	必备经历

第三节 专业技术人才培养体系

一、培训需求的分析

培训需求一般来源于三个层面：企业发展战略的目标与现实能力之间的差距、绩效目标达成差距以及员工职业发展的期望与现实情况的差距。所以，企业进行专业技术人员培训需求分析时，首先应找出差距，明确目标，即确认需要培训的专业技术人员的实际情况同理想状况之间的差距，明确培训目标与方向。

（一）年度经营计划及目标

分析企业战略是所有培训需求分析的第一个环节，对于专业技术人员而言，企业战略要求为年度经营目标，通过对目标的分解及细化，可以导出每个专业技术人员需要承担的具体指标，根据这一目标进行差距分析，可以得出培训需求，这是培训输入的重要依据，如表15-3所示。

表 15-3　年度经营计划差距分析

年度目标	部门目标	岗位目标	衡量方式	需要的能力及资源	现有的能力及资源	差　距

（二）先进技术、工具方法的转变分析

对于专业技术人才来说，新技术、新方法的应用直接且迅速地影响到他们的工作效率，一些方法的错误应用甚至会影响到上下游岗位的一系列工作。因此，如果企业引入了新的工具方法就必须对相关人员进行培训需求分析，通过有针对性的培训单独或者统一对其进行内容设计和开发，并组织培训。特别需要提出的是，这类培训尤其强调培训后应达到的标准，以标准作为内容输入的重要依据。

表 15-4　先进技术、工具方法的转变分析

调查项	分析		
部门重点业务与关键指标分析			
部门新业务、新设备、新的工作方法、工具等分析			
专业技术人员分析	姓名	任职资格能力等级	个人发展需求
^	^	培训需求	
^	^	课程要求	课程培训评价验收标准

（三）年度绩效分析

员工个人年度绩效的差距分析也是培训需求输入的条件之一，在分析专业技术人员

绩效差距时，会通过内外因结合分析差距所在，如图15-1所示。

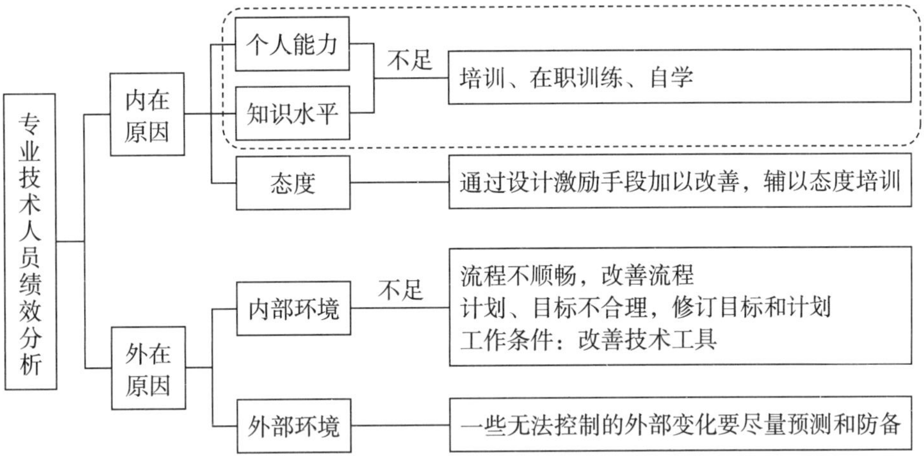

```
专业技术人员绩效分析
├─ 内在原因
│   ├─ 个人能力 ─┐
│   ├─ 知识水平 ─┴─ 不足 ── 培训、在职训练、自学
│   └─ 态度 ── 通过设计激励手段加以改善，辅以态度培训
└─ 外在原因
    ├─ 内部环境 ── 不足 ── 流程不顺畅，改善流程
    │                      计划、目标不合理，修订目标和计划
    │                      工作条件：改善技术工具
    └─ 外部环境 ── 一些无法控制的外部变化要尽量预测和防备
```

图 15-1 专业技术人员绩效差距分析

在分析个人能力差距及不足时，需要结合本岗位的工作职能职责和能力标准要求，就是岗位知识图谱标签、任职资格标准，以绩效差距为依据，结合任职标准，找出个人能力差距，制订培训提升计划，如表15-5所示。

表 15-5 年度绩效差距分析表

年度绩效差距	相关任职资格标准	现有能力分析	差距分析	培训提升

（四）个人发展分析

当然，在日常工作中，为了随时查找个人差距或者为找出员工本人与职业发展通道中晋级的差距，岗位知识图谱标签、任职资格标准仍然是查找差距的重要依据，此时，培训部门可以采用评价方式根据任职标准随时找出差距，采用的标准根据目的的不同选择本级能力项或上一级能力项。在评价时，可以自我评价，也可以请相关人员协助评价，如表15-6所示。

表 15-6 专业技术人员能力评估

任职资格模型评测项目		评分要素	自评	他评
培训运营管理	1.计划与预算管理	必备知识：计划划分原则及标准，职工教育经费列支范围		
		输出结果：月度培训计划及预算，日常费用支出台账		
		衡量标准：计划通过审批并下发，费用台账及时更新		

续表

任职资格模型评测项目		评分要素	自评	他评
培训运营管理	2. 开班计划制订	必备知识：日常公文写作格式，计划制订的要素，文件的审批流程		
		输出结果：课程开班计划（含线上和线下相结合）		
		衡量标准：计划通过审批并下发		
	3. 培训报名组织及答疑	必备知识：报名组织流程，报名资质要求，培训项目总体安排		
		输出结果：学员名单（含数字化学习平台报名）		
		衡量标准：完成组织及答疑		
	4. 讲师沟通与确认	必备知识：课程总体安排		
		输出结果：讲师日程安排		
		衡量标准：按计划执行		
	5. 培训前资源准备	必备知识：培训资源清单（含数字化学习平台）		
		输出结果：按要求准备各项资源（含数字化学习平台）		
		衡量标准：准备到位		
	6. 开班引导及班级管理	必备知识：培训计划、课程总体安排，讲师基本情况，班级管理规定		
		输出结果：课程及讲师介绍，考勤记录		
		衡量标准：班级正常运行		
	7. 培训记录收集录入存档与统计	必备知识：培训信息系统使用，存档材料清单，档案管理知识，统计知识		
		输出结果：培训记录、档案及统计报告		
		衡量标准：记录及时更新，存档材料完整，统计数据准确		

根据上述培训需求分析结果，培训部门编制《专业技术人员的需求分析报告》作为专业技术人才培训设计的前提。

二、培训计划制订及组织实施

在培训需求分析的基础上，培训部门进行培训计划的编制。计划编制要素主要包含培训目标、培训对象、培训内容、培训课程、培训形式、培训讲师、培训方法、培训时间、职工教育经费等。

（一）培训课程及讲师

1. 课程内容

专业技术人才的培训内容最主要来源于岗位知识图谱、岗位任职资格标准，并结合企业年度目标以及因企业发展而产生的新技术、新方法等内容。根据专业技术人所处的不同系统（质量、财务、采购、研发、工艺等），培训部门进行培训课程的设计，如表15-7、表15-8、表15-9所示。

表 15-7　产品创造人员培训课程

序 号	课程类别	项目名称
1	项目管理 （12 门课）	先行技术管理
2		产品体系管理
3		产品规划项目管理
4		产品工程项目管理
5		工艺开发项目管理
6		采购项目管理
7		项目质量管理
8		生产项目管理
9		市场需求分析
10		分销管理
11		服务工程管理
12		项目财务管理
13	工程技术 （5 大类）	产品培训
14		制造培训
15		采购培训
16		质量培训
17		精益培训

表 15-8　质量人员培训课程

序 号	培训分类	内　容
1	质量体系	管理者认知培训
2		标准培训
3		过程方法培训
4		核心工具的有效运用
5		审核技巧培训

续表

序号	培训分类	内容
6	质量技术	管理流程
7		技术工具应用
8	质量改进	故障模式分析培训
9	质量控制	现场质量控制培训
10	质量检验	质量检验标准培训

表 15-9　生产人员培训课程

序号	项目分类	培训内容
1	公共课程类	现场沟通
2		效率提升
3	生产系统	工时与定员管理系统
4		缩短生产周期管理
5	物流系统	物流器具设计及管理程序培训
6	安全系统	安全管理能力提升培训
7		危化作业安全培训
8	安全系统	职业危害控制技术培训
9		安全管理人员继续教育

2. 课程开发及讲师选择

专业技术人才的培训课程开发基于两个方面：一是基于岗位知识图谱、岗位任职资格标准的常规课程开发，二是基于个人绩效、新技术、新方法提出的个性化培训。

（1）常规课程开发

常规课程是基于岗位知识图谱、岗位任职资格标准，并按照培训部门制订的课程开发计划进行系统开发的。企业内部讲师是课程开发和授课的主要力量，如表 15-10 所示。

表 15-10　培训课程规划

业务名称	序号	课程类别	课程名称	课程关键词	授课方式	课时	授课周期	培训对象				
								一级	二级	三级	四级	五级

课程内容随着岗位知识图谱、任职资格标准的更新而更新，它是相对固定的培训课程，可滚动纳入年度培训计划中。员工可根据现有任职资格等级及发展情况选择培训课程。

员工的职业发展规划中会涉及岗位的轮换。员工在轮换中，可参照其相应岗位级别所需要的培训内容进行培训。

（2）个性化课程开发

个性化课程是基于员工的绩效、新技术转变等制订专业技术人员年度个性化的培训计划。这类课程的开发，培训部门应结合企业的实际情况进行讲师的选择，可以是内部讲师，也可以是外部讲师。

（二）培训对象

不同级别的专业技术人才应该参加不同的培训。企业应该有计划地培训不同级别的专业技术人员以及企业储备技术人员。所以，在开展不同级别的技术培训时，应有针对性地要求骨干技术人员参加，以求全面地提高骨干人员的技术水平。

（三）培训时间

培训时间的选定重点注意两个方面，一方面是了解学员是否有时间，需要协调各参与者的时间和企业相关活动的时间，避免时间撞车；另一方面是讲师的时间，特别是合适的外聘讲师是否有恰当的时间，这需要双方磨合，相互协商。培训时间的安排还要注意以下事项。

重大性项目的培训时间：根据企业的发展阶段，有些培训项目紧急且是重大性项目，如新技术改造、新工具的运用与推广，这就需要根据企业的重大技改项目启动时间、技术标准变化时间、新设备、新产品、新项目购买或启动时间而定。

（四）培训地点

培训方法决定了培训地点的选择。

一是培训教室的选用：如研讨、沙盘、集中培训等。理论或可操作性不强的培训可以选择在常规的教室进行，游戏活动多的培训就需要在教室桌椅能够方便移动的宽敞场地。

二是工作场地的选用：如现场指导、技术研究、师带徒等。实践性操作课程要选择在操作现场或者能够实施操作的地方进行。这样的培训，需要外部场地，需提前预订并进行现场勘查等。这些都要在制订实施计划时明确落实。

（五）培训方法

根据培训内容及学员要求的不同，选择培训方法也就有所不同。基于成人学习

"7-2-1"的特点，专业技术人才的主要培训方法有工作指导及工作沟通交流、研讨、集中授课、标杆学习、案例学习、外部培训等。

（六）培训预算

培训工作的开展离不开费用的支持。培训部门既要考虑培训的效果也要考虑培训的成本。在培训项目开始的时候，培训管理者做好培训费用预算有利于控制培训成本和合理地分配各项培训工作的预算，如表15-11所示。

表15-11　培训费用预算

序 号	培训费用项目	费用预算明细	备 注
1	教材费用	元/本 × 本 = 元	
2	讲师劳务费	元/时 × 时 = 元	
3	讲师交通费	元/日 × 日 = 元	
4	讲师餐费	元/日 × 日 = 元	
5	培训场地租金	元	
6	培训设备、教学工具租金	元	
7	技术设备使用费	元	
8	其他费用	元	
9	合计	元	

（七）培训实施过程控制

在培训进行过程中，企业对受训员工的培训情况应有所了解，因此，培训部门应对员工培训的相关情况进行记录，如员工培训考勤记录表、学习成绩记录、数字化学习平台学习数据等。

三、培训评估

培训组织后，培训部门必须进行培训评估。对专业技术人才来说，培训效果评估尤为重要。培训评估及方式运用于专业技术人员管理及评价全过程。其培训评估重点有三，一是否满足员工的职业发展，二是否满足岗位知识图谱、岗位任职资格要求，三是否满足企业新的发展要求。

培训评估采用何种方式，取决于培训的内容及培训的对象。

（一）反应评估

与其他人员培训评估相同，培训的一级评估，主要采用调研问卷的形式，评估学员对培训项目的看法，如讲义、师资、设施、方法、内容等方面。

（二）学习评估（内容评估）

对于专业技术人才来讲，所有知识技能性的培训一定要进行学习评估（内容评估）。技能的基础是理论，如果不能熟练掌握技能的理论依据、操作步骤，很难在实际工作中充分应用技能知识。培训组织者可以通过笔试、工作模拟等方式来了解学员在培训后的知识掌握程度。这种方法有利于增强学员的学习动力。其中，工作模拟的方式尤其适合技能型培训的评估，考评人员可以通过对行为的观察记录直观考察学员。

表 15-12　培训技能掌握观察

培训课程	造型扫描操作技巧		培训日期	年　月　日
观察对象	受训技术人才在模拟工作情境中的情况		观察记录员	
项目	具体内容			
	培训前	1.		
		2.		
	培训后	1.		
		2.		
结论	1.			
	2.			
其他特殊情况				

（三）行为评估

培训的目的是改善行为，从而提升绩效。专业技术人才的培训多是技能型培训，因此，专业技术人才更加需要进行行为评估。除了常见的行为评估方式（访谈、观察等）之外，专业技术人员的培训效果还可以通过绩效评估和任职资格认证来进行验证。这是因为专业技术人才的培训来源于绩效和任职资格差距，针对性的培训必须看到明显的提升。

1. 业绩评价评估

培训部门通过企业内绩效评价方式，定期开展绩效评价，重点考评经过培训后的指标，进行培训前后绩效结果对比，可以从侧面反映培训的一定成果。

表 15-13　员工绩效评价

序号	绩效评价项目		绩效评价结果			培训内容			
			优	良	差	课程名称	培训方式	评价方式	自我评价
1	KPI	内容1				课程1			
2		内容2				课程2			
3	项目工作	内容1				课程1			
4		内容2				课程2			
5	职能标准工作	内容1				课程1			
6		内容2				课程2			
7	工作投诉	内容1				课程1			
8		内容2				课程2			
9	个人发展目标	内容1				课程1			
10		内容2				课程2			
11	个人培训建议					课程1			
12						课程2			
13	主管领导培训建议					课程1			
14						课程2			

在绩效评价中，培训部门对其相关的培训情况进行评估，在对效果评估的同时，又提出下一步的培训方案。

2. 员工任职资格认证

企业应定期进行任职资格认证。员工为通过任职资格认证，应预先参加需要认证的层级对应的培训，或参加在上一次认证中未通过的能力项的培训。认证结果，尤其是上一次未通过项在经过培训后的认证结果能够反映培训的效果，如表15-14所示。

表 15-14　任职资格晋升关键能力评价

岗位名称	岗位要求专业	岗位要求能力等级
员工姓名	申请认证专业	申请认证级别
评价说明 1. 评议流程： （1）员工陈述； （2）评委根据关键能力评议表的各项标准项逐一提问，并客观、公平、公正地评议达标或不达标； （3）员工直管领导可以就员工工作职责和工作业绩，进行三分钟补充陈述； （4）评委合议达成一致后，最终确定员工获得的任职资格等级，并评价员工能力优势、不足及改进建议，最后签字确认。		

续表

2.评议原则：
（1）能力标准项评议。请评委从"是否做过""做的效果如何""一贯性"方面，对以下评价项目进行评议，各项评价结果包括达标和不达标。请评委在"是否达标"一栏填写评价结果。
（2）任职资格等级评定。请评委依据每一项评价结果，同时根据合议结果，在"评议结果"一栏，写明员工答辩评议获得的任职资格等级。
（3）合议确认任职资格等级。申请员工退场，由评议组组长主持进行答辩结果合议，工作人员现场收集并统计各评委的评议结果，最终确定员工所获得的任职资格等级。
（4）设置答辩通过率。绩效为 B 及以上员工的答辩通过率为90%，绩效为 C 员工的答辩通过率为10%。

序号	能力单元	能力要素	标准项分类	是否达标
1	招聘会实施	1 招聘会信息发布 独立完成5次招聘信息发布的工作经历等	关键标准项	□达标 □不达标
		2 招聘前准备组织	关键标准项	□达标 □不达标
2	人员甄选与面试	1 招聘岗位信息发布	普通标准项	□达标 □不达标
		2 简历筛选与通知	关键标准项	□达标 □不达标
		3 ……	普通标准项	□达标 □不达标
3	招聘渠道与面试官资源池建立	1 资格面试官资源池建设 2 ……	关键标准项	□达标 □不达标

评议结果		等级	

综合评语

1.优点：

2.改进点：

评委签字：

这是员工任职资格认证过程的一个重要环节，按任职资格不同等级规定的相关内容，如工作职责、经历等提供答辩材料，可以从中验证员工的培训在工作中所收到的成效。每一项的关键能力项的举证，都要提供相应的工作材料。在答辩过程中，会对每个关键项的材料进行评审，对达标与不达标的情况进行评估。对员工进行一个综合性的评价，如职业技能的掌握情况、沟通交流的能力等。

（四）结果评估

四级评估可以根据企业的实际情况开展，借助经营指标、人才发展指标等进行分析，笔者在这里不作详细论述。

四、专业技术人才培训保障

（一）制度保障

为了提高专业技术人才的技术水平和综合素质，掌握前沿技术，提高技术创新水平，培训部门要制定适合本企业的培训管理制度以及专业技术人才的培训合同、受训技术人才的保密协议等以确保企业竞争力和员工的诚信力。这些文件制度的编制需结合企业的发展阶段、当地的劳动法规、核心关键岗位、核心业务来进行。

（二）讲师课程保障

专业技术人才群体十分庞大，且岗位任职要求繁杂，因此对应的培训课程数量种类繁多，需要大量的讲师，尤其是内部讲师承担课程开发与讲授任务。但是在实际工作中，专业技术人才也许并不愿意成为讲师，尤其是在培训体系尚未完善的企业里。那么，如何保证专业技术人才的培训有序进行呢？

专业技术人才的发展基于岗位知识图谱、岗位任职资格的职业发展。他们在每一级的晋升过程中都会有不同的知识与技能的要求，这也是课程开发的需求来源。所以，专业技术人才在职业发展中其实承担了两个角色：一是受训者，二是培训者。因此，培训部门应给专业技术人才提出要求，在接受培训的同时，开发相应的课程。

表 15-15 任职资格晋升必备条件表

任职资格级别	绩效考核周期	晋等（本级别内）				晋级（晋升到本级别）			
^	^	绩效结果应用	培训结果应用			绩效结果应用	培训结果应用		
^	^	S-A B C	必修课程	授课次数	课程开发门数	S-A B C	必修课程	授课次数	课程开发门数
五级及以上	上一年年度绩效	年度绩效结果为B及以上	—	1门高级课	1门高级课	年度绩效结果为B及以上	—	1门中级课	1门中级课
四级	^	^	2门高级课	1门中级课	1门中级课	^	2门高级课	1门初级课	1门初级课
三级	^	^	2门中级课	1门初级课	1门初级课	^	2门中级课	—	—

续表

任职资格级别	绩效考核周期	晋等（本级别内）					晋级（晋升到本级别）				
		绩效结果应用			培训结果应用			绩效结果应用			培训结果应用		
		S-A	B	C	必修课程	授课次数	课程开发门数	S-A	B	C	必修课程	授课次数	课程开发门数
二级	上一年年度绩效	年度绩效结果为C及以上			2门初级课	—	—	年度绩效结果为C及以上			2门初级课	—	—
一级					2门初级课	—	—				—	—	—

备注：初级课指适合于一、二级员工的课程；中级课指适合于三级员工的课程；高级课指适合于三级以上员工的课程。

专业技术人才有受训与培训课程开发任务，自己的知识、技能有所提升，还对自己本专业的知识、技能又作了相应的沉淀；不断地推动个人发展的同时，也在验证个人的能力，最终满足了企业的发展。

▶ 典型案例　用造车的理念培养技术人才

技术人才一般是指系统学习过某方面的技术知识、具有自主创新研发能力，在组织中从事研究、开发、设计、质量管控等工作的人才，其特点和培训痛点如表15-16所示。

表15-16　技术人才的特点和培训痛点

维度	技术人才的特点	培训管理者的痛点
所从事的业务	多从事技术研发、设计等工作，工作的项目开拓性比较强，有些甚至是行业的前沿性探索 业务对实践的要求高于对基础理论的要求 技术转化为商业价值的要求高	培训管理者不懂业务，组织的培训往往"隔靴搔痒"，很难支持技术人才制订解决方案
可利用的资源	外部可直接使用的成熟专家和课程匮乏 企业需求相对独特，外部资源很难解决企业的实际技术问题	无法借助外部资源开展培训
技术人员自身	多是喜欢钻研的"技术控" 多在某技术细分领域长期钻研，工作履历的岗位宽度不够 沟通和交流能力相对较弱，不善于分享 工作压力大，项目时间紧张	技术人才较为慢热，培训的组织难度高，培训时间较难确定

汽车行业知名上市国企F企业，是一家拥有自主品牌的汽车制造企业，从创立之初便大力培育企业的自主研发能力，高度重视技术人才的培养。秉持着"用造车的理念培养人才"的理念，经过多年的实践，该企业探索出了一条"以自主开发为主、外部资源为辅"的企业"自培训"能力体系。

动力系统：以任职资格体系为牵引机制

F企业开发出了一套覆盖技术人才的任职资格体系（如图15-2所示），设计了技术人才的职业发展通道，从低到高划分为若干个发展等级。在任职资格标准中，企业详细规定了各专业、各层级员工所应具备的知识、技能、工作经验和基本素质，通过这四个层次的指引，引导员工不断提升自我，成为牵引专业技术人才能力发展的"动力系统"。

员工按照每年开展的任职资格认证流程制订个人发展计划，并据此开展学习，不仅非常清楚自己的目标和发展路径，也有了持续学习、提升的动力之源。

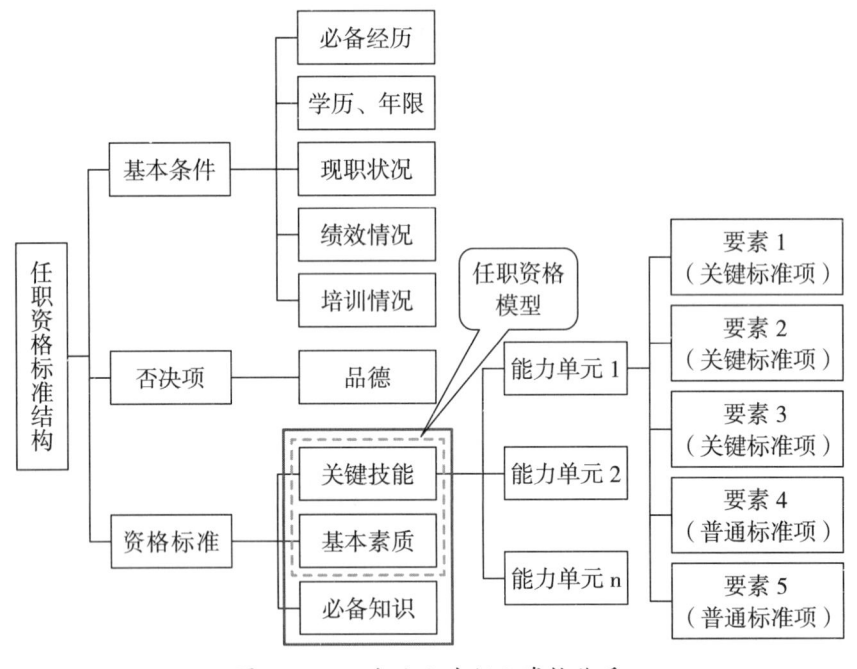

图15-2　F企业人才任职资格体系

底盘系统：构建企业基础培训体系

F企业多年来持续构建"3C"（Course，Coach，Class）基础培训体系，打造专业技术人才的"底盘系统"，并设立"企业培训日"，推进专业技术人员的日常基础培训，帮助技术人员胜任岗位技能要求、改进和提升岗位绩效、交流与分享技术经验。

课程资源（Course）体系

企业根据任职资格标准的要求，按照职位族群、序列分类，遵循各专业能力从易到难的原则，规划和开发了每个任职资格层级所需的专业技术课程和学习指导材料。这个课程体系广义上还包括知识手册、培训课程课件、岗位指导手册及岗位相关的技术资料等。

内部师资（Coach）体系

企业需要同时开发和培养企业的师资体系，对于技术人员来说，师资体系不单单是授课的讲师，广义上也包括导师、教练、技术课题组长等。F企业重点打造了"钻石讲台"内训师培养项目，通过系统培养、讲师大赛等方式，培养了一大批专业技术课程内训师，在技术人才的日常培训中发挥了极为重要的作用。

培训项目（Class）体系

在课程和师资体系的基础上，企业需要为专业技术人员搭建各种培训项目平台，并重点打造核心项目，让专业技术人员学习、分享和交流。F企业的技术人员不仅可以参加通用能力大课堂、跨厂区授课、实训基地、创新思维训练营等通用课程，更可以深入针对各类技术人才的专项培训中，从中广泛获益并得到提升。

"3C"培训基础体系也可被称为"学习超市""超市"内有课程、师资及琳琅满目的学习项目，员工可根据自己的需求，在"学习超市"中自主"选购"。

驾乘体验：以学员为中心

企业培训的一个核心理念就是以学员为用户，培训只有真正以学员为中心，才能让学员"走心"并积极参与。F企业致力于打造技术人才培训过程中的优质"驾乘体验"，激发他们持续、高效的学习激情。

用"酷炫技术"提升兴趣

技术人员往往是"技术控"，对于新技术有着本能的追求，因此在培训中可以尝试引进新颖的培训技术，如行动学习、翻转课堂、游戏化学习、创新workshop（工作坊）、跨界学习、开放空间、企业剧场等。技术人员在"炫酷"的培训方法中体验学习，一方面提高了学习兴趣，另一方面也是一种跨界学习，一定程度上可以帮助技术人员突破自身的思维定式。

用产品理念做培训项目

移动互联时代的到来让每个人重新思考自己的用户是谁、用户要什么。做培训也是如此，需要面临用户的诉求，也必须有让用户"尖叫"的产品。一个能够落实用户思维的培训产品，不仅能激发学员的学习兴趣、保障学习效果，还能让学员推荐给同事，在组织内部形成良好口碑。

F企业结合研发技术人才的需求策划了"TRIZ[①]创新训练营"项目，以TRIZ创新方法为线索，利用学员所在岗位的技术攻关课题开展行动学习，让课程与本职工作融为一体，彻底修补了学习和工作的"裂痕"，极大地激发了学员的学习意愿和激情。最后，学员不仅掌握了TRIZ创新方法，而且淋漓尽致地实战了一把，完成了多项创新成果，还成功申报了多项技术专利。

注重项目运营，培育学习品牌

F企业不仅为技术人员设计了一款款培训产品，而且非常注重这些培训项目的运营，借鉴《西游记》中唐僧师徒每经过一个国家都需要"通关文牒"的元素，在培训项目中设计了"学习护照"，帮助学员记录学习历程，让他们在项目结束很长时间后，还能清晰地回顾他们的学习过程。

此外，企业积极培育品牌学习项目，设计项目标志，挖掘并赋予项目品牌内涵、总结提炼项目卖点、积极推广与传播……通过品牌化的项目塑造，提升学员的认同感、参与感，最大限度地保障学习效果，产生积极的口碑效应。

---

① 萃智理论。

第十六章
国际化人才培养

一般来说，国际化人才培养的重点是外派人才的培养，其中最核心的部分则是针对国际化经营管理和营销人才的培养。

本章导读

- 国际化人才培训基础是岗位知识图谱和素质能力模型
- 国际化人才培训要与人才发展相结合
- 培训可帮助外派员工突破跨文化瓶颈

数字经济、经济全球化与企业跨国经营促使企业的国际化步伐加快，国际化人才的需求正是基于经济发展和企业业务发展变化应运而生。其中，培养和选派优秀员工到海外开疆拓土是国际化发展的必然路径之一。当前大规模的跨国企业越来越注重国际化人才的培养。

第一节　外派人员的培养

外派人员出国前的培训及异地工作的适应性培训是相当重要的环节。通过这些培训项目可以让外派人员尽快适应环境并开展工作，尤其是将员工派到那些与本国有明显文化差异的国家或地区。要想提高外派人员的工作效率与外派成功率，其培训项目的设计至关重要。

一、国际化外派人员的定义

外派人员是指由母企业任命的在派驻国工作的母国公民或第三国公民，其中以在派驻国工作的母国公民为主。

很多人认为只要会讲外语、熟悉国外环境的人才就能够胜任外派岗位的工作，其实不然，真正的外派人员培养应该从个体和组织两个层面来理解。

从个体层面来讲，外派人员需要具备国际化意识与知识结构，视野和能力达到国际化水准，并且善于在国际化竞争中把握机遇和争取主动。

从组织层面来讲，企业需要构建一个能够支持外派员工境外生存并发展的环境。具有外派潜质的人才，如果没有适应其发展的环境，是不可能成功外派的；反之，如果只营造了一个外派人员培养环境并建立了相关培养机制，而没有合适的有潜质的人才也是不行的。

二、人员外派的六大难题

（一）如何正确认识外派岗位

员工对出国执行工作任务通常会表现出过高或过低的预估。过高是指过于乐观地估计境外的工作环境，将出国工作视为镀金和增值，但忽视了工作任务完成的难度。过低是指外派人员通常会把海外职位视为苦差事，可能对外派会表现出焦虑、不安甚至恐惧，由于个人的适应性、家庭因素等方面的影响，很少有人愿意在海外待两年以上的时间。可是对于国际化业务，外派人员要想在短时间内完成工作任务，建立外部关系，融入组织团队中，持续地进行知识沉淀和经验积累是不可能的。因此，企业需要让外派员工明确外派的目的和目标，让他们充分认识到为什么要进行外派。

（二）如何快速培养成才

一是企业培养国际化人才要有体系、有能力、有方法；二是要有海外的工作场所能够让他们实践。

（三）如何按期交付工作成果

由于有些员工虽然具备国际人才的某些素质，但因自己身体的原因不能长期在外工作，也无法如期完成工作任务。另外，由于目前的员工大多数是独生子，上有老，下有小等因素，长期外派也会存在诸多问题，因家庭成员的实际情况，无法最终交付工作。所以，企业需要综合平衡和考虑整体因素，保证外派人员按期交付工作成果。

（四）如何将专业知识与国际业务融合

虽然企业选择的外派员工都是国内专业知识丰富的优秀员工，但由于各国的管理文化、流程体系、交流沟通、语言表达等方面的差异，如何较快地转化与融合显得非常重要。

（五）如何突破语言障碍

语言是许多国内企业外派人员面临的主要障碍。一些外派员工表示，语言表达能力急需提升。同时，工作中涉及的专业词汇，往往让外派员工十分头疼。这不仅影响工作效率，还会产生交流分歧，给企业带来损失。

（六）如何适应境外生活

尽管有大量的外派人员被派驻到南亚、东南亚、非洲和中东等新兴市场，但多数中国"教练"的培训内容，重点针对的是西方市场，培训方向产生偏颇自然就达不到预期的效果。

三、外派人员培训体系设计

针对外派员工的培训，企业除了要让来自母国的外派管理技术人员获得国际业务的相关知识、技能和经验,还需要进行跨文化适应性培训。跨文化适应性是跨文化管理能力的一项主要内容,对此进行培训的目的是使母企业的外派人员了解他们将赴任国家的文化环境,充分理解派驻国国民的价值观与行为观,迅速地适应派驻国工作环境和生活环境,并充当两种不同文化的桥梁和纽带。

根据员工外派工作时间及所需面对的压力与挑战情境,可以设计不同的培训模式,如表16-1所示。

表16-1 外派员工培训体系

<table>
<tr><th colspan="4">外派人员培训体系设计</th></tr>
<tr><th colspan="2">培训对象分类
(外派停留时间)</th><th>短期出差
(≤1个月)</th><th>中期外派
(2—12个月)</th><th>长期外派
(1—3年)</th></tr>
<tr><td colspan="2">培训模式设计</td><td>信息授予式训练模式</td><td>情感式训练模式</td><td>沉浸式训练模式</td></tr>
<tr><td rowspan="6">培训内容设计</td><td>企业外派政策宣贯</td><td>√</td><td>√</td><td>√</td></tr>
<tr><td>跨文化培训</td><td>派驻国文化培训</td><td>文化同化训练</td><td>外派国实战体验</td></tr>
<tr><td>语言培训</td><td>基本语言培训</td><td>中级语言培训</td><td>高级语言培训</td></tr>
<tr><td>专业技术培训</td><td>根据外派任务进行设计</td><td>根据外派任务进行设计</td><td>根据外派任务进行设计</td></tr>
<tr><td>管理类培训</td><td>√</td><td>压力与情绪管理</td><td>外派经理研讨会</td></tr>
<tr><td>外派任职期间的培训</td><td>根据外派任职职位类别进行培训设计</td><td>教练式辅导</td><td>定制化培训</td></tr>
<tr><td colspan="2">培训形式设计</td><td>E-learning
数字化学习平台
集中培训
小组讨论
自学
影视观赏</td><td>集中培训
脱产培训
角色扮演
案例教学
互动训练
导师培养</td><td>集中培训
研讨会
定制化培训
外派国实战体验</td></tr>
</table>

四、外派人员培养项目实践

(一)短期出差——"信息授予式"训练模式(1周)

针对短期出差人员,培训部门通过对派驻国文化和语言的相关培训,帮助外派员工对派驻国文化的理解与包容,学会尊重和接受派驻国文化。切忌用本国文化标准随便批评指责派驻国文化，更不能把本国的文化标准强加于派驻国公民。

培训侧重于以下两个方面：一是系统培训有关派驻国文化的主要特点；二是培训有关派驻国人员行为方式与社会关系，有效地提高外派人员出差期间的沟通效率。

表 16-2　短期出差类外派人员培训课程设计

培训课程	派驻国文化培训	基本语言培训
培训时长	20 小时	20 小时
培训目标	旨在为外派人员提供文化与环境意识的培训。主要是为接受培训的员工提供目的地国家的真实情况，降低对陌生国家的恐惧感，增加对目的地国家的感情，提前了解当地的人文环境	学会日常的生活用语，与当地人流畅地交流，清楚表达自己的意思
培训内容	目的地国家的人文地理、政治经济、历史文化、风土人情、文化习俗	日常用语及特定差旅环境中的常用语
培训提纲	第一天（上午）：派驻国历史文化和习俗 第二天（上午）：当地环境、交通、气候 第三天（上午）：饮食文化 第四天（上午）：忌讳 第五天（上午）：如何与其建立友谊	第一天（下午）：交通场景 第二天（下午）：购物场景 第三天（下午）：医院场景 第四天（下午）：商务交际场景 第五天（下午）：商务交际技巧
培训形式	在线学习（数字化学习平台）或资料阅读，面授，小组讨论，影视观赏	在线学习（数字化学习平台）或资料自学，面授，影视观赏
培训资料	当地信息简报，文化简介材料，影片/书籍/网络资料	相关教程，影片/书籍/网络资料

（二）中期外派——情感式训练模式（1—4周）

针对中期外派人员，通常需要在派驻国陌生的环境中重新建立工作关系和社会关系，因此，必须了解派驻国特有的文化以及这种文化对当地人员产生的影响。这就需要在对派驻国文化初步了解的基础上提升对派驻国文化的认同性与尊重性。这样，一方面能使外派员工对自己的文化属性和环境做到自觉和自知并自我维护；另一方面还能提高外派员工对派驻国的适应性。

除了外派前的培训以外，外派人员在海外工作后，外派人员的上级领导或其海外任职的前任者可以给予辅导或支持，可让外派员工在应对不同文化冲击的心理上和方法技术上做好准备，减少他们在派驻国文化差异环境中的不适感和挫败感。

表 16-3　中期外派人员培训课程设计

培训课程	文化同化训练	中级语言培训
培训时长	1 周	2—3 周
培训目标	在掌握和了解目的地国家的基本信息外，还会协助培训对象认识该国家的价值观，如生活观念、工作态度和工作节奏。强化外派员工对文化与环境融入能力的培训，帮助外派员工迅速与当地人建立社会关系，应对突发情况，适应当地生活	学习专业的商务用语知识，在外派任务中运用并可作为工作语言进行无障碍沟通
培训内容	目的地国家的基本价值观、态度、角色认知、风俗习惯和观念	培养语境及语感，提升词汇量及地道的专业表达方式
培训提纲	第一天（上午）：派驻国历史文化、习俗、忌讳 第一天（下午）：当地环境、交通、气候、饮食 第二天（上午）：派驻国宗教信仰及核心价值观 第二天（下午）：外派经验交流 第三天（全天）：派驻国相关法律介绍 第四天（全天）：派驻国商圈文化及知名企业案例介绍 第五天（全天）：如何与其建立友谊	商务英语视听说（20%） 商务英语口语（30%） 商务英语阅读（20%） 商务单证（10%） 商务翻译（10%） 外贸英语函电（10%）
培训形式	面授，角色扮演，案例教学，互动训练，小组讨论	在线学习（数字化学习平台）或资料自学，面授，影视观赏
培训资料	当地信息简报，案例介绍，角色扮演模拟资料，影片/书籍/网络资料	相关教程，影片/书籍/网络资料
培训课程	压力与情绪管理	外派任职期间的培训
培训时长	1—2 天	2—3 周
培训目标	学会释放压力调节情绪，让外派员工在派驻国自我调节心理状态	主要是对周围环境和子企业环境的适应培训
培训内容	目的地国家的基本价值观，态度，角色认知，风俗习惯和观念	安排指导员指导其海外任职，这个指导员最好是外派者某方面的上级领导或者是其海外任职的前任者。这样做有助于避免让外派者产生海外"失落"感，尤其是职业进步方面的失落感
培训提纲	发现压力 舒缓压力 解决压力 情绪控制	
培训形式	面授，情景模拟，案例教学	在岗培训，辅导式
培训资料	培训材料，相关阅读材料	相关教程，影片/书籍/网络资料

(三)长期外派——沉浸式训练模式(1—2月)

长期外派人员通常对境外项目起着举足轻重的作用,从事高级经营管理岗位或高级专业技术岗位,可在派驻国担当管理决策者、政策制度设计者或专业带头人等。因此,这类岗位人员的培训流程需从选拔开始。

表 16-4 长期外派人员培训课程设计

培训课程	外派经理研讨会	外派国实战体验
培训时长	2—3 天 / 期;2—3 期	2—4 周
培训目标	把不同文化背景的人或在不同文化地区工作的经理和员工集中在一起进行多种文化训练,提升文化敏感度,增强跨文化沟通及应对经验	通过安排外派人员正式上任前,派往派驻国作一次旅行的方式帮助长期外派人员及家属感知外派环境。帮助他们评估自己在新环境中的适应能力以及对新职位的兴趣,同时还可以帮助他们详细了解派驻国的工作环境,初步组建当地的人际网络,并明确哪些方面需要在今后的培训中进一步加强
培训内容	1. 新增总部全球化知识、技能,激发外派人员的积极性 2. 定期召开经验分享会、研讨会,促进深度交流 3. 案例研讨、经验互助等,减少跨文化差异 4. 情景演练、角色扮演等,助力快速融入	企业配置顾问与导师,助力外派人员快速学习、融入当地文化、礼仪、习俗,深度沟通和提供资源支持等

此外,企业还可根据外派员工的特殊需求来量身制定培训,根据外派员工某些具体需要帮助的跨文化问题,以培训方式进行改善。比如,针对改善外派管理者的领导方式、沟通技能、冲突解决方法、生产技术或某专业方向的第三国语言等,培训高度个性化,且为任务导向性。

因此,在外派前的培训设计中,企业的外派政策介绍也是一个必不可少的环节。如有条件,还可以邀请员工家属来参加。可帮助外派员工及其家属对海外任职有更为清晰的认知,了解突发情况的处理方法。

外派员工岗前培训及派驻后的在岗培训是企业培养外派人员必须具备的。因为只有拥有充分知识与竞争力的员工才能够以更加稳定的心态适应新的环境,降低外派失败的风险。

第二节　国际化营销人才培养

一、国际化人才岗位知识图谱和素质能力模型

（一）建立国际化人才岗位知识图谱和素质能力模型

为了国际化人才培养的针对性和有效性提升，培训部门需要对国际化营销岗位进行规范，建立岗位知识图谱和素质能力模型，识别现有人才能力与要求的差异，为国际化人才培养提供依据，更好地对人才进行赋能；基于岗位知识图谱，对国际化企业人员甄选和配置典型模式进行总结分析，提炼国际化人才能力素质模型，如表 16-5 所示。

表 16-5　国际化人才能力素质模型

能力类型	能力要素	要素描述
三项基础要素	语言技能	使用派驻国/第三国语言沟通的能力
	国际动因	愿意接受国际化相关岗位的程度以及对国际化任务的责任感
	家庭支持度	配偶、子女等家庭成员对从事国际化岗位的接受度与支持度
三项国际化能力	国际化适应能力	身体素质对新环境的适应能力以及思维对新的行为与态度的适应能力
	跨文化交际能力	具备跨文化沟通能力、文化容忍力和接受力
	国际化运作能力	基于国际市场，统筹国际人才和生产资料配置来实现财务目标的能力
三项核心技能	领导力	管理全球化团队所需的领导能力
	管理技能	不同职业群体中体现的具有共性的管理技能和管理知识要求
	专业技能	熟悉掌握本专业的国际化知识及实操方法，具备完成国际化任务应有的技能与知识

（二）建立国际化人才学习地图

长期外派培训应该形成系统的学习地图。建立学习地图的目的是通过国际化营销各岗位专业能力培训，强化岗位知识图谱必备基础知识，帮助人才熟悉业务联动流程，提升工作效率，最终保障国际化业务目标的实现；通过培训同样可以指导国际化人才在日常工作开展的规范行为，亦可快速地适应。

长期外派的学习地图应该与战略规划和业务策略相结合，制定学习地图的三个核心是：

第一，依据企业国际化业务标准、岗位知识图谱标签描述制定素质能力模型，用精练准确的语言描述各序列、各层级岗位对不同业务要素的要求。

第二，人员赋能与效果评估使用多样化形式开展，重点关注在岗学习和培训结果转化。

第三，课程开发聚焦场景，以提升国际化人才解决实际问题的能力为核心。

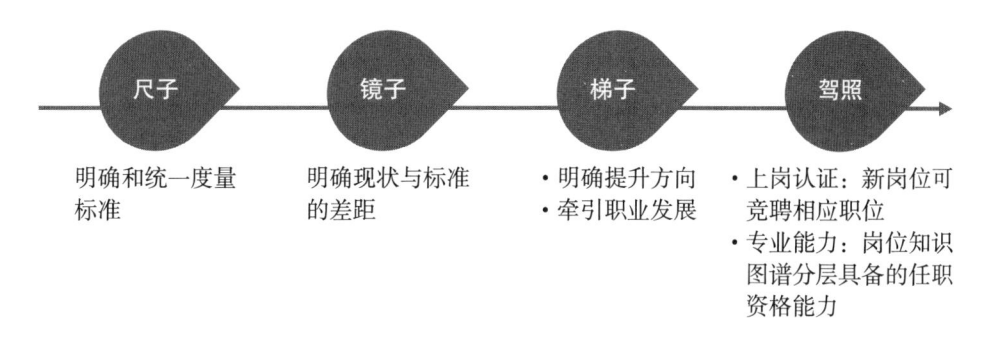

尺子	镜子	梯子	驾照
明确和统一度量标准	明确现状与标准的差距	·明确提升方向 ·牵引职业发展	·上岗认证：新岗位可竞聘相应职位 ·专业能力：岗位知识图谱分层具备的任职资格能力

图 16-1 国际化人才学习地图框架

二、国际化预备队人才培养——"从培养中储备优秀"

随着中国企业海外发展对国际化管理人才提出的更高要求，现在的国际化人才不仅需要懂得单一的业务单元，还需要具备国际化属地运营能力。基于国际化业务国际合作阶段对人才能力的需求，企业需要提前储备营销一线中基层干部预备队，预防岗位断层，通过岗前实习与专项培训，建立一支数量充足、素质过硬的国际化接班人队伍。

（一）培训目的

第一，国际化后备人才储备。
第二，培养具备符合公司战略发展所需的领导力素质和专业技能的干部队伍。
第三，稳定核心骨干人才。
第四，拓宽职业发展通道。

（二）"选"：明确岗位要求及候选人基本要求

企业要明确国际化人才的岗位知识图谱、任职资格标准，据此明确候选人的基本素质要求、能力要求等，如表 16-6 所示。

表 16-6 国际化人才预备队成员的基本要求

岗位要求	企业总经理预备队	代表处经理预备队
基本素质要求	不超过 35 岁，本科及以上，至少 5 年工作经验 具有产品、行销、服务、KD、品牌、金融等至少两个系统的工作经历	不超过 30 岁 本科及以上，至少 3 年工作经验

续表

岗位要求	企业总经理预备队	代表处经理预备队
能力要求	1. 熟悉产品及市场竞品情况，能针对市场存在的问题提出产品解决方案 2. 具备至少3年的管理经验及良好的管理能力 3. 应具备一定的营销经验，熟悉营销业务各要素运营 4. 能够无障碍地进行英语日常沟通，进行商务谈判 5. 具备较强的开拓能力，富有激情，具有创新精神，具备全局意识	1. 熟悉产品及当地竞品，分析产品问题，提出合理的建议 2. 熟悉营销知识各要素 3. 熟练掌握行业英语，无障碍日常沟通，进行商务谈判，书写商务合同 4. 具备较强的开拓能力，富有激情，具有创新精神
候选人来源	组织推荐：各单位负责人动员并推荐有意向且优秀的人员报名。 个人自荐：有意向的员工个人主动报名。	

（三）"用"：任用管理，在岗管理

预备队人才单独管理，除日常在岗培养，企业还在不同岗位间进行中长期轮岗或体验式轮岗；设计更具竞争性的薪酬及福利待遇机制，同时实行更为严格的考评管理，推进优胜劣汰，确保出现岗位空缺时能快速补充到位。

（四）"育"：理论结合实践，促进快速提升

培训部门培养国际化预备队人才时，需要理论结合实践，可以采用多种形式开展人才培养工作，最大化培养效果，如导师辅导、培训学习（线上与线下相结合）、行动学习、考评鉴定等多维度、多模式。

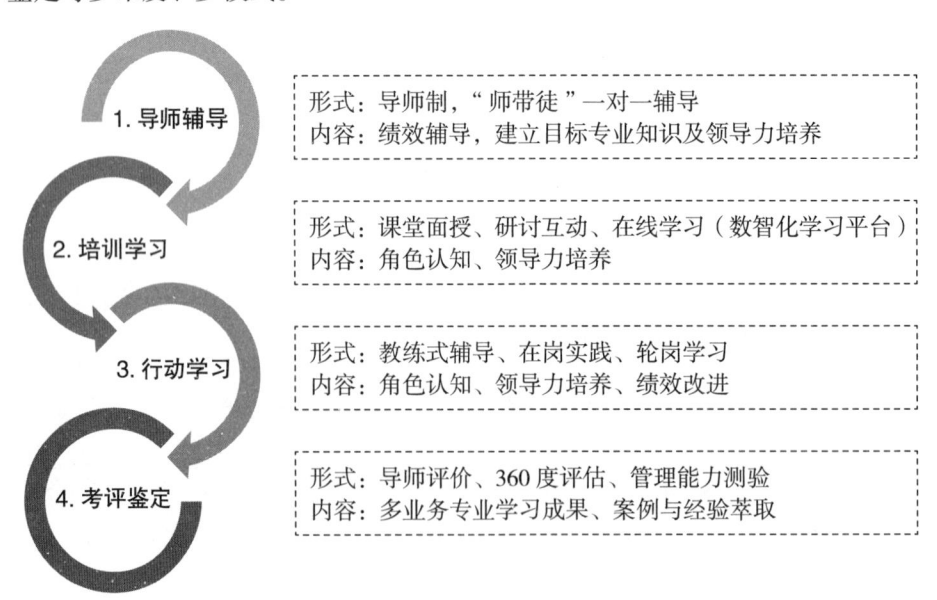

1. 导师辅导
形式：导师制，"师带徒"一对一辅导
内容：绩效辅导，建立目标专业知识及领导力培养

2. 培训学习
形式：课堂面授、研讨互动、在线学习（数智化学习平台）
内容：角色认知、领导力培养

3. 行动学习
形式：教练式辅导、在岗实践、轮岗学习
内容：角色认知、领导力培养、绩效改进

4. 考评鉴定
形式：导师评价、360度评估、管理能力测验
内容：多业务专业学习成果、案例与经验萃取

图 16-2 国际化预备队人才培养方式

三、国际化营销生培养——"从优秀中选优秀"

企业可以借鉴知名跨国企业的"管理培训生"人才培养与发展项目，建立"国际化营销生"培养模式，在校园人才中选拔有志从事海外业务、具备较强适应能力和发展潜力的优秀人才进行定向培养，储备后备营销人才，使企业能够持续自主地培养海外营销人才队伍。

（一）选拔依据

根据国际化人才能力素质模型，企业在校园人才中选拔有志从事海外业务，能够接受外派、常驻海外市场，适应能力和学习能力强，能够吃苦耐劳，有责任心及具有发展潜力的优秀人才。

（二）选拔流程

企业通过资质审查、外语测评、人才测评、无领导小组讨论等方式层层通关，从多维度考察、筛选最具国际化业务发展潜力的优秀校园人才。

1. 资质审查

以提取专业、工作年限、籍贯、家庭情况等综合因素作为审查指标，从现有国际化业务营销绩优人员中招聘人才，对应聘者进行资质审查。

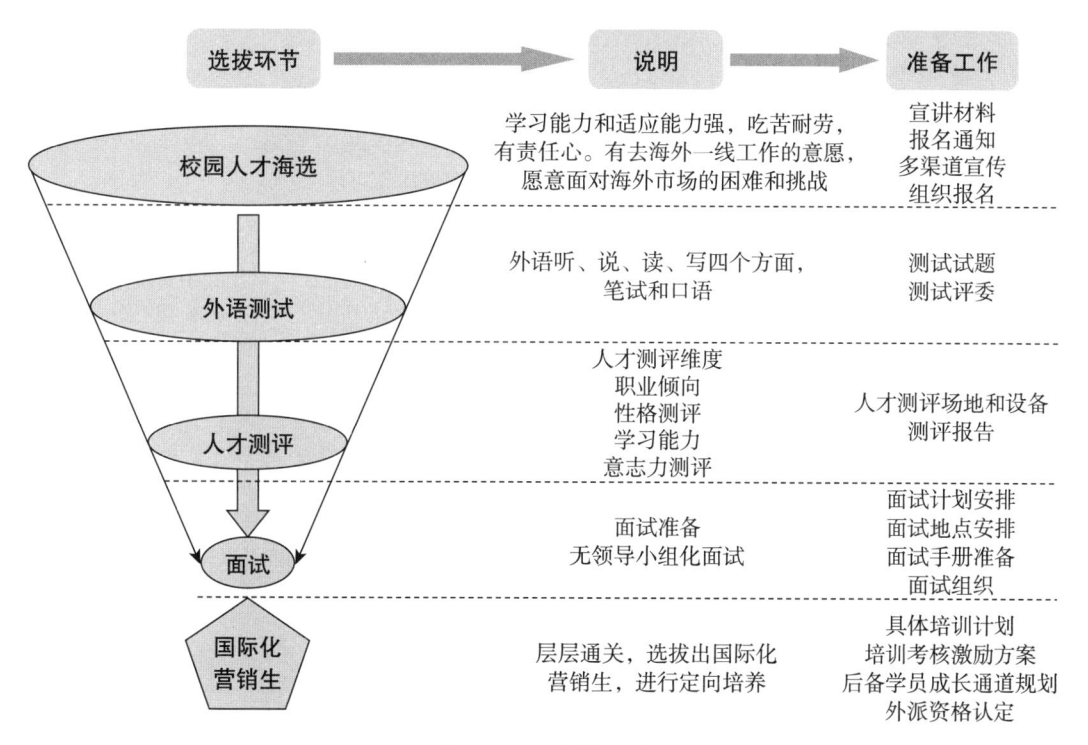

选拔环节	说明	准备工作
校园人才海选	学习能力和适应能力强，吃苦耐劳，有责任心。有去海外一线工作的意愿，愿意面对海外市场的困难和挑战	宣讲材料 报名通知 多渠道宣传 组织报名
外语测试	外语听、说、读、写四个方面，笔试和口语	测试试题 测试评委
人才测评	人才测评维度 职业倾向 性格测评 学习能力 意志力测评	人才测评场地和设备 测评报告
面试	面试准备 无领导小组化面试	面试计划安排 面试地点安排 面试手册准备 面试组织
国际化营销生	层层通关，选拔出国际化营销生，进行定向培养	具体培训计划 培训考核激励方案 后备学员成长通道规划 外派资格认定

图 16-3　选拔流程

2. 外语测评

关注外语实际应用能力，考察听、说、读、写四项应用技能。

3. 人才测评

建立国际化人才所需具备的能力素质模型，通过测评比对应聘者的能力素质匹配度，包括学习能力、适应能力、抗压能力、积极主动、灵活应变等。

4. 无领导小组讨论

由若干应聘者组成一个小组，需要共同解决一个问题，小组成员先分别阐述自己的观点，再进行交叉讨论，得出一个最佳答案，总结并汇报讨论结果。

> **小贴士**　国际化营销生选拔要做到双向选择，优中选优，切忌重能力，轻适应性。选拔的关键因素是校园人才的适应能力、沟通能力、抗压能力、积极主动性和责任心。作为国际化人才应具备的一些潜在素质和动机，是很难靠后期培养获取的。即使是成绩优异的校园人才，若这些能力达不到要求，那么将来在岗位上也会表现出不胜岗的状况，所以企业在选拔中应注意考察这些潜在素质。

（三）聚焦海外业务的"五项修炼"培养

结合国际化营销岗位要求，针对校园人才进行为期一年的岗位技能培训，匹配"外语、产品、商务、国际营销、金融服务"这五项国际化营销人才所需的核心知识及技能课程，如图16-4所示。

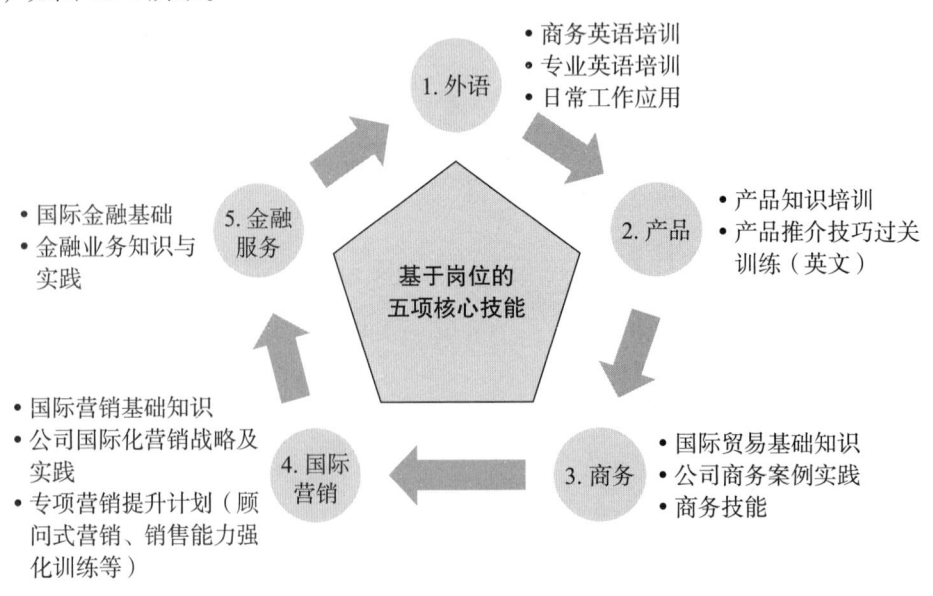

图 16-4　国际化营销人才五项修炼

整体培训为期一年，培训部门采用集中授课、案例研讨、自学、岗位实习、数字化学习平台交流分享等多元化的培训方式,帮助营销培训生快速掌握岗位知识和技能。在岗位实习阶段,每周至少集中授课1次,实现理论与实践的有效结合。在培训效果评估方面,每月布置一个课题,进行小组或个人课题汇报,并由中高层领导担任评委,对国际化营销生进行针对性的辅导。

四、国际化营销经理培养——"让优秀成为更优秀"

根据国际化营销经理岗位知识图谱、岗位任职资格标准,企业内部公开选拔出具备一定业务知识、有发展潜质、语言水平优秀的国际化营销经理,通过定向培养后取得上岗资格证书,建立符合国际化营销经理岗位要求的后备人才库,持续保持国际化营销团队的活力。笔者建议每年培养一定比例人员作为国际化营销经理队伍人才储备,搭建人才培养梯队。

(一)项目目标

1. 能力提升

以国际化营销经理岗位职责为基础,企业设计营销经理课程和评估体系,通过多样化形式的培训,重点提升产品、外语、商务、国际营销、金融服务、管理六项能力。

2. 岗位轮换/职位竞聘

培养合格学员,企业通过岗位轮换提升与营销经理相关岗位的实操技能,建立营销经理岗位公开竞聘机制,鼓励绩效优秀且符合任职资格条件的员工参加国际化营销经理的竞聘。

(二)选拔标准

以国际化营销经理岗位能力要求为基础,培训部门建立包含基本条件、国际化素质、关键能力等因素的选拔标准,并采用资质审核、面试及人才素质测评、笔试等客观测评方式,如图16-5所示。

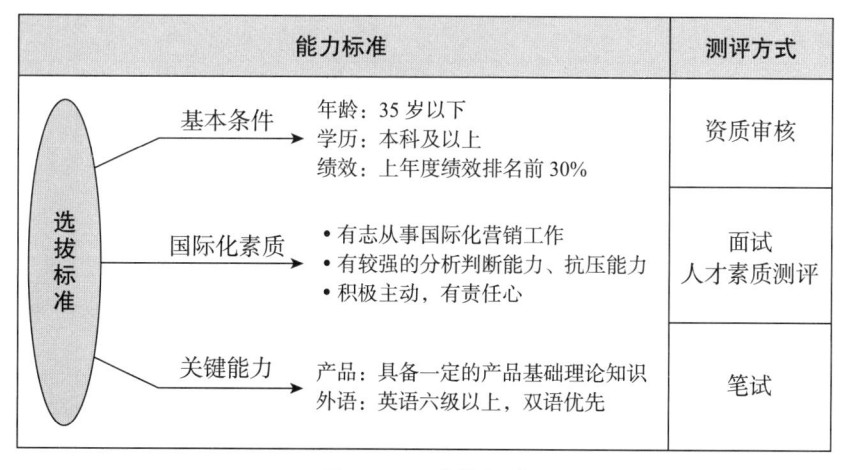

选拔标准	能力标准		测评方式
基本条件	年龄:35岁以下 学历:本科及以上 绩效:上年度绩效排名前30%		资质审核
国际化素质	• 有志从事国际化营销工作 • 有较强的分析判断能力、抗压能力 • 积极主动,有责任心		面试 人才素质测评
关键能力	产品:具备一定的产品基础理论知识 外语:英语六级以上,双语优先		笔试

图16-5 选拔标准

（三）培养机制

后备国际化营销经理培养以国际化营销经理岗位需要具备的能力为基础，培训部门可以采取为期 6 个月的集中授课和岗位培养的方式，如图 16-6 所示。

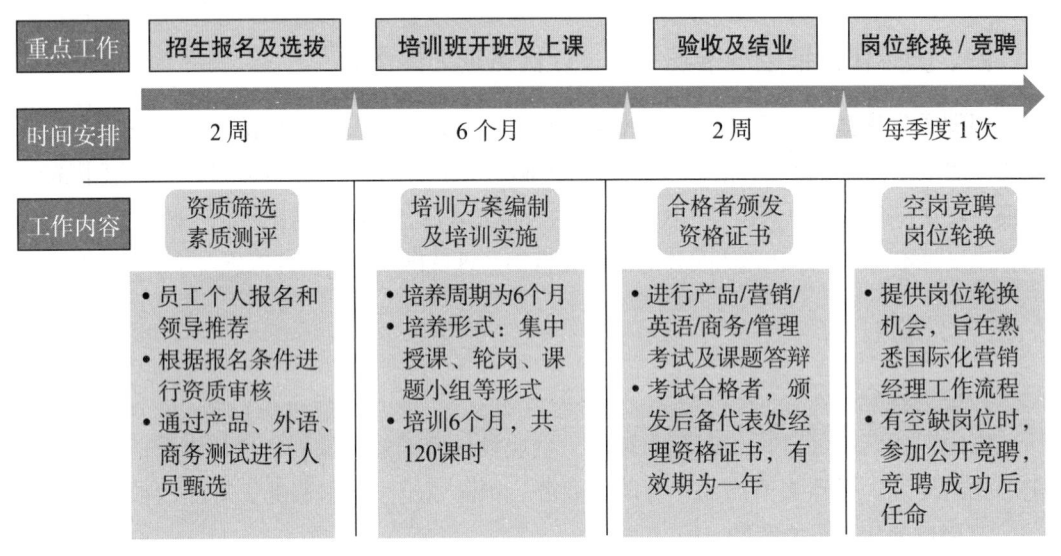

重点工作	招生报名及选拔	培训班开班及上课	验收及结业	岗位轮换/竞聘
时间安排	2 周	6 个月	2 周	每季度 1 次
工作内容	资质筛选 素质测评	培训方案编制及培训实施	合格者颁发资格证书	空岗竞聘 岗位轮换
	• 员工个人报名和领导推荐 • 根据报名条件进行资质审核 • 通过产品、外语、商务测试进行人员甄选	• 培养周期为6个月 • 培养形式：集中授课、轮岗、课题小组等形式 • 培训6个月，共120课时	• 进行产品/营销/英语/商务/管理考试及课题答辩 • 考试合格者，颁发后备代表处经理资格证书，有效期为一年	• 提供岗位轮换机会，旨在熟悉国际化营销经理工作流程 • 有空缺岗位时，参加公开竞聘，竞聘成功后任命

图 16-6　国际化营销经理培养流程

第一步，选拔能够胜任国际化营销经理岗位的优秀人才，包括资质审查、英语/产品/商务测试、人才测评以及综合素质面试。

第二步，培训课程设计，培训课程主要包括必备基础知识的培训、"基于岗位要求"的培训和国际化能力素质提升的培训三方面课程，如表 16-7 所示。

表 16-7　国际化营销经理培训课程

类别	学习模块	学习内容	培训方式	类别	学习模块	学习内容	培训方式
基础知识	产品	产品知识及卖点	自学	商务	订单交付流程	案例分享
	国际营销	国际营销原理		岗位技能	金融服务	金融服务政策及产品应用	实操演练
	商务	国际贸易实务			英语	常用商务场合用语、商务写作	集中授课数字化学习平台
	英语	剑桥商务英语				产品专业英语	集中授课
	管理	管理类书籍或在线课程		国际化能力	营销	企业国际化营销战略	集中授课

续表

类别	学习模块	学习内容	培训方式	类别	学习模块	学习内容	培训方式
岗位技能	角色认知定位	国际化营销经理岗位的定位及工作职责	集中授课	国际化能力	营销	如何做好市场调研、竞品研究	案例研讨
	产品	产品知识及卖点	实物讲解			如何搭建经销商运营体系	集中授课数字化学习平台
		区域产品认证法规及政策	集中授课数字化学习平台			如何进行渠道开发及管理	集中授课
	营销	市场、产品调研方法及工具	集中授课			海外营销案例分享	案例研讨
		经销商分销管理	集中授课、案例分享			海外服务网络规划、产品售后服务	集中授课
		直播营销、社交营销策略	案例研讨			海外直播营销策略	案例研讨
		销售订单目标管理	集中授课		商务	国际贸易实务及案例	案例研讨
	商务	国际贸易结算	集中授课			商务谈判的核心技巧	集中授课
		销售合同签订及评审流程	集中授课数字化学习平台			商务礼仪职业化形象提升	集中授课

> **小贴士** 国际化营销经理培训重点在于提升市场开拓能力和跨文化沟通能力，可以邀请经验丰富的国际化营销经理与学员进行面对面沟通，分享经验，也可以布置一些与市场开拓相关的课题，让学员在模拟的海外工作环境中锻炼，并在过程中给予指导。

第三步，以国际化营销经理岗位关键能力要求为基础，培训部门建立1级至5级能力评价标准，采取产品讲解、课题答辩、笔试、情景扮演等更注重实效的学习效果评估方式（如图16-7所示）进行验收，合格后颁发资格证书。

第四步，培训合格后，企业为员工提供岗位轮换，了解并掌握与国际化营销经理相关的业务流程，做到理论和实践有效结合；每季度组织1次国际化营销经理岗位的公开竞聘，成功竞聘上岗后，由相关业务部门为其制订在岗培养计划，并协调资源实施培养，进一步培养其成为合格的国际化营销经理。

素质能力				
要素	最高	达标	评价方式
产品	5	3	笔试 + 实战讲解
营销	5	3	笔试 + 课题答辩
英语	5	3	笔试 + 口试
商务	5	3	笔试 + 案例分析
管理	5	2	课件开发 + 读书笔记

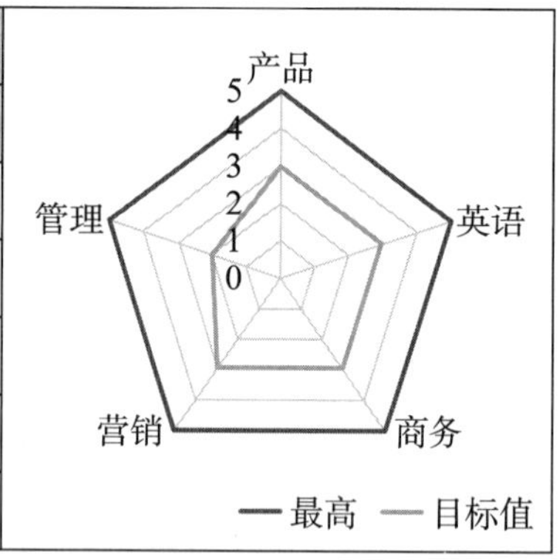

图 16-7 学习效果评估方式及标准

五、国际化营销总监培养——"从优秀成长为卓越"

为实现企业国际化战略目标，企业必须建立一支具有全球化思维和经营理念、具备国际化运作经验的高级人才队伍。按照分类、分层培养方式，在前期"国际化营销培训生""国际化营销经理"培养的基础上，国际化营销总监培养重点在于海外中高层营销人才的培训和提升，以提升"区域经营和管理技能与市场拓展和维护能力"，更新和提升"产品知识"，培养和塑造"国际化职业经理人"，打造一支"拉得出、冲得上、打得赢"的国际化营销管理团队。

（一）选拔依据

企业国际化营销经理选拔依据，从工龄（从事岗位 3 年以上）、语言能力、工作业绩、产品知识、国际化潜质和任职能力匹配六个维度对其进行考察。

（二）培训课程

以国际化营销总监岗位要求为基础，培训课程主要包含产品技能、营销技能、商务技能、管理知识和国际化素质五个方面，如表 16-8 所示。

表 16-8 培训课程设计

能力维度	能力项	课程名称	培训方式	培训天数	能力维度	能力项	课程名称	培训方式	培训天数
核心技能	产品技能	企业产品规划	集中培训	1	核心技能	商务技能	客户关系管理	集中培训	1
		企业产品与竞品知识及卖点	实物培训	1			国际商务谈判	模拟演练	1

续表

能力维度	能力项	课程名称	培训方式	培训天数	能力维度	能力项	课程名称	培训方式	培训天数
核心技能	营销技能	市场竞争策略分析	集中培训、案例分享	1	核心技能	商务技能	国际贸易实务	案例分享	0.5
		市场调查分析方法	集中培训、案例分享			管理知识	高绩效团队管理	集中培训	1
		整合营销传播	集中培训	1			目标管理	集中培训数字化学习平台	1
		渠道管理与经销发展策略	集中培训	1			领导力激励	集中培训	1
		塑造成功的国际化营销总监	集中培训	1		国际化素质	文化冲突管理	集中培训、体验式培训	1
		服务网络规划	集中培训数字化学习平台	0.5			跨文化沟通	集中培训数字化学习平台	1
	商务技能	行动销售	集中培训	2	合计				16

> **小贴士** 国际化营销总监培训更注重的是市场规划能力、需求分析能力和洞察力，能够对所负责区域做好3年至5年的市场规划和产品规划，并有效预测未来1年的产品需求，做到市场占有率和销量持续稳定提升。

（三）培训讲师

以培训聘请行业海内外营销领域资深专家、企业内部高管、10年以上工作经验的营销总监为主，培训讲师主要带领培训学员进行案例研讨，并引进行业内先进管理、经营理念和销售经验。

（四）培训模式

针对国际化总监培训项目，培训部门多采用沙盘模拟、案例研讨和移动终端等方式，通过模拟企业经营来全面提升学员管理能力。

（五）培训评估

培训部门通过课题答辩、情景模拟、调查访谈、业绩评价等方式，由浅入深地对培训进行评估，巩固培训成果。

▶ 典型案例　育才为将，开疆拓土——汽车行业知名上市国企国际化营销人才培养全景案例

"世界的竞技场已经被夷为平地。"——《世界是平的：21世纪简史》托马斯·弗里德曼

在这本谱写全球化发展趋势的畅销书中，作者提出了全球化发展三个时代的变迁，即从全球化1.0到全球化3.0的变迁。"如果说全球化1.0的主要动力是国家，全球化2.0的主要动力是企业，那么全球化3.0的独特动力就是个人在全球范围内的合作与竞争。"

从国家之间的竞争，到企业之间的竞争，再到个人之间的竞争，全球化的浪潮一波又一波，作为个体的每个人变得越来越关键，个人的能力和素质就变得极为重要了！也可以说：世界的平与不平，关键在于我们自己！企业要想在全球化浪潮中勇立潮头，也必须有一支能力素质过硬的国际化营销队伍。

汽车行业知名上市国企F企业隆重开启了"升级战略"发展阶段，企业看准了世界经济一体化发展的大趋势，具体制定了"5+3+1"的国际化发展战略，即在全球范围内整合资源、展开竞争的具体策略。随着"升级战略"的发布和实施，具备全球竞争力的国际化人才成了企业人才培养的核心，尤其是海外一线的销售精英，对于该企业海外业务的扩张发挥着举足轻重的作用。

那么，如何满足企业海外业务快速发展的需求，培养出具备扎实国际化业务能力的海外销售一线精英呢？F企业为此主要做了两个方面的工作：一是完善了国际化营销人才培养的基础框架，创建了国际化营销人才的分类、分级、分职种培养模式；二是在这一模式的指引下探索、开展了一系列人才培养项目。

在搭建国际化营销人才培养模式方面：

首先，F企业搭建了国际化人才分系统、分类别、分层次的培养体系。按照人员层级分为基层、中层和高层；按照职能细分为海外营销、海外研发、海外制造、海外采购及海外管理支持类人才；并且在多元文化的融入来源和任用上，又细分出"A、B、C、D"四类国际化人才。对国际化人才的分类有助于企业聚焦于不同细分人才队伍的能力发展需求，更加有针对性地开展人才培养项目，如图16-8所示。

其次，F企业通过对国内外标杆企业的调研、海外高管访谈、业务部门培训需求梳理、海外业务人员问卷调查、海外业务人员绩效五个环节的访谈收集，结合科学的测评工具及能力素质分析工具，搭建了海外营销人才能力素质模型，如图16-9所示。通过对能力要素的量化描述，引入能力评价机制及能力评价结果应用。对现有人员能力评价进行差距分析，将其广泛应用于人员配置、员工招聘、绩效改进、员工培训及职业发展等多个方面。国际化营销人才能力素质模型的建立为培训提供了标准和方向，针对该企业国际化业务的战略目标和现有人员的能力素质差距进行培训开发，补足能力短板、发挥能力优势，确保每一位国际化营销人才都是合格的。

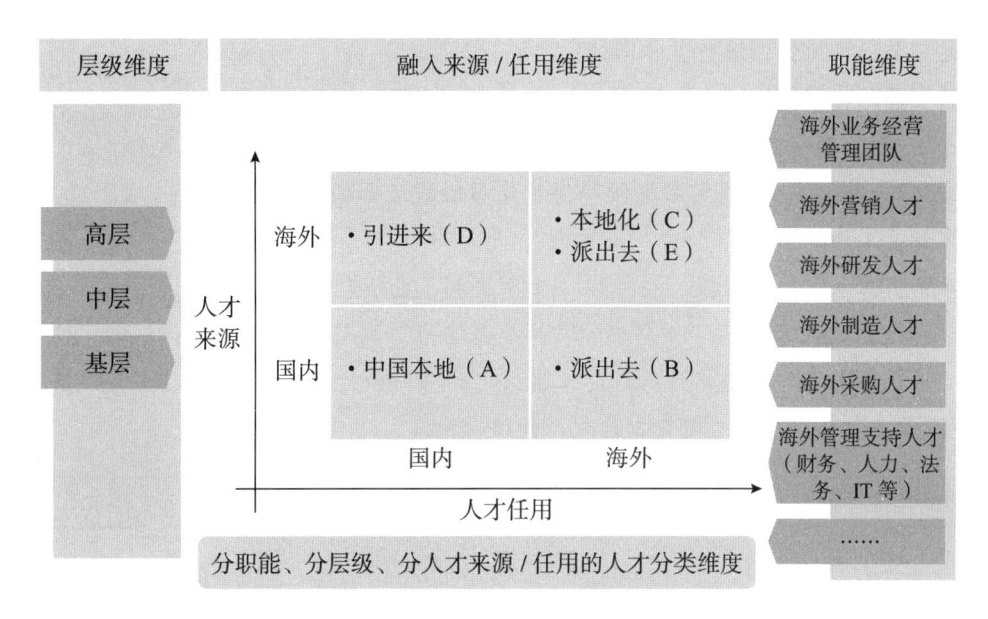

图 16-8　国际化人才培养体系

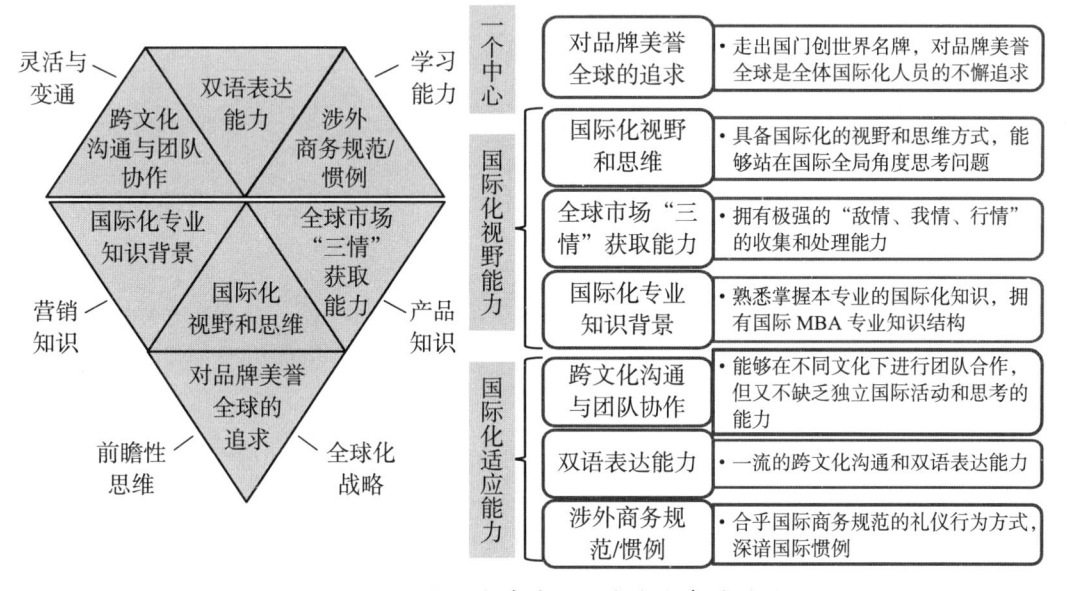

图 16-9　F 企业海外营销人才能力素质模型

最后，F 企业以任职资格为基础，开发了国际化营销人员的学习地图，将员工的任职资格要求与职业发展、能力提升目标紧密结合，并且完善了全系列的课程规划、师资力量等培训基础资源体系的建设，为全面培养国际化营销人才奠定了坚实的基础。

F 企业一直延续与创新至今，创新地开展了一系列国际化营销人才的培养项目，诸如国际化营销培训生、国际化人才直通班、海外营销经理先锋培训班等，不仅构建了企业人才培养项目体系，而且真正为企业国际化营销业务输送了一批批优秀的人才。下面，以上述三个项目为例，进行具体阐述：

■ "国际化营销培训生"项目——从"娃娃"开始全面的培养项目

每年8月，F企业即开启为期一年的新员工入职培训项目，培养主要包括三个阶段：综合文化培训阶段、一线实习阶段和岗位实习阶段（如图16-10所示），这个项目是针对全体新员工的。

在新员工入职培训阶段，企业以"十年磨剑，已出鞘；一生职涯，今启航"为培训主题，且根据主题开发了"一个中心、两个基本点"的培训思路，"一个中心"即"启航"，"两个基本点"指的是针对新员工职业化的培训和针对新员工工作岗位的培训，这"两个基本点"的培训是"新员工启航"的核心内容。

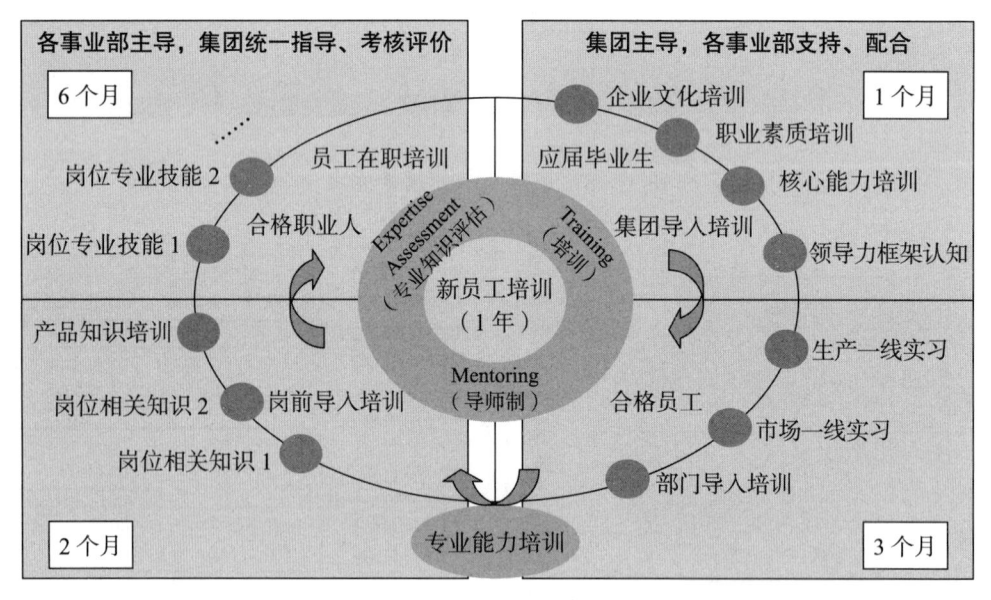

图 16-10 F 企业新员工培训

众所周知，知名跨国企业的校园招聘通常包括三类人员招聘：实习生（Intern）、普通员工（Staff）及管理培训生（Management Trainee），其中管理培训生（MT）是企业以培养未来领导者为目标的特殊人才培养与发展项目。

管理培训生虽面向应届毕业生，但是属于优中选优的项目，即通过树立清晰的职业发展总目标和阶段目标，以及完善的导师制、职位轮换、全面培训、项目管理等职业发展方法和管理平台，从应届生中选拔出一批综合素质好、有较高培养价值的高潜力校园人才，是从"娃娃"抓起，致力于培养企业未来领导者的项目。

因此，F 企业在充分借鉴管理培训生（MT）的项目精髓基础上，结合企业具体的国际化业务需求，针对今后将从事海外一线销售业务的新员工，除了做好统一的新员工培训项目之外，又设计了"国际化营销培训生（IMT）"的培养项目，旨在培养过硬的一线营销人才队伍。

"国际化营销培训生（IMT）"计划是为打造未来集团海外营销骨干和管理者而量身定制的集选拔、培养、职业发展、考评、淘汰于一体的系统化人才培养工程，整个项目为期五年，如图16-11所示。

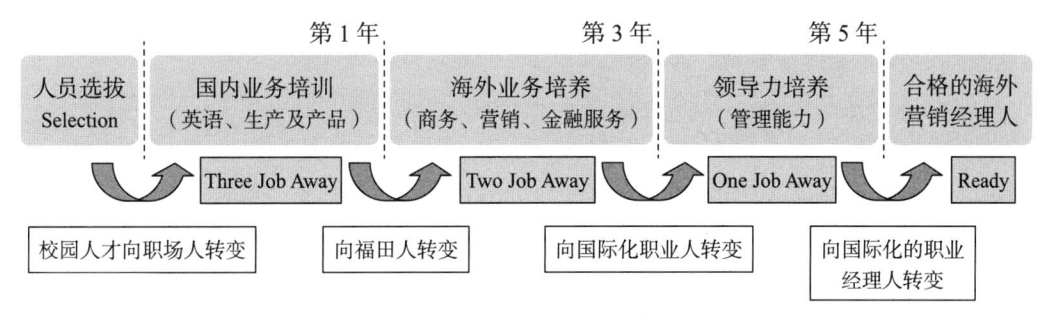

```
                    第1年              第3年              第5年
┌────────┐  ┌──────────────┐  ┌──────────────┐  ┌──────────┐  ┌──────────┐
│人员选拔│  │ 国内业务培训 │  │ 海外业务培养 │  │领导力培养│  │合格的海外│
│Selection│ │(英语、生产及产品)│ │(商务、营销、金融服务)│ │(管理能力)│ │营销经理人│
└────────┘  └──────────────┘  └──────────────┘  └──────────┘  └──────────┘
      ↘ Three Job Away ↘   Two Job Away ↘   One Job Away ↘   Ready
   ┌──────────────┐    ┌──────────┐   ┌──────────────┐   ┌──────────────┐
   │校园人才向职场人转变│ │向福田人转变│ │向国际化职业人转变│ │向国际化的职业│
   │              │    │          │   │              │   │经理人转变    │
   └──────────────┘    └──────────┘   └──────────────┘   └──────────────┘
```

图16-11　F企业IMT计划

参加该项目的新员工属于有志从事海外业务、具备高发展潜力的优秀人才，通过系统的培养使其全面掌握汽车产品、商务、外语、营销、金融服务和管理六项核心技能，迅速成长为综合素质达标、具有企业印记、能够派驻海外市场的"六项全能"型海外营销经理人。

F企业"国际化营销培训生（IMT）"项目定位准确、特色鲜明，得到了集团和员工的认可。

- "起点越高，天地越宽"——国际化营销培训生的定位较高，远远高于对企业普通职员的培养。
- "海阔凭鱼跃，天高任鸟飞"——为国际化营销培训生提供广阔的成长空间，旨在建设快速的职业发展通道。
- "根正苗红，精心培养"——选拔合适的海外销售一线学员，由中高级管理者亲自带队辅导。
- "全球视野，基层经验"——注重"理论＋实践"的系统培训，使学员具备全球化的视野及扎实的基层工作经验。
- "分秒必争，浓缩精华"——加大培训的强度，提升学员的学习效率。
- "突破短期，长效机制"——突破短期培训项目的定位，致力于建设企业未来领导型人才的培养与发展。

■ **"国际化营销人才直通班"——建立F企业国际化营销人才的发现、培养与输送机制**

根据国际化人才的选拔和使用经验，企业内部现有人才是国际化营销队伍扩充的重要来源之一。这些人才通常具备一方面或几方面的专业技能，而且有较好的语言基础，愿意加入国际化营销的队伍，但是需要激发这部分人对国际化营销业务的热情，而且有必要打破不同部门之间对于人才流动的限制。"国际化营销人才直通班"就是在这一背景下开发的培养项目。

明确的项目定位：

以"急用先学"为原则，通过在全企业范围内"海选"的方式，甄选出具备国际化发展潜质，并适合国际化岗位需要的优秀人才，经过脱产培训、岗位竞聘和在岗培训，为集团国际化业务输送人才。所谓"直通班"包括以下三层含义：

● "报名直通"——在全企业范围内号召优秀人才报名参加选拔，无须部门领导批准。

● "职业发展直通"——企业为员工提供海外业务的职业发展"直通"机会，需要员工与企业签署"员工外培协议书"，承诺服从企业的岗位调配安排，即可获得新的职业发展平台。

● "岗位直通"——提前公布海外业务相关的空缺岗位，在测评环节确定岗位意向，脱产培训后"直通"新的工作岗位。

培养方式：

"国际化人才直通班"采取三个月脱产培训的方式，使员工从原岗位脱离，转而进入系统的学习，培训项目一是"基于岗位需求"的培训；二是国际化人才能力素质提升的综合性培训。

培训特色：

● 职业机会：为优秀员工提供一个全新的、富于挑战性的职业发展平台。

● 报名程序：报名申请不需要所在部门或人力资源部门批准，通过测评后由集团人力资源部统一协调，安排脱产培训。

● 课程设计：设置了商务英语、国际营销、国际贸易及国际化职业素养等特色课程。

● 培训方式：除课堂讲授外，引入角色扮演、课堂演练、F企业教学案例研讨等更加注重实效的培训方式。

● 选拔流程：为提升选拔环节的专业性，全方位地筛选出能够胜任国际化业务的优秀人才，本培训特设置四个选拔环节，包括资质审查、英语测试、人才测评（职业倾向/发展潜能测评）以及国际化发展潜力综合面试环节。既能有效甄别学员的综合素质，又能使学员更加珍惜、重视企业提供的培训机会，增强学员学习的主动性。

■ "海外营销经理先锋培训班"——国际化营销将帅的摇篮

海外营销经理作为海外业务开疆拓土的良将，驻扎在海外市场一线，是海外业务运营与管理的中坚力量。企业启动了"育才为将，开疆拓土——海外营销经理先锋培训"，从专业知识技能、管理知识技能以及个人素质三个维度，对海外营销经理开设阶段性培训课程，"学中用，用中学"，并将培训效果与个人职业晋升、薪酬激励相挂钩，极大地调动了学员的积极性。F企业结合外派人员的回国时间，每年保证3期培训。

"海外营销经理"培训周期为一年，培训采用理论学习—课堂体验—实际应用—理论学习的良性循环方式。"育才为将，开疆拓土——海外营销经理先锋培训"定位明确，项目明确围绕企业、人力资源和员工三个角色的使命与定位开展："开疆拓土"是现阶段企业的使命和定位；"育才为将"是人力资源职能的使命和定位；"先锋班"是这个培训项目学员的使命和定位。这三者的使命在项目内涵里被演绎得非常充分，如图16-12所示。

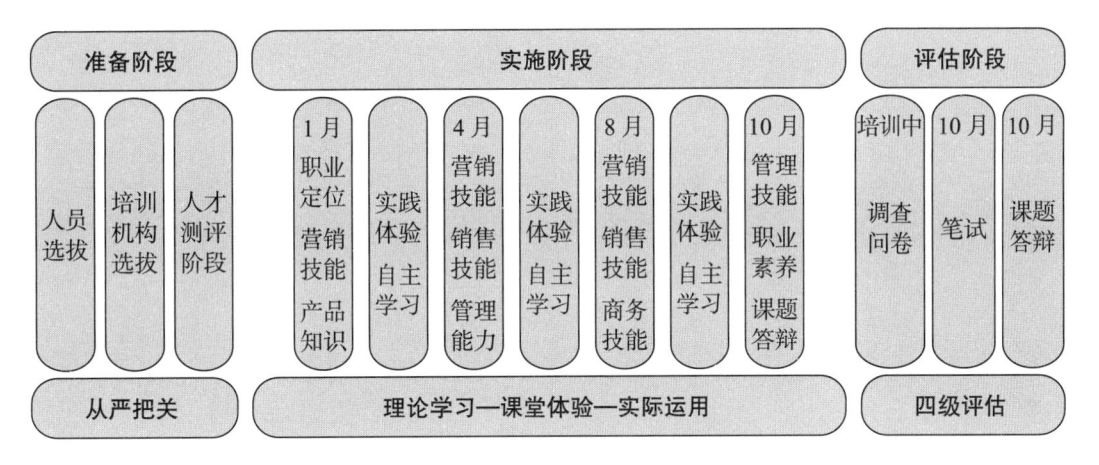

准备阶段	实施阶段	评估阶段
人员选拔 ｜ 培训机构选拔 ｜ 人才测评阶段	1月 职业定位 营销技能 产品知识 ｜ 实践体验 自主学习 ｜ 4月 营销技能 销售技能 管理能力 ｜ 实践体验 自主学习 ｜ 8月 营销技能 销售技能 商务技能 ｜ 实践体验 自主学习 ｜ 10月 管理技能 职业素养 课题答辩	培训中 调查问卷 ｜ 10月 笔试 ｜ 10月 课题答辩
从严把关	理论学习—课堂体验—实际运用	四级评估

图 16-12 "海外营销经理"培训

培训特色：

- 从严把关——层层筛选、综合考评、高层评议、宁缺毋滥。
- 按需分配——通过人才梯队分析、任职现状分析、调查问卷分析，得出实际课程需求。
- 师资阵容——邀请全球顶尖科特勒咨询集团高级讲师、国内营销领域资深专家，以及企业内部高层领导担任课程讲师。
- 证书发放——完成培训课程学习后，学员学习档案归档保存，经考核合格，将颁发科特勒结业证书及培训班毕业证书。
- 学以致用——学习、体验、应用一站式培训，培训结果与绩效评估、薪酬、晋升机制挂钩。

除此之外，F企业还通过"英语协会"的全员普及式培训、"商务英语脱产培训班"的强化式培训和"量身定制"的订单式学习等方式全面提升员工的英语基础能力；通过国际化人才培养论坛激发员工对国际化业务的兴趣，通过沙龙和论坛与员工分享各种话题，员工通过参与论坛，可以更加了解企业的国际化战略，也开阔了自身的国际化视野，提升了国际化业务需要的能力和素质，为F企业国际化业务的快速发展做好准备。

第十七章
营销人才培养

  营销人才，是企业面对市场、赢取市场绩效的最直接者，是企业价值链的最前端，是企业直接销售目标的相关者，其个人素质、综合技能、营销能力在很大程度上决定了企业的市场竞争力，所以企业系统培养优秀的营销人才助力企业业绩增长。

本章导读

- 营销业务人才是企业品牌形象和文化活力的窗口
- 如何实现业务员—市场经理—市场总监的市场绩效和职场晋阶
- 营销业务人才队伍培养的独特性体现在哪些方面
- 文化理念与能力提升是培养营销人员的两个途径

第一节　营销人才的定位

一、营销业务人才角色定位

企业准确定位业务人员，建立营销业务人员岗位知识图谱、能力素质模型和岗位任职资格要求，有助于企业销售业绩提升。营销人员主要有以下六种角色：

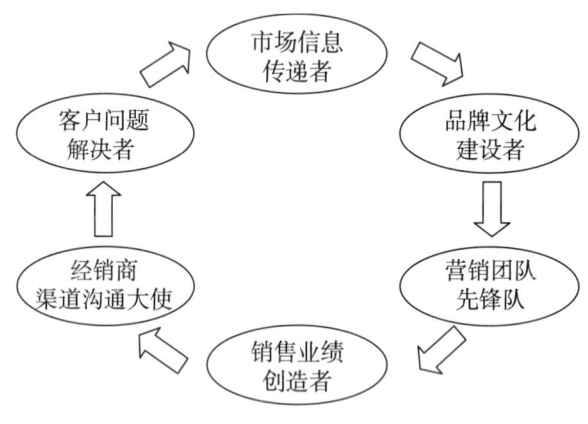

图 17-1　营销人员角色定位

（一）市场信息传递者

及时准确地获取市场终端信息情报，为企业市场销售策划、目标制定及目标达成提供信息支持。

（二）品牌文化建设者

在工作中建设企业形象及传播品牌文化，提高企业品牌形象及美誉度。

（三）营销团队先锋队

冲锋陷阵，进行市场策划、渠道开发等工作，完成销售目标，培养团队营销能力和服务能力。

（四）销售业绩创造者

通过能力提升，在市场范围内，在实战中创造销售业绩。

（五）经销商渠道沟通大使

互相沟通信息、分析预测市场、制定市场目标、企业文化传播，辅导并帮助经销商解决经营管理过程中遇到的各种问题，与其建立良好的合作关系，实现双赢。

（六）客户问题解决者

及时处理客户遇到的问题，化解矛盾，从而有效避免客户投诉，提高客户满意度和品牌忠诚度。

二、设计好营销业务人才职业发展路径

以营销业务岗位职能、业务要素、管理幅度及能力素质、技能经验需求为标准，业务人才划分为业务员、市场经理、市场总监三个层级。

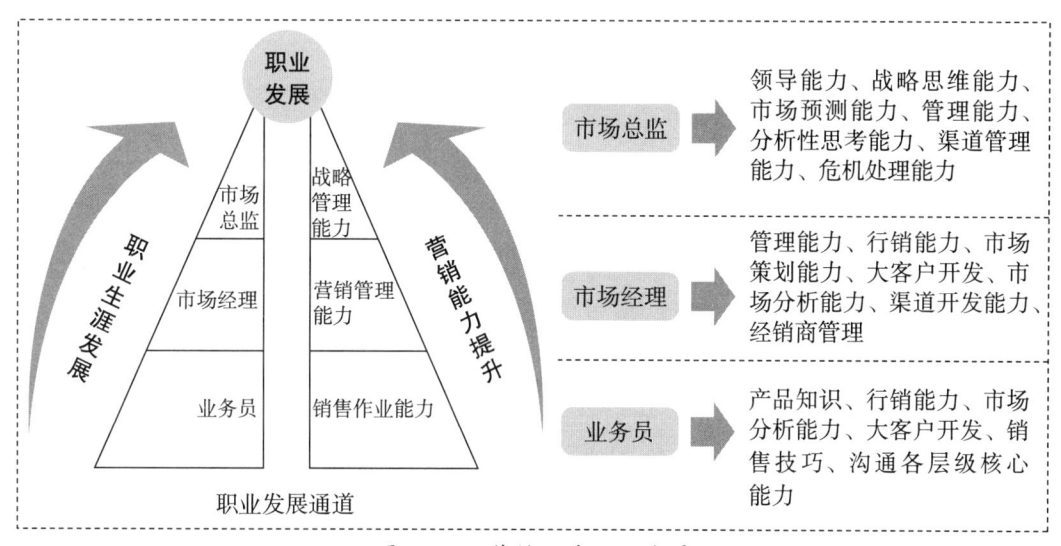

图 17-2 营销人才职业发展

（一）业务员

业务员是指在营销组织中直接承担执行计划、销售、传播等具体业务的工作人员，需负责基础的市场管理工作，积极完成规定销售量指标，为客户提供主动、热情、满意的服务。

业务员如同战场的"尖兵"——剑锋所指，所向披靡，具备"亮剑"精神，需具有

职业素养和营销工作技能，能够完成计划销售任务。

（二）市场经理

市场经理是承担制订计划、产品、销售、服务网络开发、品牌建设与传播、客户关系维护等任务的人员，根据客户的需求提供服务，确保企业利润最大化和客户满意度最大化。

市场经理如同战场的"先锋"——南征北战，开疆拓土。市场经理是能在局部范围内掌控局势，带领团队顺利完成市场任务的人员，偏重于战术或方式方法的研究。

（三）市场总监

市场总监是负责市场运营工作的高级管理人员，主要负责市场规划、营销战术制定、渠道开发、目标管理、业务团队管理等工作，能够引领团队完成目标市场销售指标，提升市场占有率。

市场总监如同战场的"将军"——运筹帷幄，决胜千里。优秀的市场总监德才兼备，以德为先，具有"懂人情、明时政"的综合素养，偏重于市场宏观战略布局和决策的制定。

表 17-1　营销业务人员职能职责

人才层级	职能职责
业务员	1. 负责基本的市场管理工作，认真贯彻执行销售管理规定和实施政策 2. 积极完成规定或承诺的销售量指标，为客户提供主动、热情、满意的服务 3. 负责与客户签订销售合同，督促合同正常如期履行，并催讨应收销售款项 4. 对客户在销售和使用过程中出现的问题，须办理的手续，妥善解决 5. 收集一线营销信息和用户意见，对企业营销策略、广告、售后服务等提出参考意见
市场经理	1. 负责细分区域年度、月度销售目标的审定 2. 负责细分区域内竞争策略、促销方案的制定、评审 3. 负责细分区域内销售、服务网络开发、建设计划及运行评价 4. 负责了解细分区域内客户对产品需求的研究，竞争品牌信息收集、研究 5. 协助上级进行细分区域内团队建设及人员管理等工作
市场总监	1. 负责区域全面工作，负责年度、月度销售目标的制定及推进 2. 负责区域内市场运行评价管理及竞争策略，促销方案的评审、评价 3. 负责销售、服务网络建设规划及运行评价 4. 负责消费者特征及习惯研究及客户信息数据信息管理 5. 负责区域广告宣传、实物宣传、新产品推广计划等方案的制定 6. 负责特大纠纷和特大服务抱怨的协调处理

第二节　营销人才的特性

一、工作环境的不定性

营销业务人员直接面对市场，是市场的开拓者，其一线岗位工作存在以下特点：

第一，工作地点异地性：营销业务人员工作在一线终端，依据工作区域，分布在全国各个省市。

第二，工作时间不定时：营销业务人员属于不定时工作制，工作时间相对不固定。

第三，市场环境变化性：营销业务工作需及时关注市场环境变化，进行业务政策调整。

第四，产品更新换代性：营销业务工作人员需及时组织相应培训，了解新产品知识，便于进行产品推广。

二、培训组织相对较难

工作岗位和工作性质的特殊性，决定了营销业务人员培训相较于传统培训项目存在一定的困难，主要体现在以下几个方面：

第一，人员较难集中。

第二，人员流动性强。

第三，传统经验与业务创新的矛盾性。

> **小贴士**
>
> 组织营销人员培训，需注重"换位思考"和"同理心"，需要注重培训场景，实践培训更要贴近"战场"，理论培训更要找"淡季"，让他们清净受训，切实考虑业务人员培训特性。
>
> 业务人员培训，需全面考虑时间、地点、销售淡旺季等因素，避免将培训变成不切实际的、被吐槽的"负担"，造成负面的后果。

三、营销人才特性

基于营销业务培训的特性，如工作环境的不定性、培训组织的困难性等，企业可以从职业发展和绩效导向两个方面着手，开展针对性培训，逐步提升营销人员的综合素质和营销技能，激发营销人员的潜力，以适应营销业务发展的需要，从而提升销售业绩，提高产品市场占有率，实现企业和员工的共同发展。对此可以从以下几个层面着手进行人员培养：

第一，建立基于岗位知识图谱、岗位职业发展、岗位任职资格的人员培养机制，让他们清晰自己的职业发展路径。

第二，加快各个层级人员培养及储备，建立好人才发展梯队。

第三，建立明确的绩效目标管理，帮助他们提高绩效。

第三节 营销人才培养的"五步法"

针对入职 1 年至 3 年的营销业务员，企业建立以入职、胜岗、业绩提升为目标的能力培养提升体系；针对工作 4 年以上的市场经理，进行市场开发、渠道管理及区域细分市场管理与分析能力培养；针对工作 6 年以上的市场总监，应注重打造具备市场战略规划能力和团队建设能力的营销一线统帅。

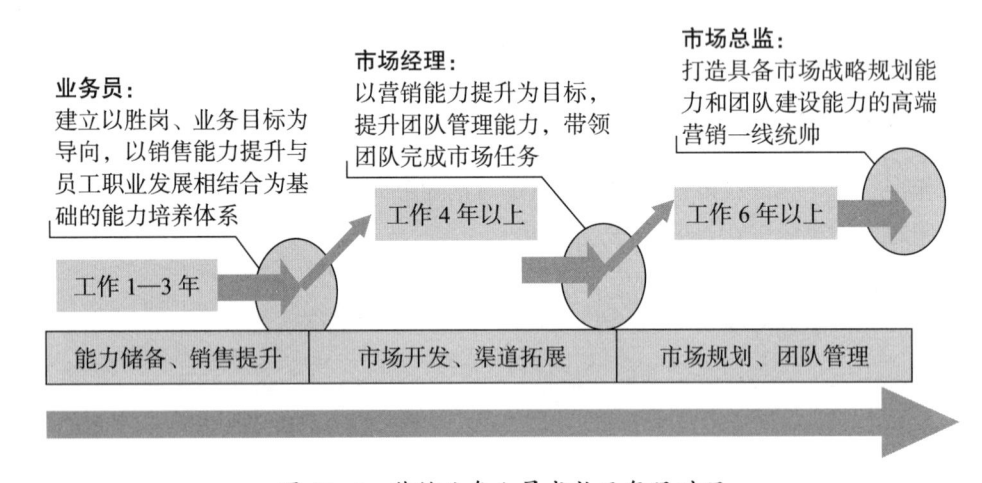

图 17-3 营销业务人员成长及年限对照

一、营销人才培养"五步法"流程

针对营销业务人才培训的特殊性，结合绩效导向，企业通过建立"岗位知识图谱、能力模型、分析培训需求、搭建课程体系、实施培训活动、进行效果评估"，了解营销业务人员的能力需求，明确能力提升目标与路径，建立基于职业发展的"五步法"，搭建"业务员—市场经理—市场总监"人才发展通道。

图 17-4 营销人才培养"五步法"

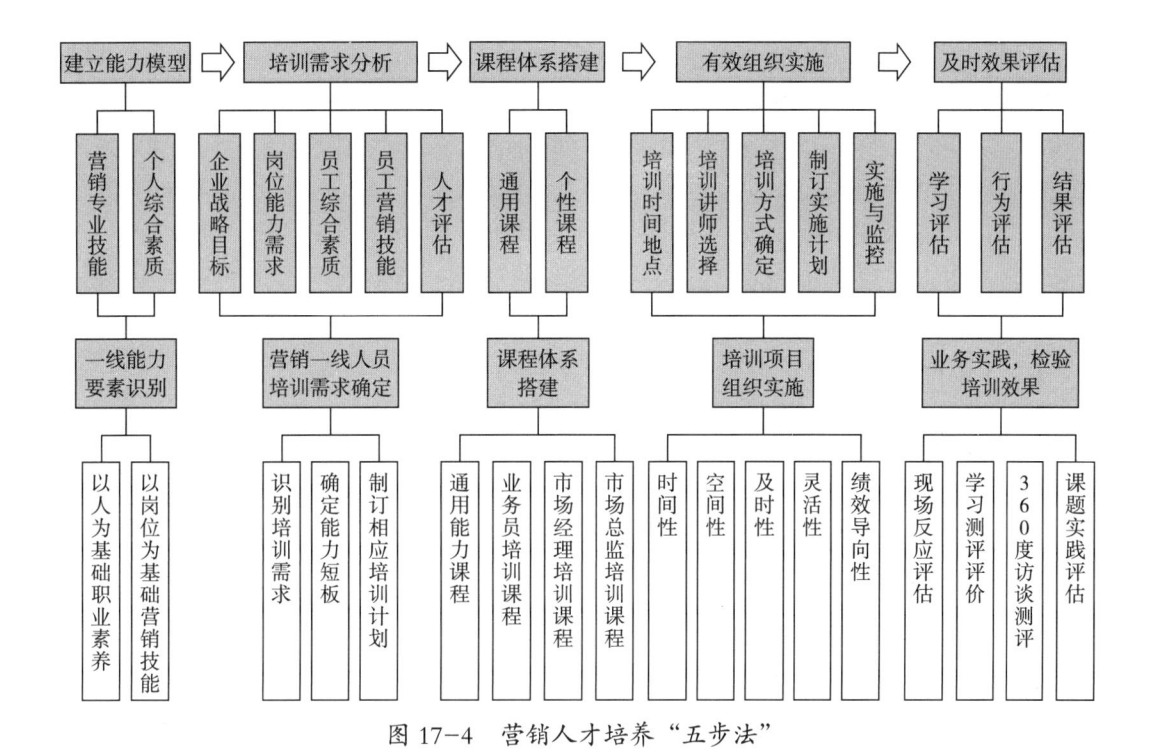

（一）建立能力模型

1. 以人为本的职业素养
主要包含管理艺术、人际沟通、时间管理、职业心态和抗压管理等能力要素。

2. 以岗位为基础的营销技能
主要包含市场细分、市场信息、目标达成、商务谈判、危机应对等能力要素。企业结合岗位职能职责、员工职业发展，以绩效目标为导向，对营销一线业务员、市场经理、市场总监必备能力素质进行分析，可将能力要素划分为职业素养、营销专业技能两个类别。

表 17-2 营销业务人员能力要素

能力要素	业务员	市场经理	市场总监
职业素养	主动性 诚实自律 沟通技巧 商务礼仪与职业心态	团队合作 人际沟通 时间管理 项目管理	团队建设与管理 施加影响 关系维护
营销专业技能	执行力 市场信息收集 产品知识了解	市场分析能力 目标推动与达成 工作计划的制订与推动	市场分析、决策能力 工作创新与变革 问题分析与解决

续表

能力要素	业务员	市场经理	市场总监
营销专业技能	目标达成	市场信息 商务谈判 危机应对	销售政策制定与规划 渠道拓展与管理 客户开发与维护 危机应对

（二）培训需求分析

1. 企业战略目标

主要是分析企业战略目标、组织管理模式、市场战略、市场定位、企业的产品与服务、销售政策、业务渠道等因素，寻找这些因素对于营销人员培训需求的影响。

2. 文化价值观

企业文化、市场文化、担当文化等，这些都是比较重要的文化价值观构成之一。

3. 岗位能力要求

主要分析岗位任职资格、能力要素、职能职责等因素，寻找其对销售人员销售技巧、销售能力的需求。

4. 员工综合素质

主要分析员工团队合作、沟通交际、抗压能力、创新能力、成就动机等因素，确定个人能力素质短板。

5. 员工营销技能

主要分析员工对产品知识掌握程度、销售专业知识、市场分析能力等因素，确定员工个人营销能力短板。

（三）课程体系搭建

营销业务人员工作性质的特殊性，决定了营销业务人员除了要进行职场礼仪、团队合作能力、沟通技巧等通用能力培训，还需要对其进行营销基础知识、销售技巧、营销策略、客户开发技巧等方面的培训。

营销业务人员课程设置的两个层面：

1. 通用课程

以各个层级人员的工作性质及能力要求为基础，企业设置管理类、团队建设类、沟通技巧及个人素质等方面的共性类课程。业务员更侧重于个人素质及沟通技巧课程；市场经理更侧重于团队建设类及管理类课程；市场总监更侧重于领导力及团队建设类课程。

表 17-3　营销业务人员通用课程

类　别		课　程	培训时间
通用课程	管理类	时间管理	
		项目管理	
		战略管理	
		运营管理沙盘模拟	
	团队建设类	如何建立高效营销团队	
		迈向卓越的领导技能	
		基于组织绩效提升的团队建设与管理	
	领导力	经理人如何培育优秀部属	
		基于战略的绩效考核	
		中高层经理卓越领导力修炼	
	沟通技巧	沟通谋略与领导艺术	
		客户关系建立与维护	
		销售谈判技巧	
		会议主持与策划	
		自媒体营销	
		数字营销	
	个人素质	营销人员自我管理	
		商务礼仪与职业素养	
		职业心态与压力管理	

2. 个性课程

个性课程是针对不同层级培训对象，基于不同的能力需求，进行个性定制的差异化培训课程，详见业务员、市场经理、市场总监培训项目规划。

（四）有效组织实施

1. 培训时间

新进人员需第一时间进行"师带徒"培训，帮助新进人员尽快了解产品知识及业务流程。

销售人员职位晋升。当业务人员职位晋升时，所扮演角色及承担工作职责发生变化，需组织新晋人员培训项目，促使员工更快适应新的工作岗位。

新产品上市。企业有新的产品上市时，需第一时间对销售人员进行产品知识、销售政策等方面的培训，以促使销售员准确了解新产品，提升新产品销量。

销售淡季组织。企业组织培训时，应结合企业产品销售淡旺季周期，避开产品销售旺季，避免因组织培训而影响产品销售，即旺季抓销售，淡季抓能力。

企业可以在集中组织年度或者季度会议时，举办培训论坛，邀请外部优秀讲师授课或内部销售业绩优秀者分享经验，为营销业务人员进行持续性的培训。

2. 培训地点

销售人员培训应当在不影响区域销售任务的前提下，以市场区域为单位，就近组织该区域营销业务人员培训。根据培训对象的不同，培训场地选择也会有所差异，还可邀请该区域的经销商派人参加培训。培训部门亦可采用数字化学习平台模式，分拆出可以直接线上完成的课程和考试测评等，最大化利用碎片化时间完成学习任务，提升组织学习效率。

3. 培训讲师选择

企业选择销售人员培训讲师时，主要考虑讲师的个人资历及工作经验，尽量避免由缺乏实战经验的学院派讲师进行培训。因为销售人员培训，特别注重讲师的实战经验，一般可以邀请具有丰富销售一线工作经验的销售经理或者销售骨干，也可以聘请同类企业的实践者来分享交流。

4. 培训方式确定

因培训人员的时间、地点的不集中性，决定了培训方式的选择一定要就地就近，灵活多变。培训的主要方式有沙盘模拟、案例研讨、移动终端、集中培训、行动学习、绩效改进、情景模拟、线上学习平台（E-learning、数字化学习平台、数智化学习平台）等。

5. 制订培训实施计划

结合已经确定的培训时间地点、培训方式、培训课程内容，培训部门制订相应培训实施计划。在培训期间，培训部门利用不同的培训形式，提升销售人员的销售技巧与沟通表达能力。

6. 实施与监控

针对销售人员培训项目，除了进行前期的项目策划、培训设施准备，在组织培训过程中，培训部门还应注意做好培训过程的监控，保障培训人员的出勤率，通过沟通互动提升销售人员的参与度与积极性，确保培训达到预期培训效果，并在培训结束后对培训效果进行评估。同时，要对整个培训过程做好监控，做好过程中出现问题的记录，以便为培训完成后的评估工作提供资料。

培训过程记录主要包括培训时间、培训地点、培训课程名称、培训讲师、培训对象层级、计划参加人数、实际参加人数及学员签到、数字化学习平台学习数据等信息。

（五）及时效果评估

销售人员培训效果评估，主要是针对培训讲师、培训课程、培训组织及培训学员的学习效果进行评估。针对不同层级人员培训项目，因培训形式、培训内容的差异，培训评估方法侧重点也有所不同。

二、业务人才培养

通过定向招聘、选拔有意向从事营销业务工作的应届校园人才，为营销业务队伍补充新鲜血液，进行人才储备及培养。

（一）人员需求

第一，素质要求：认同企业文化、可塑性强。
第二，专业要求：工程技术、市场营销、工商管理相关专业。

（二）培训课程

针对业务员层级人员在营销活动过程中必须具备的能力，所开设的培训课程，主要涵盖通用课程、产品知识、营销技能三个方面。

表17-4 业务人才培训课程

课程类别	课程明细	课程内容
通用课程	课程体系搭建中的"通用课程"的内容	
产品知识	产品知识课程需结合企业自身产品特点进行开发，需注重课程知识的标准化、规范性及一致性	
营销技能	营销基础知识	销售基本概念与理论
		市场营销学
		消费者心理学
	市场管理	订单、库存管理
		市场信息收集
		媒介广告促销新思路与策略
		新产品推广
		营销数据分析
		市场活动策划与执行
		大客户销售管理
	销售技巧	如何提高实销技巧
		如何进行电话销售

（三）培训地点

企业针对营销业务员培训，场地以教室为主，培训内容以政策宣贯、产品知识介绍为主。同时，还要不定期安排一线实践培训，在营销一线进行实践模拟演练，让学员尽快熟悉掌握业务知识及操作流程。

（四）培训讲师

培训师应以内部讲师为主，进行以企业产品介绍、销售政策宣贯、营销知识为主的培训。如讲授产品知识等课程，建议聘请内部产品专家进行培训。

（五）培训方式

针对业务员层级人员培训，培训部门多采用集中培训、情景模式、体验式培训、数字化学习平台等方式，侧重于实战能力的提升。

（六）结果评估

针对业务员的培训效果评估，侧重于业务知识掌握程度，主要通过对反应评估及学习评估进行评价。

三、市场经理培养

针对业务知识熟悉、业绩优秀的业务员，企业通过择优选拔，培养他们作为市场经理队伍后备人才，建立人才培养梯队。

（一）人员需求

从事业务员岗位3年以上，认同企业文化，业绩优秀，具备市场开拓创新和管理能力，学习能力强的人员。

（二）培训课程

在掌握业务员必备知识培训课程基础上，市场经理需学习掌握通用课程、产品知识、营销技能三个方面。

表17-5　市场经理培训课程

课程类别	课程明细	课程内容
通用课程	课程体系搭建——通用课程	
产品知识		产品知识课程需结合企业自身产品特点进行开发，需注重课程知识的标准化、规范性及一致性

续表

课程类别	课程明细	课程内容
营销技能	营销基础知识	市场营销学
		消费者心理学
	市场管理	市场发展趋势与研究
		订单、库存管理
		市场竞争战略分析与最佳策略选择
		区域市场深度营销模式与全景案例
	市场推广	新产品推广
		直播营销推广
		社交营销推广
		区域市场精细化管理
		市场预测与细分
	大客户	大客户开发与管理
		大客户销售管理
	渠道管理	区域市场渠道选择、设计与维护
		直播渠道拓展与管理
		渠道客户服务与关系管理
	风险控制	危机谈判公关与解决
		风险控制管理

（三）培训地点

针对营销市场经理的培训，培训场地以内部教室或者机场附近的酒店为主，培训内容以理论知识及销售实战技巧为主。

（四）培训讲师

培训讲师多采用"外部聘请+内部讲师"的方式，由外部讲师进行销售理论、团队管理等培训，同时，由企业内部营销骨干专家，进行销售实战技巧、销售经验培训与分享。

（五）培训方式

针对市场经理进行的培训，采用案例研讨、移动终端、数字化学习平台、行动学习等方式，侧重于市场开拓能力、大客户管理、团队管理等内容，辅助一些前沿知识、理念的分享，以成功实战经验分享和研讨为主。

（六）结果评估

针对市场经理层级人员，培训评估方式以行为评估与结果评估为主。

四、市场总监培养

企业对业绩优秀、团队管理的市场经理层级人员进行挑选、识别，选拔在职市场经理的 20% 左右的人员作为企业市场总监后备储备，建立人员培养梯队。

（一）人员需求

从事市场经理岗位 3 年以上，业绩优秀，高度认同企业价值观，市场调度能力、策划能力、管理能力强，能够带领团队超额完成区域销售目标的人员。

（二）培训课程

在掌握市场经理培训课程的基础上，市场总监需重点掌握以下技能，具体涵盖通用课程、产品知识、营销技能与管理三个方面。

表 17-6　市场总监培训课程

课程类别	课程明细	课程内容
通用课程	课程体系搭建——通用课程	
产品知识	产品知识课程需结合企业自身产品特点进行开发，需注重课程知识的标准化、规范性及一致性	
营销技能与管理	营销基础知识	市场营销学
		消费者心理学
		消费者行为学
	营销与战略	市场发展趋势与研究
		新媒体营销
		直播营销
		社区营销
		市场竞争战略分析与最佳策略选择
		区域市场深度营销模式与全景案例
	市场推广	新产品推广
		区域市场精细化管理
		直播营销推广
		社区营销推广
		数字媒体新思路新策略
		市场预测与细分

续表

课程类别	课程明细	课程内容
营销技能与管理	大客户	大客户开发与管理
		大客户销售管理
		大客户营销与拜访技巧
		大客户关系管理
	渠道管理	区域市场渠道选择、设计与维护
		渠道客户服务与关系管理
		渠道管理及实战案例
	风险控制	危机谈判公关与解决
		风险控制管理
		风控管理及实战案例

（三）培训地点

针对营销市场总监的培训，场地多选择较为封闭的场所进行政策理念沟通及研讨，以避免其他事务的干扰。

（四）培训讲师

培训讲师需聘请具有特别丰富的理论与实践经验的讲师，培训讲师主要带领培训学员进行案例研讨，并引进行业内先进管理、经营理念、营销战略等经验。

（五）培训方式

针对市场总监的培训项目，多采用沙盘模拟、案例研讨、移动终端、经验萃取等方式。通过模拟企业经营来全面提升学员的管理能力。

（六）结果评估

针对市场总监层级人员培训，培训评估方式以行为评估与结果评估为主。

▶ 典型案例　营销业务培训项目总结报告

以某企业营销业务培训项目总结报告为例，阐述如何对某企业培训项目完成好坏进行评估。

××企业营销业务培训项目总结报告

××企业营销业务培训项目于××××年×月×日顺利地完成培训。针对培训班的授课内容、授课方式、授课质量、学员情况、培训组织实施及培训是否达到预期目标等内容,企业在培训结束后进行了培训总结(以反应评估和学习评估为主)。为更好地开展业务人员培训工作,获取对培训项目的有效性评价(以行为评估和结果评估为主),企业对营销业务培训进行效果总结,总结如下:

一、项目总体基本情况

培训项目名称		培训对象	
培训机构		主办单位	
受训人数		培训周期	
培训地点		培训形式	

二、评估实施过程及方法

1. 本次评估主要采取问卷调查形式
(1)由各位学员评价业务能力提升效果提出培训项目改善意见及建议等。
(2)由企业领导对培训班项目、学员知识技能提升、学员工作表现情况等进行评价。
2. 针对培训班的培训时间、课程内容、学习活动和培训管理等情况进行分析总结。

三、培训项目评价

1. 运营情况分析

培训运营评价是学员在培训结束后针对课程内容、讲师水平、培训效果等指标进行的评价。

项目	非常满意	满意	一般	不满意
课程内容				
讲师水平				
培训效果				
培训组织				

2. 有效性评价(学员自评)

学员的有效性评价是培训结束后,在一定时间内学员对业务能力提升、个人影响等方面进行评价,旨在了解培训课程是否帮助学员提高个人能力的评价。

项　目	非常满意	满　意	一　般	不满意
业务能力提升				
个人影响				
培训课程				
培训组织				

（1）业务能力提升

项　目	非常满意	满　意	一　般	不满意
课程设置指导性				
课程设置合理性				
培训内容应用性				
工作业绩提升				

（2）个人影响方面

项　目	非常满意	满　意	一　般	不满意
获得新知和理念				
有效应用				
优化工作安排				
理论指导实践				

3.有效性评价（领导评价）

领导的有效性评价是培训结束后在一定时间内单位负责人对学员的工作业绩、工作能力、工作态度等方面进行的评价。

项　目	非常满意	满　意	一　般	不满意
工作业绩				
工作能力				
工作态度				

4.培训班实施情况分析

通过对培训班的培训周期、课程内容、学习活动和培训管理等指标进行优劣势分析，并结合学员反馈情况提出改善建议,为营销业务培训项目实施提供指导性依据。

项 目	优 点	存在的问题	改进建议
培训周期			
培训人数			
课程内容			
学习活动			
培训管理			

四、学员跟踪评估(培训后1年)

1. 培训部门对培训班学员在培训后的工作晋升情况进行跟踪评估:

职业发展	职务晋升	轮 岗	保持原岗位
占比(%)			

2. 培训前后人员岗位变动明细:

单 位	姓 名	培训前岗位	培训后岗位	职务变动类别 (晋升/轮岗/不变)

3. 人员岗位变动情况评价

针对培训班学员培训前后岗位变动情况分析,××岗位人员晋升占比较高,××岗位培训后轮岗人员角度,建议企业重点加大××岗位人员的培训力度。

五、总结

营销业务培训班项目累计培养营销业务人才××人次,并顺利完成各项学习任务圆满结业。通过以上分析评估,培训班得到了企业领导和各营销系统单位的帮助与支持,达到了预期目标,但是在培训管理及效果提升方面还有很大的提升空间。结合培训班反映的问题,提出以下几点改善建议:

项 目	优 点	存在的问题	改善建议
培训时间			
培训地点			
……			

第四节　营销人才业绩提升培养

一、绩效目标确定

以岗位知识图谱、岗位任职资格标准为依据，以岗位职责和组织绩效目标为基础，企业确定营销业务人员绩效指标及目标，量化指标目标，及时以月度或者季度为周期，对绩效目标达成情况进行评价。营销业务人员核心绩效指标为销售计划完成率、利润目标完成率和回款率等。

表 17-7　营销业务人员绩效考核

营销业务人员绩效考核量表　　　年　　月					
部　门		职　位	销售员	考核人评分	
指标类别		考核内容	自评分（20%）	考核岗位（60%）	直接上级（20%）
KPI 指标	销量	销量计划完成率＝期间内实际销售收入÷计划销售收入		部门负责人	
		新增渠道＝新增渠道实际销售收入÷客户计划销售收入		部门负责人	
	回款	应收账款周转天数＝[（期初应收账款余额＋期末应收账款余额）÷2]×360天÷销售收入		部门负责人	
		清收客户回款进度＝期间实际清收回款÷期间计划清收回款		部门负责人	
				财务部	
行为指标		工作态度积极，工作责任心强，能按时主动完成工作任务和领导安排的其他任务		人力资源部	
考核者评语						

二、绩效评价改善

企业针对绩效完成情况进行评价，按照绩效等级评价结果分为 S、A、B、C、D 五个等级。重点针对绩效有差距人员，分析其绩效方面存在哪些不足，个人绩效与目标之间存在的差距在哪里，并针对绩效短板开展针对性培训与辅导。

对影响销售收入目标达成的主要因素进行识别，企业制订针对性的培训计划，通过持续的绩效评价及绩效改善，实现绩效目标的提升，促进营销业务人员销售目标的达成，

提升企业市场占有率，实现员工和企业共同发展。

图 17-5　绩效改善流程

三、绩效改善培训

通过销售人员绩效的改善，实现销售业绩的提升，在实际操作过程中，培训部门明确其职业发展方向及员工能力短板，确定下一步能力提升计划，如表 17-8 所示。

表 17-8　绩效反馈与改进计划

员工绩效反馈及改进计划表			
姓　　名		职　　位	
工作年限		绩效等级	
1. 绩效改善			
×× 年第一季度，绩效完成评价情况为有差距			
×× 年第二季度，绩效完成结果评价为合格			
……			
2. 业绩提升			
×× 年第一季度，销售目标完成率为 ××，回款率为 ××			
×× 年第二季度，销售目标完成率同比提升 ××，汇款率同比提升 ××			
……			
3. 发展方向及能力短板			
成为销售领域专家，能够完成销售目标计划，并指导团队			
4. 待提升能力			
客户关系管理能力、沟通能力、系统思考能力、谈判协商能力等			

> **小贴士**
> 人才的培养提升，企业需稳步按照"五步法"进行推进。
> 绩效改善培训，培训主旨是"缺什么补什么"，旨在改善业务现状，提升需求能力，实现短期内销售目标的提升，以满足市场业务需求。

第五节　营销人才服务能力提升培养

营销业务人员在从事销售作业工作的过程中，提供的不仅是独有的产品，更是优质的服务。服务质量关系着顾客的满意度及产品的口碑与美誉度。因此，营销一线销售工作，必须建立"销售即服务，服务即销售"的营销理念——服务是促进产品销量提升的有效手段，销售是通过优质服务而达到的目标。

一、市场营销服务概念

服务是指随时随地注意身边所有人的需求和渴望，通过迅速达成其需求、渴望，从而使一次性消费增值为持续性消费的过程。

二、营销服务的重要性

服务能够为企业创造附加价值，高品质的服务决定顾客的购买意向，尤其在市场竞争日益激烈的时代，优质服务对企业竞争力的提升具有显著的意义。营销业务人员提供优质服务，能够增加客户的满意度与重复购买率、更加清晰地了解客户的需求，同时也有助于与客户建立良好的人际关系，从而为企业提供更多的商机。

三、提供满意服务

为客户提供满意的服务，营销业务人员需在完成本职工作之余，为客户提供增值服务，使客户感动，从而认可企业的服务及产品，成为企业的忠实用户。服务分为以下三个层次：

第一，销售分内的服务：在销售产品之时，所承诺提供的与产品相关联的一系列服务，属于本职工作范围内的服务。

第二，销售分外的服务：在本职服务之外，结合产品周边提供的额外增值服务。通过提供该服务，有利于提升客户的满意度。

第三，与产品无关的服务：如果提供与产品无关的服务，客户会感受到销售人员的诚意与真心，比较容易感动，而感动客户是最有效的服务。

四、提供营销服务原则

营销业务人员需要遵循营销服务的一些原则。

第一，要因时、因地、因人，有针对性地提供服务。

第二，需用心提供个性化、差异化、生动化的服务，加深客户印象。

第三，注重时效性，新客户需在 24 小时内通过电话、短信等方式进行及时沟通、问候。

第四，要善于利用互联网工具，如手机、电脑、短信平台、微信群组、官方微信、官方视频号、短视频（抖音、快手、小红书等）、AI 等。

第十八章
技能人才培养

技能人才的培养，企业要分层、分级，有针对性地基于人员特性精准设计专属的人才培养项目，辅之以先进培训技术方法，善用国家激励政策，保障培训效果。

本章导读

- 技能人才职业发展通道是技能人才培训的源动力
- 技能人才分级培养设计强化技能人才培养系统性
- 技能等级提升应有相应的技能津贴等激励政策支撑

针对技能人才所处的不同发展阶段，企业应为其设立不同的培养目标。对于新入职的技能型员工，培训目标就是让其尽快通过培训上岗，即让新员工接受企业安全教育、消防教育；了解企业的企业文化、规章制度；熟悉工艺、质量、精益制造理念；以促进新员工更快地融入企业的环境中，明晓自己的工作职责与责任，感受企业的文化氛围，从而让新员工有归属感，尽快掌握岗位的应知应会技能，转正上岗。对于转正后的员工，企业需要分层级开设不同的专业知识培训课程及实操培训，使其培训合格后能够满足岗位的工作要求，并按双向通道（管理和专业）进行培养与发展。

第一节 技能人才培训需求来源

一、岗位业务技能分析差异

技能人才的培训依据岗位知识图谱、任职资格标准，技能人才的工作场地在生产现场，工作任务是在满足标准要求的基础上完成交付。技能人才培养需要素质技能、规则意识、工作态度、责任性、担当意识才能达到岗位要求，如从精益制造的安全、人员、质量、响应、成本、环境六大要素分析等。素质技能可以通过培训与演练达成，规则意识可以通过强化规则、制度达成，工作态度和责任感需要企业文化长期熏陶养成。因此，培训的设计应以职位能力要求为基础，在岗位知识图谱分析的基础上建立能力素质模型，通过开发课件组织实施来进行。

二、绩效目标是否达标差异

技能人才群体是一个具有共性的群体，而每一位技能人才又具有个体的不同情况，因此，对技能人才个人的需求分析，培训部门要考虑个人绩效结果的短板，对工作中需要用到的短板进行针对性的培训，进行胜岗与提高个人绩效的短板培训与职业发展及技能升级培训等。

第二节　技能人才发展通道

以技能人才岗位知识图谱及素质能力模型为基础，量化培训产出结果，制定职业技能发展与管理能力发展两条路径。职业技能发展路径，新员工—初级工—中级工—高级工—技师—高级技师；管理能力发展路径，新员工达到中级工水平后可根据管理素质能力及职位空缺向管理岗位转岗，即班组长—工段长—生产科长—生产部长。

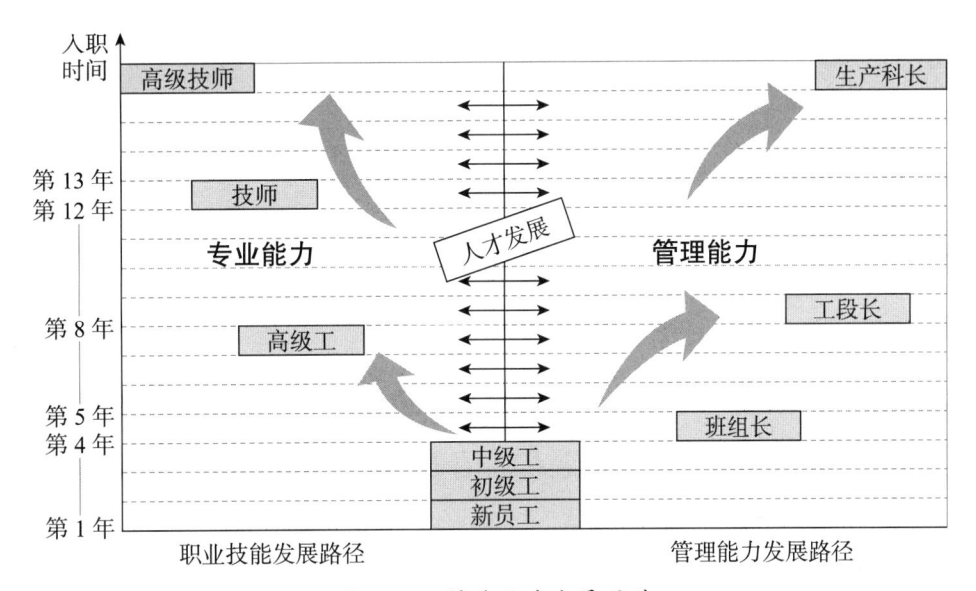

图 18-1　技能人才发展通道

第三节　技能人才培养体系

根据技能人才的培训需求分析，制订每个阶段的培训计划，按照技能人才的两条发展通道制定总体培养体系：一条是以技能路径为主线，分别设计出不同的培训方案，技能路线可依照国家技能等级鉴定标准开展；另一条是按管理路径发展为主线，实现管理岗位晋升，如图 18-2 所示。

针对技能发展路径，不断提高他们的技能水平，企业通过职业技能晋升培训、多能工培养等，实现技能人员从初级工向高级技师的发展；针对一部分职业技能强、具备管理能力的技能人员可以再进行班组长培训、管理能力培训等，让其逐步走到企业管理者队伍中。

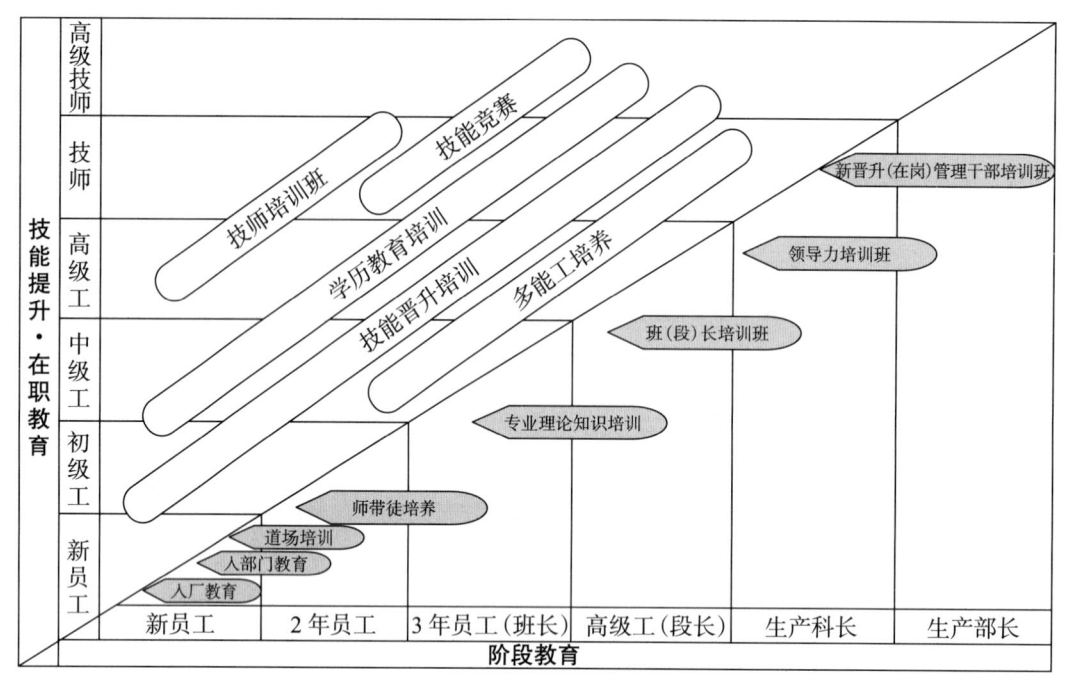

图 18-2 技能人才培养体系

第四节 技能人才培养的"六步法"

技能人才培养就像生产产品"制造工艺"一样，技能人才的整体培养流程，从一个刚入职的新员工到岗位成长的每一步均有相应的培训内容，从"上岗"到"胜岗"，最终打造出一个合格的、高素质的技能人才。

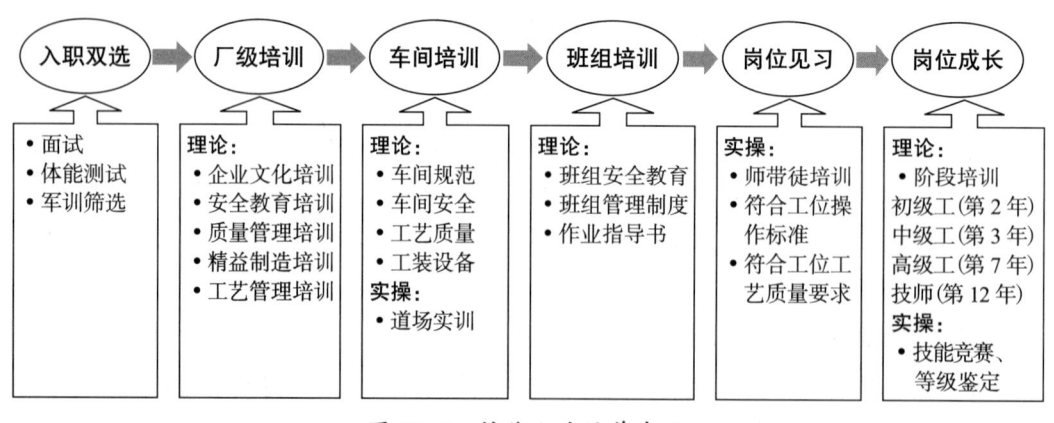

入职双选	厂级培训	车间培训	班组培训	岗位见习	岗位成长
• 面试 • 体能测试 • 军训筛选	理论： • 企业文化培训 • 安全教育培训 • 质量管理培训 • 精益制造培训 • 工艺管理培训	理论： • 车间规范 • 车间安全 • 工艺质量 • 工装设备 实操： • 道场实训	理论： • 班组安全教育 • 班组管理制度 • 作业指导书	实操： • 师带徒培训 • 符合工位操作标准 • 符合工位工艺质量要求	理论： • 阶段培训 初级工(第2年) 中级工(第3年) 高级工(第7年) 技师(第12年) 实操： • 技能竞赛、等级鉴定

图 18-3 技能人才培养步骤

根据技能人才的培训步骤，企业可制定新员工入职培训的流程卡，如表 18-1 所示。

表 18-1 技能人才培养流程卡

姓名		部门		工种		入职时间			
培训项目	培训内容	培训课程名称		培训形式	培训课时	考评结果	讲师	备注	
入职双选	军事化训练项目训练	课程1		军事化训练					
工厂级	安全教育、管理制度、企业文化、员工行为规范等	课程1		理论培训					
		课程2							
		课程3							
		课程4							
车间级	部门级安全教育、部门管理制度等	课程1		理论培训					
		课程2							
		课程3							
		课程4							
	安全防护、成本管理、物流管理、工艺流程、质量保证等	课程1		道场培训					
		课程2							
		课程3							
		课程4							
班组级	班组安全教育、班组管理制度等	课程1		理论培训					
		课程2							
		课程3							
		课程4							
	工具的使用、零部件识别、岗位标准作业等	课程1		实操培训					
		课程2							
		课程3							
		课程4							
岗位见习	岗位标准作业	课程1		师带徒培训					
岗位成长	岗位职责、岗位管理制度等	课程1		理论课程					
		课程2							
		课程3							
		课程4							

续表

姓名		部门		工种		入职时间		
培训项目	培训内容	培训课程名称		培训形式	培训课时	考评结果	讲师	备注
岗位成长	技能等级鉴定、多能工培养等	课程1		实操培训				
		课程2						
		课程3						
		课程4						

一、集中文化价值观培训

新员工面试通过并办理入职手续后，培训部门统一安排为期3天至5天的军事化训练项目培训，旨在考察锻炼新员工的吃苦耐劳能力及团队合作精神，在此期间不达标新员工解除试用合同，达标后新员工再分配至车间，进入下一阶段的培训。

二、生产基本管理知识培训

（一）培训目标

工厂级培训为新员工入职后的第一期理论知识培训，目的是让新员工了解企业文化、规章制度，尽快融入企业，同时初步了解技能操作的基础理论。培训课程涉及企业文化、安全教育、质量、精益制造、工艺流程、制度等方面的内容。

（二）培训课程设置

技能人才的培训课程设置，企业要综合考虑自身企业文化和特性，可包含企业基本情况、安全教育、质量管理、精益制造等内容，如表18-2所示。

表18-2 技能人才企业级培训课程内容

培训项目	培训课程内容	培训时间	备注
企业基本情况	1. 企业基本情况介绍 2. 企业战略及发展目标 3. 组织机构及职能职责设置 4. 产品介绍 5. 企业相关规章制度，如《考勤休假管理制度》《员工违纪管理规定》等		

续表

培训项目	培训课程内容	培训时间	备注
安全教育	1. 生产安全教育 （1）国家安全法律法规 （2）企业规章制度培训 （3）安全生产管理及安全健康知识 2. 消防安全教育		
质量管理	1. 质量的基本知识 2. 质量管理的基本原则 3. 质量管理的工具方法		
精益制造	1. 精益制造文化 2. 常用工具和方法		
……	……		

三、生产车间综合培训

（一）培训目标

经工厂级培训考试合格后，培训部门将员工分到车间，在车间或培训基地进行综合培训。

理论知识主要讲授部门规章制度、安全防护、成本管理、物流管理、工具设备、工艺流程、精益制造、质量保证等模块的知识，课程结束后进行理论考试；道场实操为新员工进入岗位前的操作培训，新员工在工位操作前需在实训基地进行为期1个月的实际操作培训和演练，并达到合格状态。

（二）课程设置

表18-3 技能人才部门级培训课程内容

培训项目	培训课程内容	时间安排	备 注
安全防护	1. 部门安全基础知识 2. 安全作业基础知识 3. 部门消防安全知识		
成本管理	1. 成本控制基础知识 2. 成本业务流程概述		
物流管理	1. 生产物流安全教育 2. 物流基础知识		

续表

培训项目	培训课程内容	时间安排	备注
工具设备	1. 部门设备、工装、工具认知 2. 工具使用方法、训练 3. 常用工具与设备的原理 4. 工具日常维护与保养方法		
工艺流程	1. 部门工艺介绍 2. 工艺文件识读 3. 工艺过程控制方法		
精益制造	1. 精益制造系统理念理解 2. 精益制造管理实际应用		
质量保证	1. 标准作业 2. 生产过程中的质量缺陷		

四、班组培训

（一）培训目标

班组培训为新员工在分配岗位前由班组长为其做班组安全教育、班组管理制度及作业指导书的理论知识培训，培训结束后分配至工位（岗位）。班组培训旨在让新员工了解班组的管理制度，在岗位操作前熟悉操作规范、技能技巧。

（二）培训课程设置

班组培训，企业根据实际情况按需安排，包含但不限于班组安全教育、班组管理制度、作业指导书等，如表18-4所示。

表18-4 技能人才班组级培训课程内容

培训项目	培训课程内容	培训时间	备注
班组安全教育	1. 班组内危险源识别 2. 班组内安全生产规范		
班组管理制度	1. 工作时间劳动纪律规定 2. 安全生产纪律规定 3. 生产流程规范		
作业指导书	1. 班组作业指导书识读 2. 班组工艺流程和质量指标		

五、岗位培训

（一）培养目标

岗位见习采取师带徒的形式，由班组内优秀的技能人才为新员工做师傅，由师傅为新员工制定培带标准、培养周期，分阶段、分层次完成培养目标，确定师徒人员后双方签订师带徒协议，确定师傅的职责，培带结束后由部门做技能鉴定考评验收。同时制定《师带徒管理办法》对其进行有效管理。

（二）实施要素

岗位见习阶段主要进行岗位实际操作的相关培训，培训前由师徒双方确定培带关系，企业在进行师带徒培养时需确定培带计划及签订师带徒协议，如表18-5所示。

表18-5 师带徒目标

学员信息			师傅信息		确定目标		输出结果（培带结果后填写）	
序号	部门	工段/班组	学员姓名	师傅岗位	师傅姓名	培带起始时间	培带计划（目标）	考评结果	评价时间

（三）岗位上岗证

岗位见习期间，企业根据新员工对生产工艺及其专业知识、岗位操作能力掌握情况，由安全生产和设备管理等部门联合对新员工进行上岗能力评估，达标者发放岗位上岗证，进入由师傅指导下的独立操作阶段；如果上岗能力考评不合格，则不发放岗位上岗证，继续跟随师傅作业或者解除劳动合同。

六、岗位成长

（一）培养目标

依据国家职业标准和岗位技能要求，为技能人才规划职业生涯发展通道，企业开展与职业技能等级相匹配的培训内容及目标。

第一，初级工：初级工技能鉴定理论与实操培训，初级工职业技能鉴定考核。
第二，中级工：中级工技能鉴定理论与实操培训，中级工职业技能鉴定考核。
第三，高级工：高级工技能鉴定理论与实操培训，高级工职业技能鉴定考核。

第四，技师：技师职业技能理论与操作技能培训，技师职业技能鉴定考核及综合评审。

第五，高级技师：高级技师理论与操作技能培训，高级技师职业技能鉴定考核及综合评审。

每一个阶段，企业同时贯穿职工素质教育培训、职业技能竞赛、学历教育提升、班组长管理能力培养、技能竞赛裁判员培训、职业技能鉴定考评员培训、技能培训师培训等培训项目。

（二）培训课程设置

技能人才的岗位培训课程内容，一般包含三个层级内容，即初级工、中级工、高级工课程内容，如表18-6所示。

表18-6 一般技能人才各阶段课程内容

培训对象	培训项目	培训课程内容	培训时间	备注
报考初级工职业技能的员工	安全防护	安全隐患排查与应急处理 班组日常安全管理标准		
	成本管理	成本费用控制的方法		
	物料管理	到货与在库管理		
	工具设备	工具与设备维修		
	工艺流程	标准件编号规则		
	精益制造	精益制造活动的工具使用 精益制造管理活动开展		
	质量保证	动、静态扭矩控制		
报考中级工职业技能的员工	安全防护	部门安全检查标准		
	成本管理	如何有效降低成本		
	物流管理	准时化物流基础知识		
	工具设备	工具与设备的改善		
	工艺流程	工艺过程控制方法		
	精益制造	精益制造系统应用		
	质量保证	常见质量缺陷评价原则		
报考高级工职业技能的员工	安全防护	安全作业改善方法		
	成本管理	费用预算管理		
	物料管理	顺引顺建基础知识		
	工具设备	工具、工装改制		
	工艺流程	标准作业编制、优化 工艺评审		
	精益制造	精益制造管理活动开展、人员培养		
	质量保证	质量问题分析方法		

表 18-7　班组长培训课程内容

类　别	能力要素	培训课程内容	培训时间	备注
企业文化	企业价值观认同	企业文化		
通用能力	执行力	班组长职责定位 班组长一日管理 班组执行力		
	问题发现与处理	问题分析与解决		
	沟通协调	服务意识与沟通能力训练		
	员工指导与团队建设	班组团队建设		
生产管理	安全生产	班组安全管理		
	质量控制	品质保证与质量问题预防 质量问题分析与改善		
	标准化作业	班组标准化作业管理		
	确保可生产	生产中的 4M 管理		
	异常管理	生产异常的识别与处理		
	持续改善	持续改善方法与流程		
	成本控制	班组长成本意识与控制		
	5S 与目视化管理	现场 5S 管理与应用 BPD 目视板管理 精益化管理		

（三）培训过程管理

培训部门根据技能鉴定工种及考试要求制订培训计划，并对整个培训过程进行培训记录、归档。

各培训主题按照培训计划实施，并做好培训结果验收。

表 18-8　各职业技能等级培训时间基本要求

分　类	理论知识培训	实操技能培训	备　注
初级工	20 学时	50 学时	培训合格申请鉴定，鉴定是对培训结果的评估手段
中级工	30 学时	70 学时	
高级工	40 学时	100 学时	
技师	60 学时	150 学时	
高级技师	80 学时	200 学时	

(四)技能人才职业技能等级鉴定管理

技能人才职业技能鉴定是引导技能人才职业提升的重要手段,因此本书对职业技能鉴定管理做如下介绍。

职业技能鉴定依据:国家职业标准和岗位知识与技能特色。

职业技能鉴定申报条件:满足国家职业标准所要求的学历、本工种工作经验;完成必要的培训课时,且培训结果合格;能够较好地完成生产任务,并确保安全、质量、成本、交货期的指标要求。

职业技能鉴定实施:具备国家行业职业技能鉴定资质的单位,可以按照国家职业技能鉴定的相关工作要求,公示鉴定公告,收取鉴定报名信息,制订鉴定考评计划。对申报技能鉴定的人员进行资质审查后,纳入鉴定站(所)的鉴定计划中,分步骤组织考评人员和管理人员,组织命题或从题库中抽取试题,组织理论考试和实操考试,汇总考评成绩,由鉴定站(所)上报鉴定数据及考评报告,待上级鉴定管理机构审核通过后,对理论成绩和实操成绩均在60分以上且部门工作业绩良好的考生,下发证书编号并制作证书,且存档相关技术文件。

不具备国家行业职业技能鉴定资质的单位,可以根据国家职业标准组织培训,也可委托合作院校或者社会培训机构对内部一线员工进行职业技能等级培训,对于培训合格者,可以依托具有国家行业职业技能鉴定资质的单位或部门,组织进行相关鉴定考评。对于鉴定考评合格者,颁发职业资格证书。

参加国家或者地方职业技能竞赛晋级人员也可获得相关职业技能等级证书。

通过职业技能鉴定考评的员工,应在人力资源系统中修订职业技能等级,对于高级技工以上人员的申报表,信息及审批部门盖章完整后存入个人人力资源档案。

(五)多能工培养

培养多能工,使其能够培养他人,并能进行班组内多工位顶岗作业,达到班组通,能够辅助班组长进行班组管理工作。表18-9为用于多能工培养的岗位柔性表及培养标准,在培养过程中可参考以下工具。

表 18-9 岗位柔性(用于多能工培养)

班次		工段		班　　组								年		
工号	姓名	到岗时间	岗位内容	盘点								要求达到的柔性目标(季度内)		
												一季度	二季度	……
				⊕	⊕	⊕	⊕	⊕	⊕	⊕	⊕			
				⊕	⊕	⊕	⊕	⊕	⊕	⊕	⊕			

续表

岗位柔性统计	第一季度			评估确认	第二季度			评估确认	……	
1个操作者能够多岗作业柔性化（%）	1人会3岗	1人会4岗	1人会5岗及以上	班组长	1人会3岗	1人会4岗	1人会5岗及以上	班组长	……	
1个岗位储备多个操作者柔性化（%）	1岗备2人	1岗备3人	1岗备3人及以上	工段长	1岗备2人	1岗备3人	1岗备3人及以上	工段长	……	

◐知道操作步骤 ◑能安全、按质量要求工作，但不能按节拍完成 ◒在没有他人指导下能安全、按节拍按标准化要求完成任务 ●能培训他人。

> **小贴士**
>
> 企业对技能人才进行分级培训设计，让培训更具针对性，体系系统化，流程清晰，标准明确，从而加快技能人才胜任岗位要求的速度。
>
> 企业注重多能工的培养，不仅能够提高企业员工的工作能力、技能水平，还能够提高企业的多能工率，促进高技能人才的培养，辅导班组长进行班组管理工作，同时让多能工培带新员工，使新员工更快掌握岗位操作。

第五节　技能人才培训效果评估

一、培训效果评估内容

（一）对培训讲师、培训课程的评估

培训部门对培训讲师的评估主要针对讲师的授课水平、授课技巧及课程整体安排是否合理，讲授知识是否易懂易接受，讲授课程是否具有实用性等。

（二）对培训组织的评估

培训部门对培训的时间、地点，培训前期的准备工作，培训过程中的组织等情况进行评估。

（三）对受训技能人才培训效果的评估

培训部门对受训人员的培训效果评估可以从以下三个方面考虑：

第一，对受训人员的出勤率，课程学习过程中的学习态度，上课的积极性等方面的

评估。

第二，对受训人员掌握的理论知识程度的评估，可采取考试、课堂提问等形式进行。

第三，对受训人员掌握生产操作、技能等级情况的评估，可进行生产实操。

二、培训评估方法

（一）理论试题测试法

理论试题测试法可根据培训课程内容进行出题考试，试题形式参考填空题、判断题、简答题等，以试卷的形式来检测受训人员接受培训的效果。

（二）效果反馈调查法

效果反馈调查表，是培训结束后随机对受训人进行调查的一种方法，如表18-10所示。

表18-10 培训效果调查

培训讲师							
所属部门		评估分数	5	4	3	2	1
关于培训课程内容	1.课程的目的和意义是否得到了清楚的阐释						
	2.课程素材是否清晰准确						
	3.课程流程是否清晰明了						
	4.课程的难易程度对您是否合适						
	5.课程教材中包含的实践案例丰富程度如何						
	6.课程是否得到了有效的总结						
关于培训讲师	7.讲师讲课是否顺畅						
	8.讲课的进程是否合适						
	9.是否留有时间来解答问题						
	10.是否有效说明、解释了问题						
	11.讲话方式是否清晰明了						
	12.能否有效地安排时间						
	13.可视化教学工具使用的有效性如何						
关于培训场地	14.培训会场及座位安排是否恰当						
	15.视听器材（如投影仪）的位置是否合适						
	16.培训会场的噪声和温度是否合适						

续表

17. 请您说出本次培训的优点和缺点
18. 请您列出本次培训应该改进的地方

第六节　社会力量助力技能人才培养

任何一个企业其自培能力、拥有的资源均是有限的，而技能人才的培训与发展是多方位的。因此，仅靠自身是做不好技能人才培训的。企业通过引入外力来共同进行技能人才培训非常有必要，甚至是必需的。

一、技能基础教育类——联合办学

为了使技术性人才能够快速适应岗位的需求，为社会和企业创造更大的价值和利润，"校企合作、联合办学、产教融合"模式便发挥了其突出的优势。

联合办学可以从五个方面进行合作，例如，联合招聘生源、定向需求锁定招募对象，联合设计课程、满足企业需求设计课程，联合考核评价、提前完成职业资格认证，联合教研资源、学校聘用企业人才为师，联合办学平台、企业资助学校资源建设等。

校企合作、产教融合的开展，能够较好地提高校企双方的社会知名度，融合双方的文化，更好地利用双方的资源，达到相互学习、相互沟通、相互促进，实现校企双赢的目的。

二、在职技能提升类——全面成长

（一）将部分员工送到外部标杆企业去培训

根据学习目标的不同，外部标杆学习可以分为以下两种类型，即竞争型标杆学习和功能型标杆学习。

（二）请标杆企业优秀老师到现场培训

标杆单位的另一种学习方式就是邀请标杆单位的资深讲师到企业分享经验。这种形式的学习一方面可以避免人、财、物的过分投入；另一方面可以大大提升学习效率，讲师将根据企业的培训需求及业务困惑点，有针对性地设计课程及提炼案例，切实有效地为企业排忧解难。同时讲师也会将自己企业具有引领性的实践经验和具体做法，分享给兄弟单位，以拓宽企业员工的视野，激发企业创新的灵感。标杆单位的讲师较市场上良莠不齐的咨询机构而言，会为企业提供更为实际的工作方法指导和切实有效的行动指南，不会在培训和学习后找不到转型和改善的切入口，一头雾水。所以企业内部的经验分享和交流不仅能够互相促进提高，也是培育企业优秀讲师的很好方法和平台。

（三）将员工送到技能提升学校升级培养

员工技能的提高，不能一蹴而就，它是长期坚持培训活动的结果。当企业的硬件设施不足以支撑技能人才的技能升级培养时，可以选择推送有潜力的学员到专门的技术院校或者机构进行定向培训，让员工强化实操训练，快速胜任更高标准的岗位胜任要求。

企业依托职工素质教育工程，分析产业工人的素质品格，及时掌握员工思想动态，开设诸如企业文化、自我发展与团队管理、社交礼仪等素质课程，提高员工的素质和职业修养，增强员工的企业向心力和凝聚力。通过定期的素质教育工程和不定期进行座谈会和问卷调查及时了解员工的思想动态，由工会党群系统具体实施和评估，强化组织、制度、物质、执行保障，对班组技能培训活动的开展起到"保驾"作用。通过职工素质工程，建立有效载体，建立促进班组技能培训的制度，保证班组技能培训在培训计划、人员等方面的实施落到实处。

三、以赛促技提升类——技能大赛

（一）以赛为驱动力，驱动企业为荣誉而加大培养投入和重视

技能竞赛是展示技术工人技能水平和良好企业形象的平台，是激发全企业技术工人学习技术、钻研技术的热情和营造重视技能、尊重技能人才氛围的有效手段，也能体现企业的核心竞争力和制造实力。各企业通过参加和组织各级职业技能竞赛，不仅取得了累累硕果，同时也找到了向国际化企业高技能人才培养目标靠拢的方向。高技能人才的培养是一项艰巨的长效工程，需要深厚的底蕴，参赛选手若能将赛场拼搏的斗志带回工作岗位，必将促进企业高技能人才队伍建设新局面的早日打开。

（二）以大赛为驱动力，驱动员工为荣誉、奖励而学习技能

从技术工人参加全国机械行业和省市级技能竞赛的轨迹中可以看到，技术工人正在不断超越自我、不断挑战极限，技能竞赛的参与让很多企业内部涌现出一大批高技能人才，他们是从各级竞赛中脱颖而出并在决赛中获胜的选手，已经享受国务院专业技术人

才、高技能人才政府特殊津贴，获得"全国五一劳动奖章"、"全国劳动模范"、"首席技师工作室"以及"创新工作室带头人"等荣誉称号，并在各自的岗位上起着技术带头的重要作用。

（三）通过比赛促进员工在工作中学习

为了促进企业高技能人才的培养，逐步提高技能职工团队整体技能水平，需要着重开发高技能人才应用新知识、新技术、新工艺、新方法解决生产实际问题的能力以及创新能力，在企业内部搭建职业技能竞赛舞台，构筑企业高技能人才成长的绿色通道，满足企业发展的高技能人才需求。

（四）通过对获得好成绩者的奖励，树立标杆，激励员工学习提升技能

技能竞赛更像一个技能人才奥运会，需要非常多的资源支持。竞赛技术方案制定、竞赛方案的策划和组织方案、命题人员和裁判员的培养与使用、参赛选手的选拔和竞技结果评定等都需要企业各级优质资源支持。与其说竞赛活动是参赛选手的比拼，不如说是参赛组织单位人员、培训专家与裁判员之间的比拼。

第十九章
校园人才培养

　　校园人才，走出学校大门迈进职场，企业通过系统、科学、专业的人才培养方法，助力其成为优秀的职业人。

本章导读

- 如何让校园人才尽快转变为企业职业人
- 校园人才"五步成长"如何设计与应用
- 校园人才一线培训的目的与意义是什么
- 岗位竞聘为校园人才提供了自主再选岗

校园人才进入企业是否能够快速转型，成为优秀的职业人，把在学校的"优秀"延续到企业中，成长为真正优秀的人才，那么培训部门开展的新入职培训就显得非常关键。这就要求企业必须将选拔与培训相结合，首先是选择优秀的、合适的校园人才来企业工作，选对人才是培养人才的前提，那些生活环境不适应，又不愿意去改变的校园人才是培养不出来的。因此，一般企业对校园人才的招聘与培养非常重视，并将其作为培养人才的前提。

第一节　抓住校园人才特点

校园人才，一般定义为刚刚离开毕业院校，具有"应届生"身份的人员。校园人与企业人的区别主要表现在以下几点：第一，理论知识与企业实践的对接缺乏，理论有而技能几乎没有；第二，有个性、有特点不愿受约束被管理，新员工需要从这些状态中快速转变到职业人状态；第三，在校以学习为主，个人靠勤奋努力与智商就可以取得优秀成绩，但进入企业后靠学校的方式是行不通的，如何将知识、智商、情商转化为个人能力、团队能力，让自己快速成长是每个人都需要面对的。

在全球化、智能化和数字经济快速发展的背景下，校园人才思想比以往任何一代人都更具特点：他们思维极其活跃，想法新潮，视野开阔。开放的多元媒体，使得校园人才比自己的父辈更加见多识广。他们接受新事物的能力强，敢想、敢问、敢说，也由此形成了与前代人迥然不同的人生观、世界观。企业招聘校园人才作为后备人才培养，是企业人才自我"造血"发展的重要体现，那么当今时代校园人才有哪些特点呢？

一、数量大，差异大

根据教育部统计，近年来高校毕业生数量逐年攀升：2007年全国高校毕业生人数为495万人，2013年高校毕业生人数达到699万人，2014年高校毕业生人数继续走高，达到727万人，2015年高校毕业生人数达到749万人，2022年高校毕业生人数为1076万人，2023年毕业生人数为1158万人，2024年高校毕业生人数为1179万人。他们的专业与社会就业的需求差异也较大。

二、有个性，有特点

自由、理想主义、创造力、冒险、敢想敢做、个性化，这些词语都可以用来形容校园人才的青年群体。他们具有强烈的自我意识，有自己独特的思考能力和处事准则，乐于接受新鲜事物，喜欢推陈出新。同时，他们在行为上勇于张扬自我个性，强调自己与他人的不同之处。他们一般自视甚高，自我评价普遍较高，也很聪明，具有较强的学习能力，需要企业提供机会或者舞台来展示自我。由于在思想上的束缚少，他们有着很强的想象力和创造力，所以在与他们沟通时，要倾向于用感情沟通的方式进行交流，而非命令式的"我说你做"。

三、素质高，要求高

校园人才自小便得以接受很好的教育。他们从小接触和学习的知识很多，能全方位、深层次地涉猎各方面的知识。作为独生子女，父母不愿让自己的孩子输在起跑线上，给他们提供最优越的教育环境和条件，他们为孩子报各种兴趣班、特长班……这无形中也使得校园人才普遍知识丰富、见识广阔、多才多艺、综合素质较好，因此他们自然对自己的定位高、要求高。

四、新时代，领潮流

在智能化迅猛发展的时代，校园人才面临着新的技术、新的理念、新的思潮的冲击。他们的触角可以延伸到世界上的任何地方，从网络中获得大量的信息和知识。他们时时刻刻习惯性地、轻松自如地接收各种信息来充实自己大脑中的信息库，是注重信息容量的一代。

因此，企业校招新员工的招聘与培训，面临着相当大的挑战与改变，只有紧密关注新员工的心理成长，把握住他们的个性化需求，才能设计出真正适合他们的培训项目。而完善新员工成长培训体系，不仅可以吸引优秀校园人才加盟，更重要的是能将招聘的校园人才尽快培训成为企业的有用之才。

第二节 "4-3-2-1"校园人才培养体系

那么新员工应该培训什么呢？不同的企业做法不尽相同，但大体上是从以下两个方面入手：新员工从校园到社会的角色转变；文化融入与职业发展。选取知名上市国企的校园人才培养项目为案例，将企业的新员工培训总结凝练为"4-3-2-1"培训体系，即培养新员工4种精神，培养新员工3种作风，重点开发2项能力，建设1个培训体系，如图 19-1 所示。

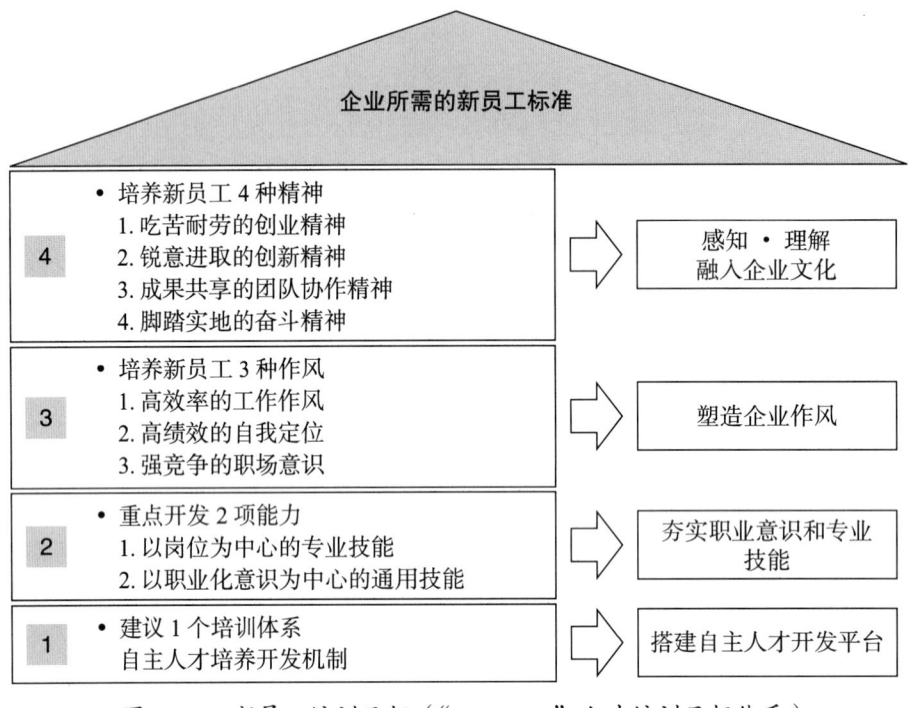

```
                    企业所需的新员工标准

   ┌─┐  • 培养新员工 4 种精神
   │4│    1. 吃苦耐劳的创业精神                    ┌──────────────┐
   │ │    2. 锐意进取的创新精神        ──▶        │ 感知·理解    │
   │ │    3. 成果共享的团队协作精神                │ 融入企业文化 │
   └─┘    4. 脚踏实地的奋斗精神                   └──────────────┘

   ┌─┐  • 培养新员工 3 种作风
   │3│    1. 高效率的工作作风                     ┌──────────────┐
   │ │    2. 高绩效的自我定位        ──▶          │ 塑造企业作风 │
   │ │    3. 强竞争的职场意识                     └──────────────┘
   └─┘

   ┌─┐  • 重点开发 2 项能力                       ┌──────────────────┐
   │2│    1. 以岗位为中心的专业技能   ──▶         │ 夯实职业意识和专业│
   │ │    2. 以职业化意识为中心的通用技能         │ 技能             │
   └─┘                                            └──────────────────┘

   ┌─┐  • 建议 1 个培训体系                       ┌──────────────────┐
   │1│    自主人才培养开发机制       ──▶          │ 搭建自主人才开发平台│
   └─┘                                            └──────────────────┘
```

图 19-1　新员工培训目标（"4-3-2-1"人才培训目标体系）

第三节　"五步成长"校园人才培养模式

目前，企业越来越重视自主人才的培训与开发，企业都希望降低对"空降兵"的依赖，以此增强人才队伍的凝聚力，建设稳定的人才队伍。同时现代企业对员工的培训与管理也有着诸多新的要求，特别是在数智化时代，许多新的学习与发展方式顺势而生，诸如社群化、碎片化、游戏化的学习。因此，培训管理者更应审视既有的培训模式、资源是否真的能满足这群校园人才的客户。

"五步成长"校园人才培训模式，融合了翻转课堂、集中培训、体验式学习、课题讨论、实践学习、标杆学习、海外游学、数字化学习平台等诸多方式，通过这种组合拳式的培训，让新入职的员工在一年内快速融入企业、了解企业并胜任岗位的要求。

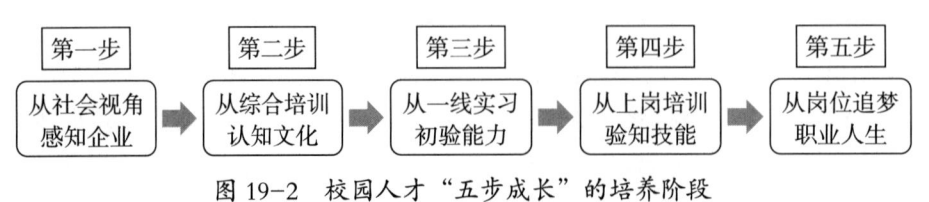

```
┌─────────┐   ┌─────────┐   ┌─────────┐   ┌─────────┐   ┌─────────┐
│ 第一步  │   │ 第二步  │   │ 第三步  │   │ 第四步  │   │ 第五步  │
├─────────┤ ▶ ├─────────┤ ▶ ├─────────┤ ▶ ├─────────┤ ▶ ├─────────┤
│从社会视角│   │从综合培训│   │从一线实习│   │从上岗培训│   │从岗位追梦│
│感知企业  │   │认知文化  │   │初验能力  │   │验知技能  │   │职业人生  │
└─────────┘   └─────────┘   └─────────┘   └─────────┘   └─────────┘
```

图 19-2　校园人才"五步成长"的培养阶段

一、从社会视角感知企业

（一）设计目标

第一，让即将加盟的新员工提前感知企业，通过在市场中观察、调研、访谈等了解企业在消费者心目中的形象，全面了解企业的品牌、产品、售后服务和消费者口碑。

第二，市场是最生动的课堂，走进市场可以培训新员工对市场的认识，培训他们观摩整理、分析判断等方面的能力，同时可以获取市场一线信息。

第三，每个企业都有自己的历史，市场上发生了许多服务客户、感动客户的故事，这些新鲜的市场案例经过新员工的采集、挖掘和整理后可成为企业品牌和文化建设的活水灵泉。

第四，将新员工的作品展示在企业内刊、官微、视频中等，在新员工培训过程中得到宣传展示，充分给予新员工展示个人风采的平台。

（二）设计方式

1. 眼观：企业印象——摄影大赛

所谓摄影大赛就是通过与企业相关的产品广告、产品实物、产品背景等影像记录一个个企业背后鲜活的人文故事。可以设计不同的主题，引导新员工用镜头在社会中看企业，感受企业的品牌度和美誉度。

2. 耳听：企业品牌——案例采集

每个企业从创立到逐步发展扩大的过程中，都有很多可以挖掘的闪光点，这正是新员工进一步了解企业的契机，而在这一过程中，新员工直接感受企业文化，与其观念产生碰撞与磨合，这对新员工的职业化塑造具有十分深远的影响。同时这些新鲜的市场案例经过新员工的采集、挖掘和整理后也会成为企业品牌和文化建设的重要来源，在这个双向影响的过程中，实现了企业文化的传播与沉淀。而采访收集的过程，还有助于新员工认识社会、了解社会。这种与人沟通能力的培养对新员工来讲是不可多得的经历。

3. 口说：人文情怀——演讲活动

在感知企业的过程中，新员工对企业的历史、人文了解逐渐加深，他们心中的感情需要一个抒发的平台，可以设置演讲比赛，让新员工尽情表达他们的所见所闻。

4. 笔写：个人感受——征文活动

为了让新员工正向表达加入企业的感想，可以设置征文活动，主题设置可以包括加入企业的感想、心目中的企业、个人职业规划等内容，亦可以将企业的发展与行业、国家的发展相结合。例如，在"中国梦""文化自信"的主题下，如何实现企业梦想，成就个人梦想等。这些题目带有明显的倾向性及引导性，在无形中帮助新员工尽快融入企业、树立主人翁意识与企业自豪感，引发新员工对企业发展的思考。

5. 思考：企业发展——市场调研

市场调研活动是新员工从专业出发，结合企业业务进行调研分析和标杆对比，确定自己的调研方向和主题的活动。市场调研活动的落脚点及根本任务是提出解决方案。以企业新员工市场调研活动为例，学习市场营销的新员工可以就企业产品的卖点进行营销调研，给出切实可行的市场策划建议；学习管理类专业的新员工可以从企业文化、管理规范等方面进行调查研究，提出改进建议等。

（三）整体工作计划与安排

1. 活动计划编制

企业进行活动方案设计，编制详细的活动计划，内容包括活动目标、活动安排、活动原则、活动评选与工作计划等。

2. 活动通知发布

为保证新员工接收活动方案，在招聘部门将学生分配到各部门后，督促各部门在通知新员工报到时间及地点时，提醒新员工在外部官网上查看活动细则，并进一步确定提交方式（邮箱、命名方式）及时间（一般在报到前一周左右）。为规范各部门通知内容，应编制通知模板，并要求发送回执。

3. 活动素材收集

在收集和整理过程中，要有意识地挑选一些有特长的新员工的素材，为后续开展更多活动进行储备，挑选后具体使用与实际活动相结合。比如，各部门收回本单位员工作品后，评选出各类别（征文、摄影、市场调研）参与评选的前10%新员工名单、作品，陈述推荐理由，填写评选单。在综合培训前1周至2周提交培训部门，由培训部门组织进一步评审，最终评选出各类别1等奖至3等奖（综合培训前1周左右完成）。

4. 活动成果运用

各类成果的后续使用非常重要，尤其是市场调研类文章，需要尽快发放到相关业务部门。市场调研类获奖作品在培训结束后应按照内容类别交给相关部门，由其确定价值，对于特别有意义、有创新性的内容可以在企业内部使用，并再次进行奖励。

5. 活动成果宣传

"从社会视角感知企业"活动的获奖作品主要用于新员工培训期间的宣传及后期新员工专刊的稿件供应。所有获奖人员根据加分明细进行相应的加分，纳入综合考评。培训期间，将获奖作品展示到教室中，展示信息包含姓名、部门、获奖理由等。

6. 活动服务保障

由于很多新员工不了解活动要达成的目标，可以通过以下方式加以保障：

（1）推送媒介加以引导

在新员工微信平台、微信视频号、数字化学习平台上进行历年优秀作品、内容引导、方法技术的小贴士、相关内容辅导的推送，确保新员工了解目标要求，掌握必备的方法工具（如《如何选择有意义的课题》《如何抓住时长精彩瞬间》等）。

（2）对新员工加以引导与管理

培训部门在前期挑选的名单上重点关注部分新员工，可以要求他们精益求精、反复修改、持续创新。同时，亦可组织新员工宣传团队纳新活动，对其分配相应的工作，更好地辅助企业培训管理团队的工作，将新员工的各种成果得以展示。

（3）对新员工及时评价与反馈

培训部门及时对他们的成果进行评价并提出好的建议，让他们进一步挖掘出更好的内容与素材。

> **小贴士**　从社会视角感知企业，引入"翻转课堂"、数字化学习等学习平台，充分了解校园人才入职前的迷茫期，进行学习导入，帮助校园人才有目的地学习与企业相关的知识。充分利用新媒体宣传平台进行活动要求的推送，同时还可以辅以操作指导与往届校园人才的优秀作品展示。

二、从综合培训认知文化

入职培训的意义在于通过系统、规范的培训，使新员工了解企业的企业文化与运营流程，首次向员工系统展示企业全貌并提出要求，帮助新员工调整心态，了解职业通道，培养正能量，为下一阶段培训做好身心准备。入职综合培训是首次对新员工进行的正面熏陶，这关系到新员工对企业的认可程度，也为新员工如何看待企业奠定了基础。这一阶段可以采用多种形式相结合的方式，如军训、拓展、文化及职业化课程培训等。绝大部分企业十分重视这一阶段的集中培训。

（一）活动总体设计及安排

综合培训主要由四部分构成：拓展与军训、职业化塑造、集中培训、成果汇报，如图19-3所示。

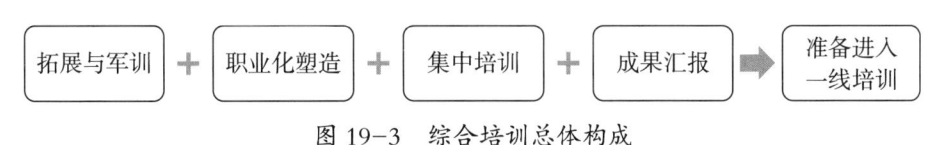

拓展与军训 ＋ 职业化塑造 ＋ 集中培训 ＋ 成果汇报 ➡ 准备进入一线培训

图19-3　综合培训总体构成

（二）资源配置与管理

1. 场地选择及时间安排

表 19-1　场地与时间

序号	项目	实施要点	备注
1	场地选择	尽可能地选择封闭场地 后勤服务保障如住宿、食堂、教室容纳人数等	
2	时间安排	避免培训场地的冲突 避免培训时间与企业重大活动产生冲突	

2. 讲师及课程准备

表 19-2　课程与讲师

序号	项目	实施要点	备注
1	课程设置	与培训主题相关 最能够体现企业优势及整体特色 符合新员工认知水平	
2	讲师安排	授课技巧熟练的讲师 有一定的工作年限，专业课程讲师尽量选择中高层管理干部	
3	拓展项目	贴合培训主题 活动设计充实，全员参与 安全有效	

3. 管理团队及培训用品准备

表 19-3　人员与资源配备

序号	项目	实施要点	备注
1	团队成员	管理团队如何构建（班主任、常驻人员、轮值人员等） 医疗、用车、管理团队的准备	
2	班主任	班主任选择负责任、有管理方法的管理者担任 有一定工作经验	
3	培训教材	封面设计、内部构图及内容设计	
4	培训穿着	统一、美观、适合军训及拓展 型号齐全、舒适、可换洗	

续表

序号	项目	实施要点	备注
5	生活、学习及办公用品	综合培训期间日常使用、临时工作需要等	
6	宣传物料	培训展出的内容 摆放方式与展出位置 数字化学习平台后台设置与应用管理	

（三）操作要点及注意事项

1. 开营准备
对开营仪式会场进行会前检查，确保音响、议程等正常使用。

2. 团队管理
授权管理团队利用前期编制的工作人员手册进行行为约束。

3. 拓展训练
由拓展企业组织训练，注意新员工的人身安全，准备应急预案与其他应急药品。

4. 军事化训练
由教官组织训练，提前进行应急措施及预案准备，准备常备药品以防室外训练中暑。

5. 讲师调度
考虑到内部讲师本身有自己的业务量，因此应提前和讲师进行沟通，按时进行上下课时间和地点的提醒。

6. 课堂管理
授权班主任维持课堂秩序，明确管理原则及奖惩方式。

7. 课后测试
组织考试并进行综合成绩评价。

8. 成果汇报
会场布置与设备检查、会议安排等。

（四）培训评估及总结

表 19-4 培训总结

序号	项目	内容	操作要点
1	评估报告	总结培训项目及成果	对问卷进行回收、统计、分析 对讲师、课程、组织、成果创新、存在问题等进行总结 提出下一步改进措施及计划

续表

序号	项目	内容	操作要点
2	感谢信及感谢活动	对所有参与项目的人员发送感谢信	授课讲师感谢信 参与项目的相关人员：评委、医生、相关领导等 班主任感谢信及研讨会

（五）项目宣传

1. 平台推介

充分利用微信公众号、微信视频号、数字化学习平台等对新员工活动进行持续的报道，事先规划各期主题，在综合培训期间出版 8 期至 10 期，可以包含以下内容：

新员工入职前：

第一，新员工"五步成长"培训计划。

第二，报到前的准备、安全提示。

第三，致新员工的一封信。

综合培训期间：

第一，开闭营仪式报道。

第二，班主任与管理团队介绍。

第三，拓展训练与军训掠影。

第四，"从社会视角感知企业"优秀作品推送。

2. 场地布置

第一，条幅：操场、教学楼大厅。

第二，展板：活动主题、企业文化等（教学楼大厅）。

第三，优秀作品展示：教学楼大厅及各班教室。

第四，公告及班级展示：各班教室。

> **小贴士**　这一阶段的培训是入职培训的重要组成部分，可以采取"混合式学习"的方式代替单一的课堂学习，营造"体验式"与"研讨创新"的学习氛围，将同质化的培训做出企业特色。

三、从一线实习初验能力

让新员工了解企业的价值创造环节，直观感受企业产品价值所在，对新员工企业价值观的建立具有十分重要的意义。因此，企业需要设计新员工的一线培训环节，从一线开始践行。国内很多大型集团化企业，包括一汽、海尔等，十分重视新员工一线培训，并将这一阶段的培训制度化、流程化。

一线实习主要内容涵盖理论培训（时长可根据实际情况制定），包括通用知识、工厂管理知识与产品及制造知识。其中，通用知识包括员工行为规范、安全教育、消防安全教育等；工厂管理知识主要是与工厂相关的组织架构、职能职责，以及劳动纪律和休假管理；产品及制造知识包括产品工艺、生产流程、质量监督、现场管理等。

实操培训，可划分为三个步骤，即观摩学习、顶岗学习、轮岗学习。每个环节均设定明确的培训目标和内容，并且在每个阶段设定明确的过关条件。

鼓励一线创新改革。企业可以制定创新改革激励办法鼓励他们在一线主动参与改革，通过奖励，激发他们的动力。具体的实施步骤如下：

（一）总体安排

第一，时间安排：6个月（可根据实际情况进行安排）。

第二，培训地点：一线生产车间。

第三，培训目标：通过一线生产培训，熟悉现场管理知识与岗位技能，认识企业制造文化和产品工艺流程，磨炼意志，提升专业素质，顺利完成角色转型，如表19-5所示。

表19-5 一线培训时间安排

阶段	项目	主要内容	月度目标					备注
工厂实习	制造管理知识导入	生产安全培训、工艺产品知识培训、生产线观摩	理论授课					
	顶岗实习	掌握工艺流程和本岗位的作业规范，体验一线员工的工作内容和劳动强度	顶岗作业实习					
	轮岗实习	掌握新的岗位的作业内容、工艺流程				轮岗实习		
	一线管理辅助实习+改善提案	辅助班组长现场实习，工序改善提案，掌握解决问题的方法					改善提案	
过关测试		根据不同阶段的实习内容组织理论考试、技能鉴定、改善提案评比	理论知识考试	上岗证取证	技能鉴定		改善提案评比	
其他培训形式	职业化课程	压力管理、目标管理等职业化课程	课程					
	精益制造大赛	作业实践知识大赛、操作技能大赛、精益制造改善提案成果展示		实践知识大赛		操作技能大赛	改善提案成果展示	

（二）总体原则

1. 安全第一

各部门需建立安全管理制度，并组织安全教育培训，保障新员工一线培训期间的生产、生活、交通安全与人身财产安全。

2. 全员参与

任何单位不得以任何理由抽调新员工脱离一线培训，任何员工个人不能退出一线培训。

3. 精益管理

各部门要严格按照精益制造理念来培训新员工，制订详细的培训计划，确保培训效果。

4. 末位淘汰

各部门需建立一线培训考核标准及末位淘汰机制，对于各阶段考核不达标的新员工可进行末位淘汰。

5. 培训工厂全权负责

培训工厂全权负责新员工一线培训的纪律与管理，委托方应充分信赖培训工厂的培训计划与考核机制，对相关事件有知情权和参与权，但不可越级管理。

（三）培训模式及考核流程

1. 培训模式

培训模式主要是理论学习与生产培训相结合，其中理论学习为期1周左右，通过观摩培训后再进入正式的顶岗与轮岗培训，如表19-6所示。

表19-6 一线培训内容安排

阶段细分	基准目标	实习内容	实习形式	考核模式
导入式实习	理论考试成绩达到75分以上	1. 生产安全知识教育 2. 车间精益制造知识、产品与质量管理知识培训 3. 生产线观摩，操作技能知识讲解	集中培训生产线观摩	理论考试
顶岗实习（岗位1）	掌握本岗位的标准作业流程	1. 在固定岗位顶岗作业，完成本岗位标准作业，达到该岗位所要求的质量且节拍达标 2. 学习了解其他岗位技能操作要点，了解车间精益制造流程	顶岗作业	车间评价

续表

阶段细分	基准目标	实习内容	实习形式	考核模式
初级工技能鉴定（岗位1）	达到初级工技能鉴定标准	通过实习岗位初级工技能鉴定（理论知识部分采用数字化学习平台）	理论+实操考试	技能鉴定考核
轮岗实习	1.掌握本班组另一岗位的标准作业流程 2.承担班组改善课题，提高解决问题的能力	1.轮岗作业，完成另一岗位标准作业，达到该岗位所要求的质量且节拍达标 2.在轮岗实习期间配合班组长撰写精益制造改善提案	顶岗作业改善提案	车间评价
精益制造改善提案	改善提案获批	修改完善精益制造改善提案，优秀改善提案成果展示	发布改善提案	成果答辩

2. 培训流程

（1）关键考核点

新入职校园人才通过在生产班组顶岗作业，掌握本班组工艺流程和本岗位的作业规范、质量标准，体验一线员工的工作内容和劳动强度，独立完成班组内一个岗位的作业内容，达到初级工达标要求。在此基础上，学习掌握其他工序的标准作业方法，并配合班组长开展现场管理、作业优化或进行精益改善。

（2）考核流程图

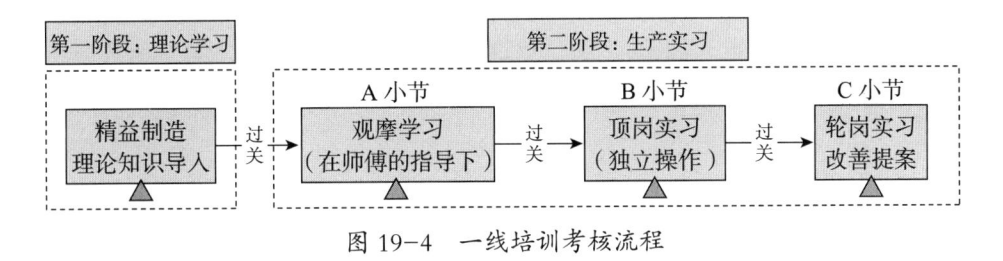

图19-4 一线培训考核流程

（3）考核标准

生产一线培训期间，主要通过理论考试、技能鉴定和改善提案三部分考核新入职校园人才。考评分数前5%的新员工全企业通报表扬并激励；未达到初级工技能鉴定标准的，再继续培训2个月。重新考核合格后，进入专业岗位培训，若仍不合格，则纳入车间技能工人管理序列。

（四）组织分工

各部门建立培训管理小组、安全执行小组和思想生活小组，委托培训单位将安全执行小组设在受委托工厂，具体安排如下：

1. 培训管理小组

委托单位制订本单位的新员工培训计划，做好培训准备、协调处理相关事宜，组织第一阶段的集中培训、生产线观摩和理论考试，每周定期检查培训的执行情况，安排职业导航和相关管理专业知识培训。

2. 思想生活小组

每月定期组织新员工座谈会，了解新员工的思想动态，解决培训中遇到的困惑和问题。

3. 安全执行小组

确定可容纳培训的车间班组和培训人数，将新员工分配至各工位，并为新员工安排指导老师，且负责每月的定期评价、落实技能鉴定。

> **小贴士**
> 从一线了解企业，是最直观的学习方式，也是对校园人才巨大的考验，因此，为实习设计清晰的培养模块相当重要。应注重理论与实操培养，鼓励校园人才进行改进，通过成果创新"反哺"一线，促进企业文化沉淀。

四、从上岗培训验知技能

新员工经过粗加工就好像是原料木材，只有通过进一步的加工磨炼才能成为栋梁。新员工在了解文化、管理、运营的基础上，还需要深刻理解工作流程，通过观察或操作去发现工作流程中的疑点，因此，"岗位培训"成为新员工培训必不可少的环节，这是新员工定岗前为岗位集中做准备的阶段。

（一）培训方式

按照学习方式的不同，岗位培训一般有两种形式：导师辅导法和自主学习法。

1. 导师辅导法

导师辅导法，顾名思义，是给新员工指定导师，在新员工的培训过程中制订培训计划，对新员工进行辅导，帮助新员工掌握基本技能。导师可以是一个人，也可以是组建的专项培训小组。

2. 自主学习法

自主学习法，并不是对新员工放任自流，而是通过给新员工布置工作项目或课题，督促其通过自主学习、向老员工请教等方式自行解决问题并推进项目。在这一过程中，不对项目本身进行直接指导，而是列出需要学习的相关内容，定期检查并进行反馈，同时对新员工的学习成果给予及时的肯定或纠正，激发其潜能。

以上两种培训方法的运用应结合新员工的个性和心理特点，按照岗位训练的不同阶段展开，重点是塑造新员工的心态，培训其职业价值观和思维模式，传授其工作技能和方法，形成良好的职业习惯和素养。

（二）培训模块

岗位培训不同于前三阶段的培训，在此期间，新员工对相关岗位的培训需求有了较明显的区分，不同职业目标与意向的员工需要考虑不同岗位知识图谱所需的专业知识技能与工作信息等。因此，在岗位培训期间，培训部门不仅要注重通用能力的培训，还要有目的地进行岗位职能职责的学习，并且通过这一系列的培训，达到相应岗位的任职资格初级要求，如图19-5所示。

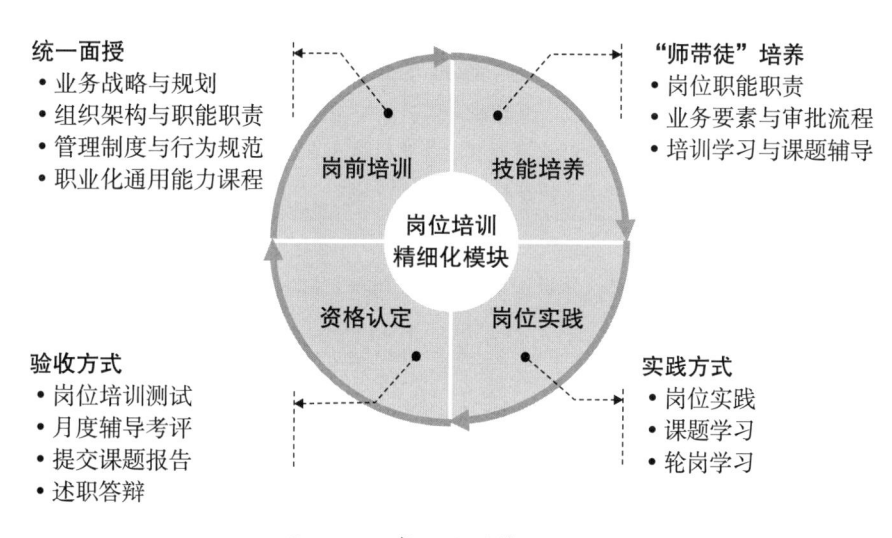

统一面授
- 业务战略与规划
- 组织架构与职能职责
- 管理制度与行为规范
- 职业化通用能力课程

"师带徒"培养
- 岗位职能职责
- 业务要素与审批流程
- 培训学习与课题辅导

岗位培训精细化模块：岗前培训、技能培养、岗位实践、资格认定

验收方式
- 岗位培训测试
- 月度辅导考评
- 提交课题报告
- 述职答辩

实践方式
- 岗位实践
- 课题学习
- 轮岗学习

图 19-5　岗位培训精细化模块

（三）整体工作计划安排

1. 培训目标

（1）引导新员工进一步了解部门文化，学习部门经营目标、组织架构、业务类别、岗位目标等。

（2）帮助新员工明确岗位职能职责、熟悉工作流程，培训实际工作所需的知识和技能。

（3）学习了解岗位相关专业知识、工作技能，加强新员工职业技能的培训与锻炼。

2. 培训原则

（1）分级管理：培训部门制订培训方案，各部门自行安排岗位培训。

（2）导师辅导：采用"师带徒"模式，导师指导新员工制订计划，监督完成情况，做好月度面谈辅导，并且直接对新员工安全负责。

（3）结果导向：重视知识与技能的掌握与运用，通过混合式的学习方式进行培训，考评合格后进行资格认证。

（4）过程管控：做好充分的岗前准备，按计划完成各项工作，做好月度考核，按要求提交相关材料，并且做好培训记录归档。

3. 培训内容

表19-7 岗位培训内容

模块	基准目标	培训内容	培训形式
通用知识技能	了解企业的组织机构、业务架构要素、部门相关制度和办公软硬件使用	1. 企业政策制度：组织机构、业务架构、业务要素、相关制度的规定内容 2. 基本技能：Word、Excel、PPT、OA、即时通软件、打印机、复印机等工具设备应用 3. 部门业务流程：本部门的业务流程、政策制度及相关上下游部门的业务	集中培训+数字化学习平台+自学
岗位职能职责	掌握本岗位的职能职责、工作计划、业务审批流程	岗位知识图谱、岗位职能职责相关的知识和技能	指导学习
任职资格标准	学制岗位所属序列的一级预备等要求的必备经历和结果产出	序列任职资格一级预备等相关的实践要求	岗位实践

> **小贴士**　岗位实习应以岗位知识图谱为基础，以岗位的应知应会为导向，重视知识与技能的双向培养，可以重点采用"师带徒"的方式辅导等，并且对校园人才在该阶段的表现进行观摩评价。

五、从岗位追梦职业人生

新员工的培训要"推拉"结合，所谓"推"就是各项针对新员工的培训；所谓"拉"就是学习的牵引力，通过考评或认证牵引新员工自主学习，帮助他们成为合格职业人，在工作中崭露头角、散发光芒，如图19-6所示。

认证内容

- **通用技能的认证**
  - 通用技能，主要包含三个方面：公司政策制度、办公软件及工具使用基本技能、部门业务流程
- **岗位技能的认证**
  - 岗位技能，主要是该岗位知识图谱任务标签、岗位的职能职责、工作计划、流程管理、模板表单等

认证方式

- 述职答辩评价
  - 述职答辩是通过对职责描述制度流程所做的工作举证的方式来认证是否能够胜任岗位
- 培训总结评价
  - 实习总结的方式适用于研发类岗位资格认定
- 调研报告评价
  - 根据实际的培训内容写出调研报告

图 19-6　上岗认证内容与方式

（一）认证内容及原则

1. 先培训，后考核，再认证

上岗资格认定遵循"先培训，后考核，再认证"的原则，是所有新员工在岗前培训、一线培训和岗位培训之后、转正之前需要接受的能力素质评估。通过标准考核，对新员工的能力素质进行多维度的评估，达到标准后，将由企业统一对新员工进行资格许可认定。

2. "考试—导师评价—部门评价"三位一体

上岗资格的认证，同时还取决于一对一导师和部门领导、同事方面的评价，这种"考试—导师评价—部门评价"三位一体的认定原则更具灵活性，也更容易挖掘新员工的多方位潜能。

认证的内容主要包含通用技能的认证和岗位技能的认证。通用技能主要包括三个方面：

第一，企业政策制度。

第二，基本技能，Word、Excel、PPT、OA、即时通软件、打印机、复印机等工具设备应用。

第三，部门业务流程，包括本部门的业务流程、政策制度及相关上下游部门的业务。岗位知识图谱任务标签、岗位技能的认定，主要涉及该岗位的职能职责、工作计划、业务审批等。

（二）认证方式

认证需要根据不同的岗位特点选择合适的方式，常用的方式有以下几种：

1. 述职答辩评价

述职答辩常用于管理类岗位的资格认定，如人力资源、金融服务、法律与知识产权等。在岗位培训中，新员工需要对职能部门的工作制度和流程熟练掌握并能独立担任工作。

2. 培训总结评价

培训总结的方式适用于研发类岗位资格认定，培训总结中应包括产品性能测试报告等内容。

3. 调研报告评价

调研报告主要用于营销类岗位的资格认定，新员工前期通过对市场的调研，了解产品知识、销售流程以及市场一线经销商和服务商。因此，需要根据实际的培训内容写出调研报告。

> **小贴士**　培训部门真正把握校园人才的需求，注重其独特的用户体验，并且不断完善培训方案与思路，才能有的放矢地帮助校园人才迅速融入企业。

第二十章
数智化时代的培训业务

当前,各种新兴名词层出不穷,新理念、新技术的迅猛发展,知识爆炸一天比一天剧烈,超乎人们的认知和想象。面对大数据的爆发式增长和新兴媒介的快速发展,人们的学习也必然发生深刻的变化,瞬间进入"知识爆炸"的时代,如何快速获取、筛选、学习和应用知识成为重要课题。

本章导读

- 数智化时代培训业务表现出哪些新的发展
- 数智化时代培训业务如何跟上企业创新发展
- 数智化时代企业的学习生态系统应该如何有效构建

面对如此艰巨的挑战，打破传统学习方式的桎梏是第一步。记录学习过程、识别应用场景、感知学习场景、链接企业和社群等都将成为新时期智慧学习的重要特征和发展方向。智慧学习环境正在经历从 E-learning 向全方位的移动学习和数智化学习等方向发展。

第一节　E-learning——企业数字化学习 1.0

一、E-learning 的概念

E-learning 可以译为"数字（化）学习""电子（化）学习""网络（化）学习"等，已经不是一个新概念。它最早在美国 On-Line Learning 大会上被提出，并在教育研究者、知识管理专家、E-learning 平台和内容开发者的共同研究下得以快速发展。当前教育和培训界的普遍共识是，"E-learning 是一套完整的学习资源库，更辅以相关的知识管理、学习管理等辅助系统，目的在于为学习者提供学习服务"。

从美国教育部 2000 年的"教育技术白皮书"中，我们可以不断厘清 E-learning 的概念：

第一，E-learning 是一种有效的受教育方式，包括新的沟通机制以及人与人之间的交流互动。这些新的沟通机制是指：因特网、多媒体、专业内容网站、信息搜寻、电子图书室、数字学习课程与网络学习等。

第二，E-learning 指的是通过因特网进行教育训练与培训等相关服务。

第三，E-learning 提供了随时随地学习的可能性，从而为终身学习提供了落地的方法。

第四，E-learning 改变了教师的作用和师生关系，从而改变了教育训练的本质，"培训"不再是单向传递，而进化成了师生之间互动交流的双向沟通。

第五，E-learning 是为学员提供灵活的思考模式和分析能力训练的重要途径。

第六，E-learning 可以很好地实现某些特定的训练目标，它不能完全替代传统的课堂教学，但会极大地改变课堂教学的目的和功能，最大限度地释放课堂时间。

第七，E-learning 的创新学习模式，使学员不论何时、何地都可以利用互联网直接链接至学习平台进行学习，对于课程中的不懂之处，也可以反复练习。特别值得一提的

是，学习过程中的学习记录将让学习过程一览无余。

二、E-learning 的特点

E-learning 自教育培训行业发展、流行以来，就因其具备了技术化、自主化、多样化的特点，取得了快速技术突破和学习实践的发展。

（一）技术化

计算机和互联网是 E-learning 最重要的特征和技术基础，正是由于有了这样的技术背景，才极大地方便了资料的及时更新、知识数据的分发共享、学习过程的互动体验等，而且随着智能终端技术接入移动互联网，技术的发展将不断使 E-learning 学习的内涵和方式获得进化。

（二）自主化

学习的终端是学员，受训者可以根据自己的时间自主安排学习的进度，根据自己的需求安排学习的内容和过程，E-learning 帮助学习者突破了培训的局限，变成了一项以学习者为中心的自主行为。

（三）多样化

为满足学习者对知识体系的学习需求，企业和教育培训机构会定制开发多维度、多层次、多专业的线上学习资源，覆盖学习者所在行业、企业、专业的方方面面，这些丰富多彩的学习内容能实现快速规划、定制开发和管理，前所未有地丰富了学习内容，并便捷了学习内容的获取。

（四）实战化

E-learning 作为一种互联网时代的学习手段，企业可以将其作为独立的方式组织学习，更需要与其他培训和学习方式搭配起来使用，如在关键人才培养项目中，E-learning 可以与书籍学习、课堂学习、社群学习、行动学习等其他方式进行混合设计。一方面，E-learning 可以充当翻转课堂的"知识先行军"；另一方面，企业可以根据业务场景设计实战化的在线学习模块，通过"在线教""在线练""在线核"等环节强化学习效果和实用目的。

（五）一致化

在传统的授课过程中，受老师和学员授课与理解水平的影响，信息在传递过程中会出现衰减甚至走样，而通过网络的学习则能够最大限度地保证知识的及时性、准确性和全面性。比如，企业核心价值观的培训，如果企业能将核心价值观制作成标准、规范的视听内容放在网上，学员就无须讲师讲解和转述，接收第一手的学习资料，确保企业上下获得一致的信息。

（六）档案化

通过网络技术和智能硬件设备，学习者的所有学习活动过程被 E-learning 轻而易举地记录和保存了下来，它比纸媒时代很多企业建立的"学习档案"能够保存得更为详细、更为长久，这些档案当下可以成为评估学习效果和获得培训需求的分析依据，今后也可以作为追踪上岗资格认证和职业生涯发展的见证性资料，帮助企业更好地进行人才的盘点和发展。

三、E-learning 遇到的问题和挑战

近年来，E-learning 经历了从不成熟到成熟的过程，在发展中也遇到了一些问题和挑战，主要表现为以下几点：

（一）发展受技术的限制

E-learning 的概念提出比较早，但发展一直不温不火，究其原因在于它受技术发展的限制比较大。一方面，E-learning 平台底层建构技术的发展不够成熟和完善，无论是网络基础技术、功能开发，还是网页的体验设计都十分落后和粗糙；另一方面，课程内容的制作技术一直以来也是短板，课堂内容大多数是像素不高的视频或者是 PPT 的录播课程，直到普及了一些动画、高清视频、直播等新的课程制作技术后，情况才有所好转。

（二）平台建设周期长、投入费用高

早期云平台相关技术并不十分成熟时，很多企业是搭建自己的学习系统，完成系统规划、开发和上线，短则四五个月，长则一两年，企业往往需要投入较高的成本才能建立自己的 E-learning 学习系统。

（三）未获得足够的重视

企业建立 E-learning 学习平台后，因其学习过程相对枯燥、课程内容利用率不高、知识更新过慢等，很难得到企业和学习者足够的重视和应用，于是沦为摆设。

（四）培训管理者缺少有效运营手段

要想将 E-learning 重新盘活，必须在平台技术、内容开发和 O2O 的学习运营等方面加大力度，企业要像经营业务一样去提高平台的知名度、增加精品课程的曝光度、增

加平台应用度等，不断提升平台的价值和作用。

（五）企业人才发展中心咨询与 E-learning 技术未能有效融合发展

企业人才发展中心是实现人才发展的最佳实践载体，而 E-learning 则是承载企业人才发展中心实践最为有效的信息化手段。然而，这两个咨询技术领域一直缺乏交集，而很难有效地结合，由于中国企业的管理基础往往较浅，并且较习惯于采购整套解决方案，早期从事 E-learning 的中国企业在这方面的能力薄弱，而国外企业由于高度的专业分工，也只有 IBM、埃森哲或甲骨文等拥有技术背景的咨询服务机构才能够提供整体服务，咨询能力的不足也导致了 E-learning 发展的不均衡。

第二节　移动学习——企业数字化学习 2.0

E-learning 经历了 20 多年不温不火的发展，一直难有大的突破，直到近些年智能手机、iPad 等移动终端技术的进步和产品普及，人们一步迈进了移动学习时代，出现了"移动学习"。移动学习并不是要"革了 E-learning 的命"，而是与 E-learning 相融合，为企业的线上学习带来新的发展。

一、移动学习的概念

移动学习（Mobile Learning），是一种在移动设备帮助下能够在任何时间、任何地点发生的学习。它的发展主要依托于移动通信技术（4G/5G……）、移动通信智能终端（智能手机和 PAD）和蓝牙、IEEE802.15 等无线通信技术和协议。移动学习是未来学习不可缺少的一种形式，目前已经被越来越多的企业使用。

二、移动学习的特点

（一）随时随地可学习

移动学习可以打破传统线下培训或者 E-learning 对学习时间和空间的限制，学习变得无处不在、无时不能。移动学习完全可以在非正式的场合发生，学习的时间也可以更加灵活——我们可以看到有多少人在地铁上使用手持移动设备获取各种知识。

（二）知识点简单实用

因为要满足随时随地学习的需要，移动学习提供的知识内容不再像传统大课那样丰富、系统，更多的是以独立知识点的方式呈现，且知识点必须凝练、简单和实用，这样学习者才能利用碎片化的时间轻而易举地掌握某个技巧和方法，并为自己的工作带来切实的帮助。

（三）从碎片化到体系化

学习的碎片性是移动学习的又一大特点，这种碎片性为学习者提供了学习的便利，主要体现在两个方面：一是学习时间碎片化，乘车、等待、睡前等各种零散时间都可以用来学习；二是内容碎片化，各种知识、技能、资讯都可以一个个地学习掌握。但碎片化也需要向体系化方向发展：碎片化学习需要学习者养成坚持学习的习惯，将碎片化时间拓宽和延长，变成持续的行为习惯；体系化学习需要学习者做好学习专题的规划，要有目标、有步骤地学习，尽可能将碎片化知识串起来、用起来。

（四）交互学习体感好

移动学习可充分利用移动设备的交互基本功能，实现信息的双向甚至多向传递、交流，学习者与授课分享者、直线经理及企业培训管理者都可以在移动学习系统中进行沟通和交流，更好地构建从个人学习到团队学习的系统和生态。

（五）从被动学习到主动学习

在传统培训中，学习者是被动参加学习的，而且很多学习项目设置了明确的学习时间、学习纪律、达标验收等方面的要求，学习者缺少自主的规划和自由选择。而移动学习则更多地体现了学习者的自主行为，学习者可以设计满足自己需要的个性化学习方案，无论是"扬长"还是"补短"，都可视自身情况而定。移动学习能有效弥补传统课堂需要跟讲师面对面带来的压力，对于一些性格相对内向的学员来说无疑是一个好的学习方式，学员可以与老师单独交流，也相当于另一种形式的"面对面""一对一"，可以极大地释放学习的积极性。

三、移动互联网趋势下的培训新特征

互联网从一出现就开始迅速发展，现在人们的生活中，随处可以看到互联网的影子，未来的世界必然是互联网的世界。企业在这种新趋势下，要把握住机会，快速转型，方能获得快速的发展。在移动互联网趋势下，培训业务又呈现出哪些新特征？培训又如何实现"互联网+培训"的有机融合？让我们在互联网的特性下，一起畅想培训模式的改变。

（一）移动互联网趋势下，培训三种能力的新运用

传统的培训要求我们至少具备三种能力：讲课的能力、开发课程的能力和培训运营管理的能力。在移动互联网趋势下，我们可以运用哪些新工具、新方法，玩转传统培训

呢？第一，社群运营能力，即能不能让粉丝玩起来；第二，多媒体制作能力，让培训内容成为可听、可视的多媒体产品；第三，爆点营销，即会不会引爆一个问题、带动人气，让客流量上来，并且让人在不知不觉中传播信息。有一句话叫"饭前不拍照，根本做不到"：不是只有来吃饭的人才叫用户，真正的用户是还没吃就先把照片传出去的人。可能朋友圈、短视频中一百个人觉得这个店挺好，下回也要去，于是一个人带了一百个人，这种用户，才是真正的用户。

（二）线上、线下培训一站式管理成为可能

在企业培训中，线下培训仍然占据主导地位。因此，企业必须兼顾线上培训与线下培训的平衡，这就对企业的培训管理提出了更高的要求，在线学习平台使得企业线上、线下培训一站式管理成为可能。员工能力管理贯穿个人整个职业生涯，学习是自己的事情，每个人都应该为自己的能力负责。企业提供的学习培训是基于业务的，但每个员工自身的能力管理和学力管理与之终身相伴，这将催生出针对个人的专门学习平台的建立。

（三）学习碎片化

企业碎片化学习的产生和发展的原因除时间有限外，人们需要用最短的时间发现信息、学会方法、找到答案。碎片化学习需要提供一种快速响应的学习体验，类似网页搜索引擎一样，输入问题，很快就能得到相关的答案。IDC 的一项调查统计显示，知识型工作者要花 25% 的工作时间搜索信息，应对难题时，用来"搜索"问题解决方法的时间可能会更长。意识到这一点的企业开始尝试"节省"搜索时间的方法。员工在遇到工作上的问题时，可以去相关知识库中寻找相对应的资料，尽可能便捷地解决问题，也是碎片化学习产品未来的一个重要发展方向。

四、移动学习的发展挑战

移动学习为学习带来了创新和便利，但随着移动学习在教育和培训领域的不断发展，也出现了一些问题和挑战：

（一）移动学习系统的技术

移动学习特别倚重移动计算机技术、网络技术、多媒体技术和内容制作技术等的发展，而这些技术还有待于进一步发展和突破。

（二）移动学习的内容开发

当前，对于行业通用课程内容的开发比较多，而对企业特有知识和内容的开发

还有很大的不足，这一方面是因为企业对它缺少重视和相应的投入，另一方面是因为企业在技术和人才储备方面也有差距。因此，移动优先设计应该成为各类企业和机构在内容开发中的重点，所有的课程和学习内容要首先假设其主要学习方式是移动学习。

（三）移动学习的项目运营

在学习领域有一个"7-2-1"法则，即一个人能力的提升70%是从工作实践中获得的，20%是从跟他人学习中获得的，只有10%是从正式的课堂学习中获得的。移动学习能够有效地突破课堂限制，将业务场景、社群互动及课堂学习整合起来，但在这方面，多数企业做得还不够，需要以移动学习为主线进行学习项目设计，而不是仅仅将移动学习作为一种补充手段。相反，线下学习才应该成为在线学习的一部分。

（四）移动学习的成果转化

移动学习因为碎片化、自主化、离线化等特点，在学习成果的转化方面没有传统培训课堂方便设计和实施，因此移动学习成果如何转化也是需要重点思考和策划的。

第三节　数智化学习——企业数字化学习 3.0

AR（Augmented Reality），增强现实，就是将真实环境和虚拟的物体实时叠加到同一个空间或者画面中，令使用者充分感知到并操作虚拟的立体图像。AR应用于学习后，就超越了知识学习本身，更多地发挥了操作和练习在学习中的作用，这一点是E-learning和M-learning做不到的。在AR仿真学习场景中，以AR技术刺激学习者的感官，加强与虚拟"真实场景"的全方位互动，使学习者有了操作练习的便捷性、安全性和真实性，将极大地刺激和推动知识技能的掌握。

Deep Learning，深度学习，源于人工神经网络研究，是含有多隐层、多层感知器的一种深度学习结构。深度学习是机器学习中一种对数据进行表征学习的方法。

如果说数字化学习1.0和2.0阶段还是以人为主体的学习，那么到了数智化学习的万物互联数字化学习3.0阶段，机器学习便会成为新的发展趋势。

一、游戏化

通过游戏来学习获得较快的发展，游戏化学习的目的是增强学习的乐趣和吸引力。研究表明，视频游戏能增强手眼协调能力，提高学习者的学习兴趣，正式的游戏化学习可以通过积分、勋章、排行榜等激励体系，通过学习场景的故事化、任务化设计，通过对学习内容的趣味化、模块化开发，推动学习者全身心投入学习的过程，完成学习任务，实现课程目标。

二、云

目前，移动学习系统正从自持服务器向云系统切换，企业数字化学习系统上的"云"，一方面可以让学习的速度更快、更稳定，另一方面可以承载更大数据的知识形式和知识内容，从而可以极大地释放企业服务器的存储空间，降低数字化学习平台的成本。

三、大数据

在如今的移动学习中，学习者将会产生大量的数据，这里既有从系统流向学习者的知识体系，也有因为学习者的学习活动和互动而产生的数据，海量的数据在学习过程中生成。这些数据通过学习系统收集和保存了下来，不仅清晰地反映了学习过程，可以方便任何时间的追溯，也可以通过数据本身对学习目标、学习内容和学习方式的反向定制，推动组织定制化推荐适合专属的丰富学习内容。

四、可穿戴技术

未来的数字化学习也将进一步结合人工智能、3D打印、穿戴设备等技术。这些设备不仅是硬件，更能通过软件支持及数据交互、云端交互来实现的强大功能，通过可穿戴技术实现学习，将是人类认识世界的新武器。

五、万物互联、万物智能、数智化时代，开启深度的智慧学习

此阶段的学习已经突破人们的限制，生成式人工智能、通用人工智能等不断更新迭代，变成了人与人、人与机器、机器与机器之间的学习系统。随着各种技术的成熟，万物之间的学习生态开始形成，也势必推动数字化学习新时代的到来。

第四节　数智化时代的学习生态系统建设

大数据、智能穿戴、智能化的快速发展已对商业领袖们的思维和决策标准产生了重大影响。培训管理者也必须认识到这一点，并学会理解数智化在人力资本管理中发挥的作用，从而相应调整企业培训策略。

在数智化思维模式下，决策层越来越仰仗前期预测性的数据——主要侧重于绩效和

成果（包括涉及企业学习的投资）。虽然企业培训管理者无须成为定量分析的行家，却要学习数据、运用智能化工具分析的思维，并能够收集和使用绩效数据，以证明培训方案的有效性。例如，如何识别人才培养需求？如何设计具有针对性的方案？如何确保培训方案的有效执行？如何分析效果评估数据？如何应用数智化学习平台沉淀的相关数据？企业可以搭建学习生态圈，模型如图 20-1 所示。

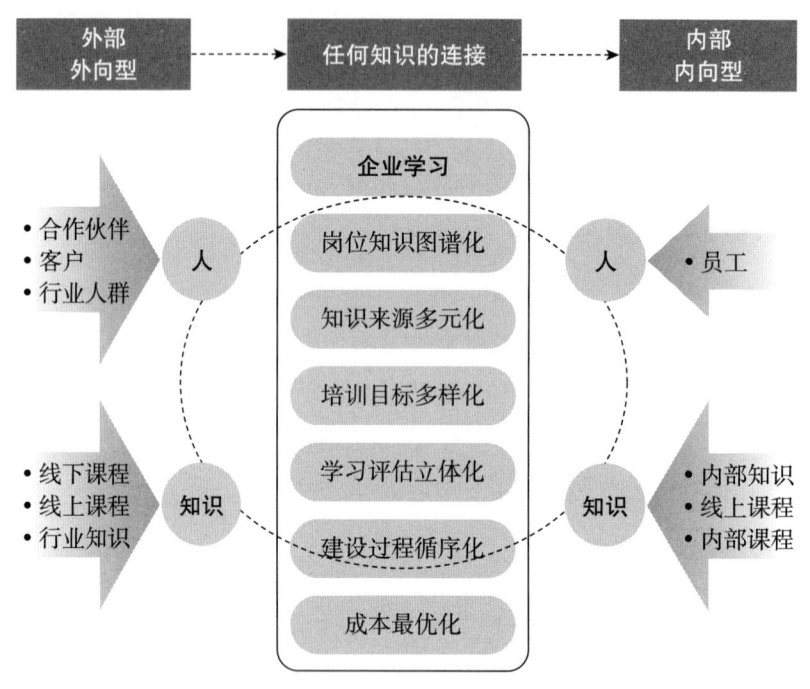

图 20-1　企业学习生态圈模型

后记　培训管理者悟

孔子周游列国讲学，用智慧和实践探索出许多教育主张和思想，是中国传统教育思想的宝贵财富，现今仍对我们的教育实践有着重要的意义。那么，作为一名人力资源管理者、培训管理者，更应该运用智慧去"悟"、去管理整体的培训业务。

根据2025年至2030年中国企业培训行业调研分析及未来发展趋势研判显示，培训痛点排名靠前的是：企业不重视培训工作，尤其微利或不盈利的企业，更是大大砍掉了职工教育经费预算；培训不接地气，不能很好支撑企业战略目标、业务发展目标；培训不能有效达成绩效改进目标；培训的结果无法衡量、培训效果无法短时间评估；无法短时间看到培训价值；人才培养体系不完善；课程开发与知识萃取等知识库建设满足不了内部需求；企业的数智化学习程度受制于企业经营能力水平……

悟1——有智慧

从企业角度来看，培训管理者应该以结果为导向，善于分辨"轻重缓急"，应该紧跟企业战略、业务发展、企业文化，去深度思考并找到系统的智慧解决方案，提高企业的核心竞争力，助推企业战略目标的实现、组织绩效目标的实现。例如，培训工作如何获得企业管理者的认可？如何获得业务部门的支持？如何让员工心甘情愿去参加培训？如何成为行业标杆？

悟2——有体系

从员工角度来看，培训管理者应该构建学习型组织、岗位知识图谱、人才培养体系等，让企业置身于学习的生态环境中，让员工学习更轻松、更简单、更便捷。以培训业务版图（图21-1）为例，企业可将培训业务版图分解为六大类——培训规划、培训"1+N"体系建设、培训资源建设及管理、培训运营机制管理、人才培养与发展、培训平台建设，具体可拆分为25个模块。例如，培训管理者可以根据战略目标、业务发展阶段、培训业务发展程度等，优先选择哪些工作推进？如何把每一层级人才培养项目做到体系化？

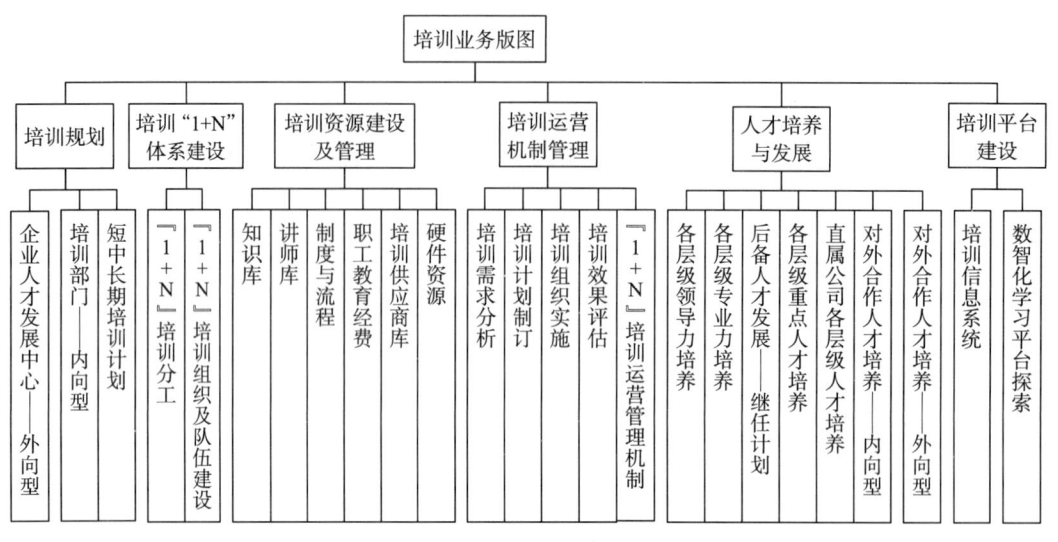

```
                                    培训业务版图
    ┌──────────┬──────────┬──────────┬──────────┬──────────┬──────────┐
  培训规划   培训"1+N"  培训资源建设  培训运营   人才培养    培训平台
             体系建设    及管理      机制管理    与发展      建设
```

图 21-1　培训业务版图

悟 3——有管理

从员工角度来看，培训管理者需要基于企业战略、业务目标、培训业务发展目标，夯实人才培养体系下的各个维度工作，包含但不限于岗位知识图谱、五大培训流程（培训需求调研、培训计划、培训组织实施、培训效果评估、培训总结与复盘更新）、四大培训资源（讲师库、课程及案例库、职工教育经费预决算、硬软件及数智化学习平台）、一整套培训管理制度等，保障各层级人才培养可以精准找到适合自己的人才培养项目、管理与专业序列培训，助力员工职业生涯发展。例如，培训管理者运用哪些配套的管理策略去管理好集团化企业培训，是一脉相承、两级分工、三级分工？

悟 4——有方向

从员工角度来看，培训需求一定是来源于客户的。培训管理者应该基于客户（企业各层级员工）的需求，制定配套的系统解决方案，以达成客户目标，并为客户带来价值。例如，培训管理者应该深度思考和明晰培训工作服务的客户是谁？如何达成客户的目标？客户认可的培训工作价值是什么？

悟 5——有场景

从员工角度来看，培训管理者对各层级人才培养项目的设计与运营，不是凭空臆断，而是基于业务发展需求、实际业务部门与培训应用场景。应用场景的设计更要与时俱进，体现时代感、科技感、创新感。例如，培训管理者如何促进新质生产力与企业战略相融合？如何将最新的培训方法应用到业务部门培训中？如何将培训应用场景多元化？

悟 6——有举荐

从企业角度来看，培训管理者组织各层级人才培养项目过程中，可以及时观察、发现、识别优秀人才，可以向业务部门、人力资源管理部门、企业管理层、各控股公司等举荐各层级优秀人才，企业可以择优选拔与任用这些优秀人才。同时，培训管理者挑选一部分优秀人才认证企业内部讲师，传承企业文化、优秀岗位经验，吸引更多员工参加培训活动，从而助力企业各层级人才储备与培养，助力企业形成良好的人才培养池。例如，培训管理者设置哪些标准挑选出优秀人员认证企业内部讲师？如何将培训过程中表现突出的优秀学员推荐给相关业务部门？

悟7——有技术

从员工角度来看，培训管理者要与时俱进，将培训技术方法与科技紧密结合，多了解行业中最先进的技术方法，多了解市场上最新的数智化技术，结合企业实际情况，引用与链接数智化学习平台为企业服务，提升员工学习的效率、节省时间，最大化提升组织学习能力。例如，你是否定期去参加培训行业峰会？你从哪里获取最新发布的先进AI技术的信息？这些先进的技术如何融入企业学习平台或培训工作中？

悟8——有爆品

从员工角度来看，培训管理者应该"三维一体"式打造培训爆品（如图21-2所示），以培训产品为基础辅助于项目运营、品牌营销、服务管理三大维度，全方位设计培训产品与保障培训产品的质量、"精益化"运营培训产品、品牌整合营销传播培训产品、效果评估、服务管理与迭代优化，逐步形成基于培训产品的"三维一体"循环促进系统，最大化整合优势资源助推培训爆品的产出，并在推进过程中不断迭代与优化，延长培训爆品的持续性，不断创造培训与学习的价值。例如，培训管理者应该如何设计人才培养项目爆品？应该如何精益化运营培训产品？应该如何平衡人才培养项目干系人？

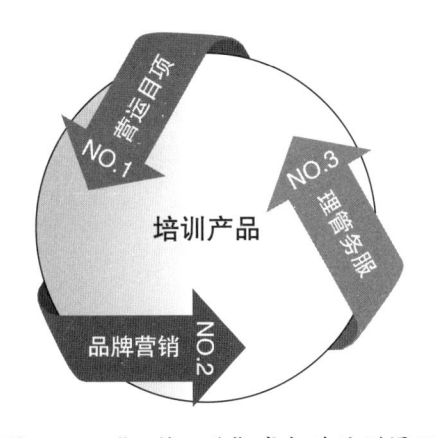

图21-2 "三维一体"式打造培训爆品

悟9——有品牌

从员工角度来看，培训管理者要把每一场小培训、大培训、系统人才培养项目看成一个培训产品去设计、运营和营销，打造优质的培训产品及培训品牌影响力，去吸引企业管理者、管理干部、员工参与到各层级人才培养项目中，甚至积极参与内部讲师序列，让参训者感受更好的学习体验，更好地发挥员工能动性，提升整体组织绩效。培训管理者如何包装培训产品？如何整合传播营销培训产品？如何提升培训产品的品牌影响力？

悟 10——有延伸

从企业角度来看，随着培训业务不断成熟，培训管理者"培而优则外"，可以从内向型到外向型逐步拓展与延伸，可以利用企业的品牌影响力、培训产品的品牌影响力、培训管理者的个人品牌影响力等，逐步推出适合市场的培训产品，拿到市场上去检验和更新迭代，逐步为企业增收，不断彰显培训价值。培训管理者如何深度挖掘市场培训需求？如何根据市场的需要设计开发优质培训产品？如何提升外向型培训产品的核心竞争力？

悟 11——有 IP

从培训管理者角度来看，培训管理者应该持续提升个人 IP、管理与专业能力、新质学习力、"尽人之智"整合能力、"善假于物"设计与组织能力、系统解决问题能力、数字化学习思维能力等增强个人核心竞争力，基于岗位知识图谱，构建企业系统的人才培养体系，夯实各层级人才培养项目，助力企业员工更好地达成组织绩效，匹配适合自己的职业发展，企业与个人实现双向奔赴。

悟 12——有未来

作为一名人力资源管理者、培训管理者，在整体建设与运营 HR 及培训部门、企业人才发展中心和人才培养体系过程中，积累了很多优秀的管理与实践经验，欢迎大家关注笔者出版的书籍、发表在知名期刊与杂志的专业文章与案例、版权课程的分享等，也欢迎大家一起探讨搭建企业岗位知识图谱的系统方法，一起交流构建企业人才培养配套的解决方案，一起共创助力整个人力资源管理与培训行业的未来发展！

图书在版编目（CIP）数据

高效培训从入门到精通：让人人都会做培训 / 潘平，陈丽，袁军著. -- 北京 : 中国法治出版社, 2025. 2. (企业 HR 管理和法律实务丛书). -- ISBN 978-7-5216-4851-5

Ⅰ. F272.92

中国国家版本馆 CIP 数据核字第 2024UU5838 号

责任编辑：马春芳　　　　　　　　　　　　　　封面设计：汪要军

高效培训从入门到精通：让人人都会做培训
GAOXIAO PEIXUN CONG RUMEN DAO JINGTONG: RANG RENREN DOU HUI ZUO PEIXUN

著者 / 潘平　陈丽　袁军
经销 / 新华书店
印刷 / 三河市紫恒印装有限公司
开本 / 787 毫米 ×1092 毫米　16 开　　　　　　印张 / 23.5　字数 / 486 千
版次 / 2025 年 2 月第 1 版　　　　　　　　　　2025 年 2 月第 1 次印刷

中国法治出版社出版
书号 ISBN 978-7-5216-4851-5　　　　　　　　　　　　　　定价：78.00 元

北京市西城区西便门西里甲 16 号西便门办公区
邮政编码：100053　　　　　　　　　　　　　　传真：010-63141600
网址：http://www.zgfzs.com　　　　　　　　　　编辑部电话：010-63141815
市场营销部电话：010-63141612　　　　　　　　印务部电话：010-63141606
（如有印装质量问题，请与本社印务部联系。）